불교사 연구총서 ④

비구니 승가대학의 역사와 문화

대한불교조계종 교육원 불학연구소 편

조계종 출판사

비구니 승가대학의 역사와 문화

발간사

대한불교조계종은 수행하는 종단입니다.

이 같은 조계종의 정체성은 1700여 년의 역사를 거치면서 다져진 생명과 같은 것이라 하겠습니다. 한국불교가 수행을 통하여 정체성을 정립한 것은 불교문화가 번성하였던 삼국·고려시대뿐만 아니라, 숭유억불로 상징된 조선시대 불교에서도 지속되었습니다. 정치·사회적으로 억압과 핍박을 받으면서도 불조혜명을 이으려는 스님들은 수행을 결코 멈추지 않았습니다.

그런데 구한말, 서양 제국주의 침투와 일제의 침략 행위로 인한 국권 강탈의 결과로 한국불교가 식민지불교 체제로 전락된 이후에는 그 같은 수행 전통이 멸실될 지경에 처하였습니다. 더욱이 계율의 파괴, 수행 공동체 이완, 문명 지상주의 등으로 인하여 수행의 기반은 점차 무너져 갔습니다. 그리하여 수행의 기초였던 강원·선원이 퇴진되고 소외되었던 것입니다.

그렇지만 그 당시에도 이 같은 현실을 직시하고 전통을 지키려는 스님들의 고투는 결코 멈추지 않았습니다. 나아가 그 현실을 극복하려는 스님들은 자신의 상좌, 제자들에게 스님으로서의 위의와 자질을 심어주기 위한 자생적인 교육을 지속하였습니다. 이 같은 눈물겨운 노력에 의거 수행 전통은 유지될 수 있었던 것입니다.

그럼에도 불구하고 광복 직후의 혼란과 1950년대의 불교정화운동을 거치면서 그 당시까지 유지되어 왔던 수행 전통은 또 한 번의 큰 위기에 직면하였던 것이 사실입니다. 그 시절의 수행 전통과 승가교육은 실로 백척간두에 서 있었다고 표현하는 것이 솔직할 것입니다. 그리하여 불교정화운동의 대단원이 일단락되면서, 성찰의 자세로 그런 문제점을 살피고 개선하려는 움직임이 서서히 일어났던 것입니다. 이른바 도제양성이라는 이름 하에 전개된 다양한 검토와 교육사업이 바로 그것이었습니다. 그렇지만 1960~80년대에 전개된 승가교육, 수행 전통의 정립은 결코 간단하지 않았습니다. 이에 1994년 종단개혁 이후에는 그 이전의 움직임에 대한 성찰을 하면서 동시에 미래지향적인 고뇌를 하였던 것입니다. 그 결과 더욱 심화된 방안이 검토, 추진되었던 것입니다.

이 같은 한국불교, 조계종단의 수행 전통과 승가교육의 현실을 진단하고 미래지향적 방안으로 가기 위해서는 그에 연관된 역사를 정리함과 동시에 그에 대한 냉철한 평가가 수반되어야 할 것입니다. 그런 의미에서 이번에 불학연구소에서 펴내는 『비구니 승가대학의 역사와 문화』는 매우 뜻이 깊다고 볼 수 있습니다. 추후에도 후속작업이 지속될 것으로 믿어 의심치 않습니다. 연구 및 책자 발간에 참여하신 스님, 관계자 여러분의 고투에 경의를 표하면서 이만 발간사에 갈음합니다.

2009년 3월
대한불교조계종 교육원장 **청화**

편 찬 사

　교육원 불학연구소에서는 조계종단의 정체성을 재정비하고 조계종단사 연구에 필요한 초석을 쌓기 위해 2006년도에 불교사 연구위원회를 설립하였습니다. 연구위원회에서는 설립 목적에 부합하는 연구 주제를 정하고 그 주제의 연구를 적절히 수행할 수 있는 연구자를 선정하는 등 연구의 기본 방향을 정하고 있습니다. 불학연구소에서는 연구위원회에서 수립한 연구 방향을 정책적으로 추진하여 관련 세미나·토론회·워크숍을 개최하고, 그 성과물을 묶어 〈불교사 연구총서〉를 펴내 왔습니다.
　지난해에는 이 같은 구도 하에서 '한국 현대불교의 교육기관'이라는 대주제를 정하여 심화된 연구를 하였습니다. 이번에 발간하는 『비구니 승가대학의 역사와 문화』는 그때 연구·발표된 주제입니다. 주지하는 바와 같이 승가교육의 중추라는 말을 듣고 있는 승가대학(강원)의 위상은 지대합니다. 더욱이 조계종단 및 비구니계 교육의 당간의 역할을 하고 있는 비구니 승가대학은 비구니 스님들의 미래를 담보하는 곳이라 하겠습니다.
　그럼에도 불구하고 지금껏 비구니 승가대학에 대한 자료수집, 분석 및 정리, 연구, 성찰과 비판 등 학문적인 작업은 매우 미약하였습니다. 비구니 승가대학에 대한 개별적인 연구, 비구니 승가교육 전체에 대한 연구에까지는 이르지 못하였던 것이 현실이었습니다.

이에 이번에 발간하는 본 책자는 그간 연구의 공백지대였던 비구니 승가대학의 내용 및 성격을 파악할 수 있는 징검다리 역할을 하게 될 것임을 믿어 의심치 않습니다. 저희 불학연구소에서는 비구 승가대학 연구도 지속하여 수행 및 교육에 대한 기초적인 자료를 확충하고자 합니다.

종단의 정체성 정비와 종단의 나아갈 방향을 조망함은 종단의 과거·현재·미래로 이어지는 역사와 사상에 대한 엄정한 자기점검과 종단의 활동 무대인 사회에 대한 충실한 이해가 결합될 때에 가능할 것으로 믿어 의심치 않습니다. 저희 불학연구소에서는 이 같은 기조 하에서 종단의 과거와 현재를 살필 수 있는 소재 및 주제를 찾아 그에 대한 학문적 정리 작업을 지속하고자 합니다. 이 같은 저희들의 고뇌와 활동에 대하여 아낌없는 비판과 조언을 바랍니다. 감사합니다.

2009년 3월
대한불교조계종 불학연구소장 **현종**

차례

발간사 ·· 4

편찬사 ·· 6

운문승가대학의 전통성과 현재성 | 운산 ················· 11

동학사승가대학의 역사와 현황 | 수정 ······················ 53

비구니 교육 도량 봉녕사승가대학에 대한 고찰 | 요경 ············· 83

청암사승가대학의 변천사 및 앞으로의 발전 방향 | 불림 ············· 137

삼선강원의 발달사 | 수경 ·· 205

운문승가대학의 전통성과 현재성

운 산(운문승가대학 강사 겸 교무)

I. 머리말
II. 한국 비구니 강원(승가대학)의 성립 이전의 교육
III. 운문승가대학의 역사
　1. 운문사의 역사
　2. 운문승가대학의 설립과 전통성
IV. 운문승가대학의 현재성
　1. 운문승가대학의 조직과 교과과정
　2. 운문승가대학의 학칙과 제 규정
　3. 운문승가대학의 국제교류
　4. 운문승가대학의 사회 교화활동
　5. 운문승가대학원
　6. 운문 문수선원
　7. 운문 보현율원
　8. 운문승가대학의 산 역사 명성 학장스님
V. 맺음말 - 운문승가대학의 가풍과 미래

I. 머리말

운문승가대학은 경상북도 청도군 운문면에 위치한 운문사에 있는 비구니 전문 승가대학이다. 1500여 년의 역사를 간직한 운문사의 사격寺格과 더불어 현재 운영되고 있는 다섯 곳의 한국 비구니 전문 승가대학 중 가장 큰 규모이고 가장 많은 비구니 스님을 배출한 곳1)으로 널리 알려져 있다.

운문사는 한국 역사상 첫 통일국가를 이룬 신라왕조의 힘의 원천이 된 화랑도의 정신을 정립한 도량이며,2) 한국 역사학의 중요한 사서史書인 『삼국유사』가 저술된 도량이기도 하다.3) 운문사는 화랑도의 수행지침인 세속오계世俗五戒를 만들어 화랑을 교화한 원광국사가 중창하면서 진흥왕의 원찰願刹이 되었고, 이어 진평왕의 많은 지원을 받았다.4) 고려왕조의 개국조인 태조로부터 운문선

---

1) 2008년 1월 21일 현재 제 44회까지 1583명의 졸업생을 배출하였다.
2) 운문사 창건 당시 5갑사 중 하나인 가슬갑사에서 원광국사가 귀산과 추항에게 세속오계를 설하였다. 일연, 『삼국유사』 「원광서학」조 참조.
3) 『삼국유사』의 찬술 도량으로 경북 군위군 고로면에 위치한 인각사를 일컫는 이도 있으나, 인각사는 일연 스님이 노년에 국존으로 추앙받은 후 국존의 하안소로 정해 내려와 주석한 곳이다. 이곳에서 입적 전까지 구산문도회를 개최하는 등 겨를이 없었으므로 『삼국유사』 저술의 인연은 운문사라 비정하는 학자가 다수이다.
한편 인각사에 일연 스님의 부도와 신도비의 일부가 전하고 있어, 일연 스님의 유물이 유일하게 남아있는 곳이기는 하다. 전명성, 「일연스님과 운문사」, 『경산문화연구』 2집, 경산대학교 경산문화연구소, 1997 참조.
4) "留中國十一年開皇十一年還至本國初止大鵲岬寺今雲門是也留三年移嘉瑟岬開皇二十四年癸酉羅眞平王三十五年隋使王世儀至於皇龍寺設百座道場請諸高德說經光最居首儀曰原宗興法已來津梁始置而未遑堂奧故以歸滅懺之法開曉愚迷也光於所住嘉西岬古創寶刹以爲福國祐世之場也時檀越尼東平郡之田一百結納於此寶刹今新院員是也眞平王遣使來

사雲門禪寺로 사액賜額을 받았으며,5) 충렬왕은 당시 운문사 주지스님이었던 일연 스님을 수도인 개경으로 불러 국존國尊으로 모시고 극진한 존경의 예를 다하였다.6) 불교가 위축되던 조선왕조에서도 임진년 국난 극복에 큰 공을 세운 서산대사의 법통을 이은 설송연초雪松演初 스님이 운문사에 주석하며 선찰禪刹로서의 위상을 지켜왔다.7)

일제의 식민지 지배에서 벗어나 한국불교의 정통성을 회복하기 위한 정화시기에 정화불사에 적극적으로 참여한 비구니 스님들의 원력에 힘입어 운문사에도 1958년 비구니 전문강원(승가대학)이 개설되어 오늘에 이르고 있다. 현재 학장스님이며 전국비구니회 회장인 명성 스님이 1970년 운문승가대학 강주(학장)로 부임하여 1977년 주지직을 겸직한 이래 30여 년만에 세계 최대 규모의 비구니 전문교육기관으로 자리매김하고 있다.

최근 1999년 한국 최초의 조계종 종립 비구니 전문대학원을 설치·운영하였고, 강원인 승가대학뿐 아니라 선원·율원을 설

面伸虔敬仰若聖人年齒旣高乘輿入內衣服藥食竝王手自營之後王勅送皇龍寺住焉"「慶尙道淸道郡東虎踞山雲門寺事蹟重祿序」,『운문사지』, 아세아문화사, 1977.

5) 「慶尙道淸道郡東虎踞山雲門寺事蹟」,『운문사지』, 아세아문화사, 1977. "寶壤祖師逃遁蹤迹鄕族無傳優遊中華傳得心印回止鵲岬太祖勞問納五百結賜額雲門移主奉聖化終鵲岬"

6) "卜卽祚四年丁丑 詔雲門寺 大闡玄風 上日深傾注以詩寄云 密傳何必更摳衣 金地遙招 亦是奇 欲乞硾公邀闕下 師何艮戀白雲枝 辛巳夏因東征 駕幸東都 詔師赴行在 及至跪請陞座 倍生崇敬 因取師佛日結社文題押入社 明年春 遣近侍長作尹金頵 貴詔迎至闕下 請於大殿說禪 喜溢龍顔 勅有司 館于光明寺" 경북 군위군 고로면 인각사 소재 일연신도비문 탁본.

7) "嶺南僧南鵬以其師演初大師銘來謁於余盖休靜之徒兮而爲二派焉有日惟政應祥雙彦釋霽卽敎派 也有曰彦機義諶雪霽志宇卽禪派也師初師釋霽後志參志安皆傳其法於昱休靜之派至師而始合而爲一"이천보,「有明朝鮮國扶宗樹敎紫國一都大禪師兩宗正事雪松堂大師碑銘 幷序」,『운문사지』, 아세아문화사, 1977.

치하여 비구니 수행기관으로서의 면모를 새롭게 하고 있다.

또한 1980년대 군사정권의 탄압과 1994년 일부 권력승의 전횡에 맞서 한국불교의 정통성 회복을 위한 개혁종단의 출범에도 적극적으로 동참하였고, 환경문제·사회복지문제·어린이 청소년 교화문제 등에도 적극 동참하면서 종교의 현실참여에도 수범 垂範이 되고 있다.

II. 한국 비구니 강원(승가대학)의 성립 이전의 교육

불교승단에 있어서 비구니 승단이 존재하는 나라는 한국과 대만·중국뿐이다. 남방불교인 상좌부불교에서는 비구니 승단의 맥이 끊어져 잊혀진 지 오래거나 티베트처럼 아예 원래부터 비구니 승단이 없었던 곳도 있다. 그러하기에 한국 비구·비구니 스님들이 스리랑카와 태국을 방문하여 비구니계를 설함으로써 그곳에 비구니 승단의 부흥 가능성을 심기도 하였다.

이에 비해 한국은 불교가 전래된 시기부터 비구니 스님들의 뛰어난 활약상이 역사적으로 확연한 명맥을 보이고 있다. 근대 한국불교사에 있어서 식민지 시대의 청정 수행 및 정화불사에서도 많은 비구니 스님들이 적극적 동참하여 한국 조계종의 전통성을 회복할 수 있었으며, 1994년 개혁종단의 출범에도 지대한 역할을 하였다. 현금에 이르러서는 저출산으로 인한 자녀 수 감소로 출가 승려에 있어 사미의 출가보다 사미니의 출가가 가족의 동의를 얻기에 비교적 자유로운 까닭에서인지 승려의 수도 비구 스님들 수보다 오히려 늘고 있다.

그러나 비구니 승단의 교육은 별도로 강원을 만들어 교육하지는 못하였고, 뜻있는 비구니 스님들이 비구 스님 강원 근처 암자에서 통학하며 비구 강사 스님에게 수업을 받거나 개인지도를 받는 등 열악한 여건 속에서도 강원 교육을 이수하여 비구니 교육의 기틀을 놓았다.

1960년대에 비구니 3대 강백으로 인정을 받은 월광금룡(1892년~1965년), 정암혜옥(1901년~1969년), 화산수옥(1902년~1966년) 세 분의 스님을 대표로 들 수 있다. 이들 중 월광금룡 스님과 화산수옥 스님은 운문사와 인연이 있다. 월광금룡 스님은 정화 후 운문사 초대 주지를 역임하였다. 화산수옥 스님은 6.25전쟁 후 경남 양산 내원사 주지로 내원사를 중창하였으며, 현 운문승가대학 학장이신 명성 스님이 수옥 스님으로부터 건당建幢을 받은 인연이 있다.

광복 이전에 강원 교육을 받은 비구니 스님들의 현황을 정리한 수경 스님의 자료에 의하면,[8] 만허법일(1904년~1991년)[9] 스님과 선화태구(1920년~2007년)[10] 스님이 운문사 강원에서 대교과를 수료한 것을 알 수 있다. 이 스님들의 수행담록을 통해 보면 운문사 청신암은 원래 운문사 산문 내에서 비구니 스님들이 생활하는 곳으로, 스님들은 이곳에서 생활하며 당시 운문사에 개설된 비구 스님 강원에서 교육받은 것을 알 수 있다.

---

8) 수경, 「한국 비구니 강원 발달사」, 『한국 비구니의 수행과 삶』, 예문서원, 2007. 〈표 1〉 1945년 해방 이전 강원 교육을 받은 비구니 교육 실태 참조.
9) 만허법일 스님에 대해서는 『한국비구니 수행담록』 상권, 2007, 한국비구니연구소, pp.374~380 참조.
10) 선화태구 스님에 대해서는 『한국비구니 수행담록』 상권, 2007, 한국비구니연구소, pp.290~294 참조.

1950년 정화불사에 적극적으로 동참한 비구니 스님들이 교구본사인 동화사를 수행 도량으로 맡아 1년여 도량 정비와 강원 재건에 노력하다가,11) 동화사를 비구 스님들에게 내어주고 운문사로 옮겨오면서 운문사가 비구니 스님들의 수행 도량으로 면모를 갖추게 되었다. 운문사 비구니 전문강원은 1958년 금룡 스님이 주지 소임과 함께 초대 강백으로 통도사 강주 오해륜 스님을 모시고 강당을 개설하였다.12)

특히 1985년 명성 스님(현 운문승가대학 학장)이 홍륜 스님(직전 운문사

---

11) 1950년대 정화불사 진행 당시 혜월성문(1893년~1974년) 스님이 동화사 주지로 발령받아 1년여 간 비구니 총림으로 동화사를 수행 도량으로 가꾸다 비구 스님에게 넘겨주고 대부분의 스님들이 운문사로 옮겨오면서 운문사가 비구니 스님 수행 도량으로 자리매김하게 되었다.
『한국비구니 수행담록』상권, 2007, 한국비구니연구소, 혜월성문(pp.108~111), 성월수인(pp.112~116), 월광금룡(pp.117~120) 참조.

12) 조계종 교단사에 있어서 비구니 전문강원의 성립은 1956년 계룡산 동학사에 비구니 대현 스님이 주지로 취임하면서 경봉(1885년~1969년) 스님을 모시고 비구니 전문 승가대학을 처음으로 설립한 것으로부터 비롯하였다. 이는 종단 정화에 비구니 스님들이 적극적으로 참여하면서 비구 스님들이 비구니 스님들을 종단의 일원으로 새롭게 인식하는 계기가 되었고, 비구니 스님들 스스로도 인재를 양성하고 역량을 키워야 한다는 자각으로 비구니 전문 승가대학을 설립하게 된 것으로 파악된다. 이후 20여 곳에서 비구니 전문 승가대학이 설립되어 짧게는 1~2년, 길게는 십수년 교육이 이루어졌다. 현재는 운문사·동학사·봉녕사·청암사·삼선승가대학 5곳만이 비구니 전문 승가대학으로 그 역할을 수행하고 있다.
현재 한국에는 이들 5곳의 비구니 전문 승가대학이 경학교육을 담당하고 있다. 비구니 전문 승가대학이 별도로 개설되던 시기에 전문 강사스님은 대부분 비구 스님이었다. 그러다가 비구 강사스님으로부터 경학을 전수받고 강사로서의 자격을 인정받은 비구니 강사스님이 생겨나면서 비구니 전문 승가대학으로서 기틀을 마련하게 되었다. 현전하는 이들 비구니 승가대학의 학장스님들 모두 비구 강사스님들로부터 전강을 받은 분들이다. 이들 학장스님들의 강맥(講脈)을 살펴보면 모두 당대 3대 강백 또는 7대 강사(3대 강백은 한영·진응·금봉 스님을 일컬으며, 이들 3대 강백을 포함하여 진호·퇴경·포광·고경 스님을 합쳐 7대 강사로 꼽는다)로 명성이 높았던 비구 스님들로부터 전강받았음을 알 수 있다.

주지 역임, 현 운문사 율원장)과 일진 스님(현 운문승가대학 학감)에게 전강하면서 처음으로 비구니 강사스님이 비구니 스님에게 전강하는 사례를 만들었고, 이후 비구니 강사스님이 비구니 스님에게 전강이 계속되어 2007년 현재 한국 비구니 승단에는 비구니 강사스님으로부터 전강받은 비구니 강사스님은 모두 33명이다.[13] 이 중 운문승가대학 명성 학장스님으로부터 전강받은 비구니 강사스님은 13명에 이른다. 그 명단을 살펴보면 다음과 같다.

순번	법명	비구니계 수지 시기	전강받은 시기	비고
1	흥륜	성라암 법성 스님을 은사로 득도(1964) 자운 화상을 계사로 비구니계 수지(1969)	1985	운문 율원장
2	일진	재석 스님을 은사로 득도(1970) 월하 화상을 계사로 비구니계 수지(1978)	1985	학감
3	계호	진관사 진관 스님을 은사로 득도(1968) 자운 화상을 계사로 비구니계 수지(1979)	1990	교무 역임
4	묘정	보덕사 정덕 스님을 은사로 득도(1972) 월하 화상을 계사로 비구니계 수지(1977)	1990	강사 역임
5	진광	운문사 명성 스님을 은사로 득도(1977) 자운 화상을 계사로 비구니계 수지(1985)	1990	강사

승가대학명	학장스님	강맥
운문승가대학	법계명성	응암 - 진영 - 성능
봉녕사승가대학	세주묘엄	처명 - 한영 - 운허
삼선사승가대학	연담묘순	진하 - 대은
동학사승가대학	수미해주	지관
청암사승가대학	의정지형	지관

[13] 수경, 「한국 비구니강원 발달사」, 『한국 비구니의 수행과 삶』, 예문서원, 2007, p.38.

6	세등	동화사 내원암 송벽 스님을 은사로 득도(1972) 석암 스님을 계사로 비구니계 수지(1978)	2003	강사
7	운산	동화사 내원암 장일 스님을 은사로 득도(1983) 청하 스님을 계사로 비구니계 수지(1997)	2003	강사
8	영덕	수덕사 견성암 수연 스님을 은사로 득도(1987) 일타 스님을 계사로 비구니계 수지(1994)	2003	강사
9	은광	운문사 명성 스님을 은사로 득도(1991) 청하 스님을 계사로 비구니계 수지(1996)	2003	강사
10	효탄	수덕사 견성암 도율 스님을 은사로 득도(1975)	2007	강사
11	일진	해인사 삼선암 경도 스님을 은사로 득도(1972)	2007	강사
12	명법	해인사 국일암 성원 스님을 은사로 득도(1993) 성원청화 스님을 계사로 비구니계 수지(1999)	2007	강사
13	법장	희유 스님을 은사로 득도(1994) 범룡 스님을 계사로 비구니계 수지(2001)	2007	강사

조선 후기부터 1970년 이전에는 승가대학의 수학 연한이 경전 이수에 따라 9년에서 11년이 걸렸으며, 1970년대 이후 7~5년으로 단축되다가 1984년 '전국비구니강원교직자회의'에서 교육기간과 교과과정에 대한 통일안이 제시되었다. 이후 1985년 운문승가대학이 처음으로 수학 연한을 세속의 일반대학과 같이 4년으로 결정하였고 여타 승가대학도 이에 통일을 기하게 되었다.

Ⅲ. 운문승가대학의 역사

운문사는 창건 이래 비구 중심의 강원(승가대학)과 선원이 있었다. 특히 조선조 중엽 서산대사에 의해 불교의 중흥을 맞았으나,

선교 양종으로 나뉘어 각 문파가 사자상승師資相承의 전법傳法으로 서로 차이를 보여 이에 따른 폐단이 많았다. 서산대사의 5세 문도인 설송연초(1676년~1750년) 스님이 송운 문파의 교敎와 편양 문파의 선禪을 합일시켜 서산의 법맥을 하나로 통일시켰다.14) 이러한 사실은 운문사 경내에 있는, 영조 30년(1754년) 당시 영의정인 이천보가 지은 스님의 비문에 밝혀진 내용이다. 이후 운문사는 선교 양문을 아우르는 수행 도량으로 많은 선객과 강백이 이어져 왔다.

한편 비구니 스님들은 산내 암자에서 수행하며 비구 스님들께 경전을 공부하였으나, 1958년 비구니 전문 승가대학이 개설되면서 비구니 스님들만 주석하는 비구니 사찰이 된 이래 현재에 이르렀다. 정화불사 이후의 비구니 주지스님을 살펴보면 다음과 같다.

1950년대 정화불사 후 운문사 역대 주지스님

1955년		비구니 정금광鄭金光 스님 초대 주지로 취임
	2, 3대	유수인兪守仁 스님
	4대	배묘전裵妙典 스님
	5대	이태구李泰具 스님
	6대	안혜운安慧雲 스님
	7대	위혜안魏慧眼 스님
	8대~12대	(1977년 7월 14일~1998년 10월 19일) 전명성全明星 스님이 운문사 주지와 승가대학 학장을 겸임
	13대	송혜은 스님 (1998년 10월 9일~2002년 11월 5일) (현재 문수선원장)

---

14) 주7)의 「설송대사비문」 중 인용문 참조.

14대 　홍륜 스님
　　　　(2002년 11월 5일~2006년 12월 5일)
　　　　(현재 운문 보현율원장 및 운문승가대학 강사)
15대 　진성 스님(2006년 12월 5일~현재)

1. 운문사의 창건과 역사

운문사는 557년 한 신승神僧이 금수동(현 북대암 100미터 동쪽에 수도할 만한 굴이 있음)에 들어와 작은 암자를 짓고 수도하다가 크게 깨달아 절을 짓기 시작한 지 9년만인 566년(진흥왕 27년)에 다섯 갑사를 창건하였다.

다섯 갑사를 살펴보면 중앙이 대작갑사(현 운문사)이고, 대작갑사의 동쪽 9천 보 쯤에 가슬갑사, 남쪽 7리쯤에 천문갑사, 서쪽 10리쯤에 대비갑사, 북쪽 8리 되는 곳에 소보갑사가 있었다.

당시 왕인 진흥왕이 승지勝地에 절이 창건되었다는 것을 듣고 원찰로 삼았다. 운문사의 중창은 원광국사, 보양국사, 원응국사, 설송대사 등 운문사에 주석하였던 고승들에 의하여 이어졌었다. 원광국사는 600년에 중국에서 돌아와 이 절을 중창하고, 대작갑사에서 3년 간 머물다가 가슬갑사로 옮겨 머물며 화랑인 귀산과 추항에게 세속오계를 전수하고 중국에 군사를 청하는「걸사표」를 쓴 것으로 추정된다. 보양국사가 930년 중국 유학에서 돌아와 퇴락한 다섯 갑사를 중창하니 고려 태조는 운문선사라는 사액과 밭 500결을 하사하였다. 원응국사는 선종 중 가장 먼저 개산한 가지산문의 중흥조로, 운문사를 중창하여 전국 제 2의 선찰이 되었다. 1250년 민족 사서인『삼국유사』를 편찬한 일연 스님이 주지로 주석하다가 충렬왕의 부름을 받아 서울인 개경에 가 왕의 스승인 국존이 되었다.

조선조에 들어와 사찰이 쇠락해 가다가 임진왜란 때 절이 크게 소실되었던 것을, 1690년 설송대사가 중창을 한 것이 근대에 이른 운문사의 모습이다. 근세에 이르러 주석하시던 주지스님들(설악, 긍파, 고전 스님)이 도량을 보수하였으며, 현재의 운문사 모습은 1977년 명성 학장스님이 주지로 취임하여 50여 동의 건물을 새로 짓거나 보수하여 대가람의 위용을 갖추게 되고, 260여 명의 비구니 스님들의 교학공간으로 활용되고 있다.

2. 운문승가대학의 설립과 전통성

운문승가대학은 불교 정화불사 이후인 1958년 비구니 전문강원으로 개설되었다. 정화 이후 초대 주지스님으로 비구니 3대 강백으로 손꼽히는 금광 스님이 취임하여 비구니 교육 도량의 초석을 놓았다. 이후 임재응 스님·묘엄 스님 등이 강주로 교육을 담당하였으며, 1970년 5대 주지 태구 스님 당시 명성 스님이 강주로 교육을 담당하면서 회성당을 신축하였다. 8대부터는 명성 스님이 주지직과 강주(학장)직을 겸직하면서 양진당·설현당·채경당·청풍요·육화당·삼장원·대웅보전 등을 신축하여 운문사 도량을 일신하였고, 260여 명이 수행 강학하는 대사찰이 되었다.

1958년 비구니 전문강원으로 설립된 운문승가학원은 당시까지의 전통대로 네 단계, 즉 사미과·사집과·사교과·대교과의 과정을 모두 이수하는 데 10년 내지 11년이 걸렸다. 이후 점점 이수 기간이 7~5년으로 단축되었다.

1980년 초까지 강원 교육의 교과과정과 학제가 각 강원마다 조금씩 차이가 있어 통일의 필요성이 절실하였다. 이러한 문제를 해결하고자 1984년 8월, 전국비구니강원교직자회의를 열어 교과 과정 및 교육 이수 기간에 대한 통일안을 마련하였고, 운문사가 가장 먼저 1985년부터 수업 연한을 4년으로 결정하였다. 이는 명성 학장스님이 일찍부터 승가교육에 대한 발전적 방안을 지속적으로 연구하고 발표하여 공통의 의견을 이끌어낸 결과라 여겨진다.15)

1987년 승가학원의 명칭을 승가대학으로 개칭하고, 1994년 개혁종단이 출범하면서 승가교육의 질적 개선과 역량 강화에 힘써 승가교육의 제반사항을 정비하여 전통을 이으면서도 현대에 부응할 수 있는 승가교육제도를 정립하였다. 특히 '先교육 後득도'의 체제를 확고히 하였고, 의제衣制의 실시로 사미니와 비구니의 위계질서를 확립하였으며, 승가대학 교육 이수를 의무화하였고, 승가대학 졸업 후 승가고시에 의한 법계의 품수를 정착시키는 등은 승가교육체계의 전통성 확립에 크게 기여하였다.

이러한 전통의 계승과 정비에는 언제나 운문승가대학이 중심에 있었으며 내전內典, 즉 불교경전의 수학과 이를 이해하기 위한 이론적인 보조과목, 즉 불교학개론·인도불교사·중국불교사·유식강요·화엄학개론 등의 학습에도 주의를 기울였다. 아울러 대중교화를 위한 외전外典, 즉 외국어(영어, 중국어, 일어)·유교 및 도교 경전 강의·사회복지론·포교론 등의 학습과 서예·다도·꽃꽂이·피아노·찬불가·컴퓨터 등의 학습에도 앞장서 시행하고 있다.

---

15) 전명성, 「승려교육에 대하여」, 『석림』 창간호, 동국대 석림회, 1968.
전명성, 「비구니 교육의 이념적 고찰」, 『수다라』 창간호, 해인사 강원, 1986.

Ⅳ. 운문승가대학의 현재성

운문승가대학은 원대한 뜻을 세워 가없는 원을 발한다[立志發願], 끊임없는 정진으로 결정코 물러나지 않는다[精進不退], 부처님의 가르침을 널리 전한다[流通敎海]의 학훈으로 상구보리 하화중생의 원력願力을 성취하고자 교육에 전념하고 있다.

1. 운문승가대학의 조직과 교과과정

운문승가대학의 현황은 운문사와 함께 살펴보아야 한다. 운문사가 운문승가대학의 유지기관으로서의 기능과 역할을 하고 있으며, 운문사 제직諸職을 맡은 여러 스님들이 운문승가대학의 제직을 겸하고 있기 때문이다. 운문승가대학의 특징으로 사찰의 행정과 재정이 공개되어 투명하다는 것이 거론하는데, 이는 명성학장스님이 학장직과 주지직을 겸직하면서 대교과 학인들이 도감·서기·회계·원주·별좌 소임을 맡도록 하였기 때문에 가능한 것이라 여겨진다. 현재 학장스님이 회주직을 맡고 강사(중강)를 역임한 스님이 주지직을 맡아 이 전통이 지켜지고 있다.

운문사 조직도와 용상방龍象榜을 살펴보면 다음과 같다.

(1) 조직도[16]

〈사중편〉
회주(명성)-주지(진성)-총무(空席)-도감(보현)

---

16) 2008년 12월 현재이다.

　　　　　　교무(운산)-서기(지담)
　　　　　　재무(법광)-회계(도현)
　　　　　　사리암 원주(정호)
　〈대학편〉
　　　　학장(명성)-학감(원운일진)-도서관장(진광)-대교과(홍륜)
　　　　　　　　　　　　　　　　　　　사교과(원운일진/진광)
　　　　　　　　　　　　　　　　　　　사집과(운산/영덕/은광)
　　　　　　　　　　　　　　　　　　　사미니과(효탄/원묘일진)
　　　　　　　　　　　　　　　　　　　외전 유학경전(대학교수)
　　　　　　　　　　　　　　　　　　　외전 증강(영어/일어/중국어)
　　　　　　　　　　　　　　　　　　　　　(서예/꽃꽂이/피아노/다도)
　　　　　　　　　　　　　　　　　　　　　(컴퓨터/선무도/요가)
　　　　　　　　　　　　　　　　-입승-찰중-교화부17)
　　　　　　　　　　　　　　　　　　　　　문화부18)
　　　　　　　　　　　　　　　　　　　　　신행부19)
　　　　　　　　　　　　　　　　　　　　　방송부20)
　　　　　　　　　　　　　　　　　　　　　체육부21)

---

17) 교화부 : 1979년 이래 매년 여름불교학교를 주관하고, 1980년 이후 매주 어린이법회를 중심으로 도량 안내, 고아원과의 자매결연 및 후원, 교도소 법회 지원 등 교화에 일익을 담당하고 있다. 또 포교사로서의 자질 함양을 위해 대내적으로 교화실습인 차례법문을 실시하고, 대외적으로 여름과 겨울 연수회에 참가하고 있다.
18) 문화부 : 1980년 창간한 『운문』지를 계간으로 발행하여 현재 100호에 이르고 있으며, 운문사 달력을 발행하고 있다.
19) 신행부 : 도량 내 자동판매기를 관리하며, 이 이익금으로 연꽃마을, 대원양로원, 나누는 기쁨 장학회, 혜능보육원 등을 방문 봉사하고 있다.
20) 방송부 : 1980년 7월 첫 방송을 시작한 이래 아침 30분 동안 찬불가, 불교음악, 명곡과 함께 하는 법구경, 어른스님 법어 등의 프로그램을 진행하고 있다.
21) 체육부 : 대중 전체가 참여하는 체육행사로 봄철의 배구대회, 겨울철의 탁구대회를 주관하고 있다.

(2) 용상방

용상방龍象榜은 우측부터 운문승가대학 제직諸職을 맡은 스님을, 좌측부터는 운문사 제직을 맡은 스님을 기재한다.

(좌측)   주지/부주지/총무/재무/도감都監/회계/서기/입승立繩/찰중察衆/ 원주院主/별좌別座/지객知客/미감米監/원두園頭/채두菜頭/공사供司/조병造餠/ 자색煮色/화대火台/정통淨桶/종두鐘頭/간당看堂/시자侍者/다각茶角/지전持殿/ 병법秉法/장주藏主/중강中講/강사講師/학감學監/학장 (우측)

(3) 교과과정[22]

운문승가대학의 교과과정은 승가의 전통교육을 계승하면서 현대교육과의 조화를 추구한다는 조계종 교육원의 방침을 충실히 따른 것이다. 그런데 4년의 교육 연한에 얽매여 있고 재학 중 의식주 등 모든 일상생활이 학인들에 의해 이루어지고 있어 많은 교과목과 학습량을 소화하는 데 한계가 있다.

이들 교과과정의 학습방법은 전통적인 학습방법인 독경讀經과 논강論講 방식을 지켜오고 있다. 사미니과와 사집과에서는 그날 배운 것을 읽고 새겨 암기하는 방식이고, 사교과와 대교과에서는 공부할 부분을 개인적으로 묵독〔看經〕한 후 동학들끼리 모여 논강을 하고 다음 날 강사스님 앞에서 의문나는 것을 묻고 해결하는 문강問講의 형식으로 진행된다.

---

[22] 교과과정은 『강원총람』「운문승가대학」편 참조.

과정(학년) / 과목	내전과목	보조과목	비고
사미니과	치문 / 사미니율의	인도불교사 / 불교학개론	
사집과	서장 / 도서 / 선가귀감 / 선요 / 절요 / 우법소송 / 대총상	중국불교사 / 구사론	
사교과	능엄경 / 기신론 / 금강경 / 원각경	한국불교사 / 유식강요	
대교과	화엄현담 / 80화엄경	화엄학개론	
공통과목	외국어(영어 / 중국어 / 일어), 사서삼경, 염불, 꽃꽂이, 피아노, 서예, 사군자, 컴퓨터, 요가, 다도		

그리고 보조과목 중 일부와 외전과목은 일반대학의 교수나 그 분야 전문가를 초빙하여 교육하고 있지만, 학습시간이 절대적으로 부족하여 교육내용을 심화하는 데 어려움을 겪고 있다.

2. 운문승가대학의 학칙과 제 규정

(1) 운문승가대학 학칙

운문승가대학의 학칙은 시대적 요청에 맞추어 일반대학의 4년제 학제의 학칙과 전통강원의 학인교육에 요구되는 내용을 함께 고려하여 제정된 것이다.

아직 지방 사찰에 부설된 승가대학 학제가 정부의 교육제도로서 학력을 인가받는 교육기관이 아니지만, 사회적인 함의로는 전통적인 성직자로서의 승려 양성 교육기관으로 인정받고 있다.

특히 운문승가대학은 승가대학을 졸업하고 일반대학교, 특히 동국대학교 불교대학으로 진학하고 나아가 대학원 석·박사과정에 진학하는 졸업생들의 호학에 도움을 주고자 학칙을 일반대학의 제 사항에 부합하도록 조정하였다. 이러한 과정으로 국내에서는 관련 교육법에 의해 승가대학을 졸업한 자가 일반대학 대학원 정규과정에 진학하는 것이 아직 허용되지 않지만, 외국 대학에서는 승가대학의 교육체계와 그 내용을 인정하여 학부과정의 재이수 없이 바로 대학원 정규과정에 취학하는 것을 허용되고 있다.

운문승가대학에서는 중국 청화대학 및 일본 하나조노花園대학과 학술교류 및 졸업생의 상위 학력기관 진학 시에 학력을 인정하는 협정을 맺어 활발히 교류하고 있다.

(2) 운문승가대학 학인청규

운문승가대학의 학인청규는 일반대학의 '학칙시행세칙'에 해당하는 사항이라 할 수 있다. 성직자로서 갖추어야 할 경전 및 교리 공부와 수행덕목을 실천하고 숙지하기 위해, 기숙사 학교로서의 특성을 고려하여 제반 생활규칙을 정한 것이다.

이 청규는 출가자로서 지켜야 할 기본덕목뿐 아니라 단체생활에서 발생할 수 있는 불편사항들을 명시하고 지켜야 할 내용을 제시하고 있다. 예불 등의 예식 참여와 간경과 외전 공부의 시간 지정, 공양·출타·운집·세의洗衣·논쟁·타혜他鞋·언어·보행·착의 등에 대해 학인으로서 지켜야 할 사항을 명시하고 있다.

운문승가대학의 학인청규 중 특이사항은 출타 후 돌아오는 기간이 늦어질 경우 벌금을 매기고 이를 모아 학인 공동경비로 사용하는 점과 한 철에 4번 이상 출타하면 그만큼 공부에 소홀해지고 다른 학인에게 부담을 끼치므로 공양주 등 봉사하는 소임을 반복해 살도록 정하고 있다.

※ 운문승가대학 학칙 및 학인청규는 별첨함.

3. 운문승가대학의 국제교류

운문승가대학은 재학생이 가장 많은 승가대학이고, 졸업생이 다양한 분야에서 활동하고 있어 그 활약상에 의해 운문승가대학이 널리 알려져 외국의 많은 승려들과 교수진이 방문하는 등 활발한 교류를 전개하고 있다.

특히 승가대학 졸업 후 대학원 진학이 인정되지 않는 국내 현실을 타개하기 위해 유수의 중국·일본·태국 대학과의 교류협정을 통해 졸업생들의 면학 의욕을 더욱 증진시키고 있다.

(1) 중국 청화대학과의 교류

2007년 9월, 중국 유수의 대학인 청화대학과 학인 및 연구생, 교수(강사) 교류에 대한 협정을 체결하였다. 이 협정 내용 중 한국 운문승가대학에서 파견한 학생(승가대학 졸업생 및 대학원생)이 중국 청화대학 대학원에 진학하거나 한문 불전을 연구할 경우 우선권을 부여한다는 항목이 명시되어 운문승가대학 졸업만으로 일반대학을 거치지 않아도 청화대학 대학원 진학이 가능하게 되었다.

(2) 일본 교토 하나조노대학과의 교류

일본 교토에 위치한 하나조노花園대학은 일본불교 임제종에서 설립한 종합대학교로, 불교 전문의 대학과 연구성과를 갖고 있는 유수의 대학이다. 이 대학과 학술교류 및 전문 교수인력 교류, 대학원 진학 시 우선적인 편의제공 등의 교류를 진행하고 있다.

(3) 태국 국립 마하출라롱콘라자위달라야 대학과의 교류

2008년 9월 15일, 비구니 승가를 인정하지 않는 남방불교의 중심 태국 승가에서 운문승가대학과 교류협정을 체결하였다. 태국 국립 마하출라롱콘라자위달라야 대학에서 2008년 9월 8일 총장 및 학교 관계자 20여 명이 운문승가대학을 방문하여 명성 학장스님에게 명예철학박사 학위를 전달하였다. 이어 운문승가대학 강사인 운산 스님이 9월 15일 태국 국립 마하출라롱콘라자위달라야 대학을 방문하여 불교대학 국제협의체(IABU: The International Association of Buddhist Universities)에 가입하고 교류협정을 체결하였다.

운문승가대학은 그동안 강사진의 능력향상에 매진해 오면서 비단 경전의 번역뿐만 아니라, 사회적으로도 인정받을 만한 능력을 갖춘 강사진만이 다음 세대를 이어갈 새로운 인재를 배출할 수 있다는 것이 공통적인 생각이었다. 그 결과, 학장스님 이하 전 강사진이 서울대를 비롯한 동국대 등에서 석·박사 학위를 취득하여 학인스님들에게 귀감이 되고 있다.

그러나 현재 국내 승가대학은 비정규 교육기관으로 졸업을 해도 국가로부터 학력을 인정받지 못하고 있다. 따라서 동국대 등의 학부로 진학하여 다시 시작해야 하는 어려움이 있었다. 따라서 유학의 경우 시일이 더욱 걸린다는 맹점을 안고 있었다. 하지만 운문승가대학은 중국 청화대, 일본 하나노조대학, 태국 국립 마하출라롱콘라자위달라야 대학과 학술 교류협정을 맺으면서, 이러한 문제를 완벽하게 보완하기에 이르렀다.

이들 협정에서는 현재 운문사에서 공부하고 있는 학인스님 외에도 이미 운문승가대학을 졸업한 스님이나 교수진의 교류도 가능하도록 결의했다. 이는 단순한 교환학생으로서의 자격이 아닌, 유학생으로서의 완벽한 특전을 주는 것으로, 운문승가대학의 교과과정을 학부로 인정하여, 청화대 대학원 진학에 있어 우선권을 부여하는 것이다.

이러한 교류 외에도 일본 구주대학 도서관 일행의 방문, 인도 히말라야 지방에 있는 라닥과 다람살라의 티베트 승려들의 방문[23] 등 정통 불교국과의 교류도 활발하게 전개하고 있다.

이처럼 운문승가대학이 학문에 있어서의 문호를 개방하는 것은 은둔에서 벗어나 사회와 동화되는 과정을 통한 불교의 철학적 재해석으로서 사회에 보다 도움이 되는 인재를 개발하기 위한 것이라는 평가를 받고 있다. 동시에 한국 전통문화를 생활로 실현해 내고 있는 전통 강원식 교육을 수료한 스님들의 해외 유학은 우리나라 문화를 드러냄 없이 펼쳐 보일 수 있는 기회를 마련한 것이라 하겠다.

4. 운문승가대학의 사회 교화활동

운문승가대학의 사회활동은 승가대학 조직표에서 각 부서활동을 설명하면서 언급하였다. 이러한 활동 중 근래에 주목받는 대외활동을 살펴보기로 한다.

가장 주목된 대외활동은 종단의 변혁기에 항상 중심에서 주도적인 역할을 해왔던 것이다. 1994년 정치권력에 기생한 권도權道의 무리를 축출하고 개혁종단이 출범할 때 운문승가대학 제직 스

---

23) 〈한겨레〉 2007년 11월 27일자 참조.

님 및 학인들의 동참이 주목된다. 이 외에도 종단이나 교구본사의 행사에 참여하여 여법한 습의를 보여 많은 신도들의 찬탄을 받았다.[24]

　최근 사회의 관심이 환경문제와 먹거리 문제에 집중되고 있는 이때, 솔선수범하여 실천의 모습을 보여 왔다. 미국 쇠고기 수입 전면허용으로 광우병 발병에 대한 국민적 우려의 표출로 시작된 촛불집회의 불교인 대법회에 촛불을 들고 참여하여 국민들의 건강한 먹거리 지키기에 앞장섰으며, 현 정권의 선거공약이었던 대운하사업이 국토를 훼손시켜 자손들의 삶을 황폐화 시키는 일임을 인식시키기 위해 강길 따라 걷기 국민대행진에도 참여하여 자연과 더불어 살아가는 불교의 이타행을 실천하였다.[25]

　또한 거대한 자연재앙을 일으킨 태안 유조선 기름 유출사건 당시에도 기름띠를 제거하는 데 적극 동참하여 수범을 보였다.

　전통적인 교화와 봉사활동[26]은 물론 운문유치원 설립 운영 등을 통해 운문승가대학은 이 사회의 목탁으로서 자비와 깨침의 선구자적 길을 갈 것이다.

5. 운문승가대학원

　조계종 산하에서 기본교육기관인 승가대학을 졸업하고 구족계를 수지한 스님들이 보다 전문화되고 심화된 교육을 받을 수 있는 교육기관으로 승가대학원, 학림, 율원이 있다. 이들 중 운문승가

---

24) 대구지역 성도절 행사 등을 예로 들 수 있다.
25) 〈매일신문〉 2008년 3월 26일자 참조.
26) 양로원과 고아원 및 교도소 방문 봉사와 교화활동, 어린이 포교를 위한 여름불교학교 등을 거론할 수 있다.

대학에는 승가대학을 졸업한 후 다음 수행처로 선택할 수 있는 전문교육기관으로 2008년 율원 설치 이전까지 승가대학원을 설치 운영해 왔었다.

　승가대학원은 종법에 의해 1996년 10월에 3년의 학제로 중강 경력 2년 이상인 자와 전문교육기관 졸업자, 불교학 관련 석사학위 이상인 자 등을 대상으로 처음 개설되었다. 승가대학원은 전통과 현대의 조화를 이룬 승가교육 지향이라는 취지로 개원되었으며, 체계적으로 경전과 교학을 연찬하여 전문 교수인력 양성을 목적으로 하였다. 먼저 비구 스님 승가대학원이 은해사에 개설된 후, 비구니 스님들을 교수할 인력을 양성하기 위해 1997년 3월 운문승가대학에 운문비구니승가대학원(대학원장 명성 스님)을 개설하여 운영하였다.

　운문비구니승가대학원 설치 이후 운문비구니승가대학원을 수료한 스님들은 다음과 같다. 이들 수료자 중 대부분은 승가대학에서 교직자로 활동하고 있어 승가대학원 설치의 목적 및 그 기능에 충실하였음을 보여주고 있다.

1회 (1999년 1월 27일) 영담, 영덕, 대원, 은광, 민성, 정행
2회 (2000년 1월 12일) 현광
3회 (2000년 12월 29일) 운산
4회 (2002년 1월 18일) 경훈, 법수
5회 (2003년 1월 8일) 지묵, 법장, 성소
6회 (2004년 1월 3일) 경문
7회 (2005년 1월 13일) 명법
8회 (2006년 1월 14일) 지성
9회 (2007년 2월 2일) 일진, 지은
10회 (2007년 3월 17일 입학) 정주, 경민, 지현, 희진

6. 운문 문수선원

운문 문수선원은 2003년 하안거 때 개원하였다. 운문승가대학을 졸업하고 선원에서 참선 수행할 스님들을 위한 수행기관의 마련을 간절히 서원한 혜은 선원장스님과 명성 학장스님의 원력으로 개원되었다. 문수선원 개원은 운문사승가대학 학장스님의 원력의 결실이라 해도 지나치지 않다. 학장스님은 수년 간 선원 개원을 위해 정성을 쏟았고, 문수선원이란 이름도 직접 짓고 현판도 직접 썼다.

문수선원이라는 이름으로 보아 '중생들을 널리 제도할 문수보살의 지혜를 배우고 닦는 곳'이 문수선원임을 알 수 있다. 다시 말해 운문사승가대학이 부처님의 가르침을 배우는 '교의 바다[教海]'라면, 문수선원은 부처님의 마음을 파악하기 위해 수행하는 '선의 숲[禪林]'에 해당된다. 혜은 선원장스님은 발심·분심·의심을 참선 정진에 가장 중요한 요소라며 솔선수범하여 정진하며 대중을 지도하고 있다.

현재 운문 문수선원에는 조실 진제 대종사, 선원장 혜은 스님, 입승 희성 스님, 원주 지수 스님, 서기·별좌 성락 스님 등의 외호로 20여 명의 비구니 스님들이 수행 정진하고 있다.

7. 운문 보현율원

지계持戒 생활이 없는 곳에는 승가도 성립할 수 없다는 큰스님들의 뜻을 이어받아 부처님의 지고지순한 계행을 전문적으로 익히고 연구하고자 2008년 4월 운문 보현율원을 개원하였다.

운문 보현율원은 석가 세존의 유훈을 이어받아 자장율사의 남산 율맥을 계승하여 수행자의 청정지계 가풍을 확립하고, 대애도 비구니의 계율정신에 의거 청정하게 수행하고 나아가 중생교화에 기여하고자, 대소율장의 전문적 연구·습의와 예참의 올바른 전승·율학을 전승할 율사 양성 등을 목표로 수행하고 있다.

이러하기에 운문 보현율원은 '지계제일·지계청정·섭화攝化중생'을 율훈律訓으로, 자운 스님의 법을 이어받은 율주 명성 스님, 율원장 홍륜 스님, 율사 일진·진광·운산 스님의 지도 아래 운광·현광·성원·천월·주호·지응·도은·도융·지공 등 9명의 비구니 스님들이 수행 정진하고 있다.

8. 운문승가대학의 산 역사 명성 학장스님

조계종 비구니 스님으로서 최고 지위인 명사明師 법계를 받은 명성 학장스님은 23세에 해인사로 출가하여 「초발심자경문」을 삼천 번 읽고, 용성 스님이 번역한 『한글 화엄경』을 읽은 후 부처님의 교법敎法을 선양하는 데 일익을 담당하기로 원력을 세웠다. 이것이 바로 운문승가대학의 학훈인 입지발원立志發願, 정진불퇴精進不退, 유통교회流通敎誨이다.

1958년 선암사에서 대교과를 졸업하고 성능 스님으로부터 전강을 받아 선암사 강사를 역임하였고, 1961년 청룡사 강사가 되어 강원 강의와 함께 동국대학교 불교학과를 진학하여 졸업하였다. 1970년 동국대학교 대학원에서 석사학위를 취득한 후 운문사 강사로 취임한 이래 동국대학교 대학원 박사과정을 수료하였다. 1977년 운문사 주지와 강사를 겸직하였고, 1983년부터는 강주(학장) 겸 주지로 20여 년 간 운문사 중창불사와 운문승가대학의 발전에 진력하였고 주지직을 사임한 후에도 운문승가대학장과 조계종 초대 비구니 승가대학원장직을 맡아 인재양성에 전념하고 있다.

명성 학장스님은 비구니 승단의 위상을 높이기 위해 자질과 능력을 갖춘 인재양성은 물론 비구니 구족계를 비구니 별소계단을 만들어 비구니 스님이 수여하는 일에 적극적이었다. 1980년 비구니 별소계단의 갈마아사리와 교수아사리를 역임하였고, 2001년부터 2003년까지 구족계 별소계단 전계화상을 역임하였다.

스님은 1983년 3월 비구니 3대 강백으로 존숭받은 화산수옥 스님의 사후 법제자가 되는 건당식을 당시 통도사 조실 월하 스님이 수옥 스님의 게송을 전법게를 대신해 전해주는 것으로 행하였다. 이는 금룡 스님이 광우 스님에게 건당한 것에 이어 비구니 스님이 비구니 스님에게 건당한 두 번째 사례가 되어 비구니 스님이 비구니 스님에게 건당하는 전통을 만들게 되었다.

또한 1985년 흥륜·일진 두 스님에게 전강하여 비구니 스님이 비구니 스님에게 전강하는 전례를 만들었다. 이후 비구니 스님으로부터 전강받은 비구니 강사가 33명이 되었다.

또한 2003년 10월 전국비구니회 회장으로 취임하여 이듬해 6월 제 8차 세계여성불자대회를 주관함으로써 한국 비구니 승단의 위상을 드높이고, 비구니 승단이 없는 남방 상좌불교 국가에 비구니 승단의 필요성과 역할을 강조하여 비구니 승단 복원을 위한 계기를 마련하였다. 이때 운문승가대학을 다녀간 많은 세계 여성 불자들이 운문사의 청정수행 교육 도량의 면모에 감탄하였고 한국 비구니 승단의 활약에 외경심을 느꼈다는 것을 전해들을 수 있었다.

2008년 현재 운문승가대학이 제44회 졸업생까지 1533명의 졸업생을 배출한 명실상부한 세계 최대의 비구니 교육 도량으로서 그 면모를 자랑하고 있는 것은 바로 명성 학장스님의 원력에 기인한 것이라 할 수 있다.

V. 맺음말 - 운문승가대학의 가풍과 미래

이상으로 운문승가대학의 역사, 연혁, 현재의 모습을 살펴보았다.

운문승가대학은 1500여 년의 역사를 가진 운문사 도량에 자리한 기본교육기관으로 전문교육기관인 운문비구니승가대학원을 설치 운영하였고, 운문사 산문 내에 문수선원과 보현율원을 두고 종합적인 교육기관으로서의 면모를 갖추고 수행 정진하고 있다.

이러한 운문승가대학의 특장을 몇 가지로 정리하기는 어려우나 운문사와 운문승가대학에 대한 관련 글을 발표한 분들의 소감과 명성 학장스님과 재직 강사스님들의 소망과 염원을 정리하면 다음과 같다.

첫째, 운문승가대학은 240여 명의 학인과 20여 명의 교학자가 함께 생활하는 최대 규모의 승가교육기관이다.

둘째, 운문승가대학은 1958년 개설 이래 지금까지 1,533명의 비구니 스님들이 강학하고 졸업한 곳이다. 이들 스님들이 현재 37회째 동문회를 개최하며 일반대학과 대학원에 진학한 스님과 해외유학 스님들에게 동문회 장학금을 지급하고 있고, 선원에서 수행하는 동문 스님들을 찾아 대중공양을 실천하고 있다.

셋째, 운문승가대학은 기본교육인 사미니 교육뿐만 아니라 기본교육을 마친 스님들이 계속 전문교육을 받을 수 있도록 비구니 승가대학원을 운영하고, 운문 보현율원과 운문 문수선원을 개원하여 수행 정진에 전념하고 있다.

넷째, 운문승가대학 운영에 있어 운영기관인 운문사 주지 및 삼직 스님들이 승가대학의 교직자이거나 졸업자여서 사찰과 승가대학 간에 체계적이고 원활하게 운영되고 있으며, 대교과 학인들이 서기·도감·회계·입승 등의 소임을 맡아 기본적인 회계 처리 및 학사업무에 참여하고 있어 투명한 대학 운영의 모범을 보이고 있다. 아울러 각전의 시주함 관리도 부전을 담당한 학인들에 의해 관리되고 있어 자율과 책임을 스스로 느끼도록 하고 있다.

특히 명성 학장스님이 1970년 운문승가대학 강주로 부임 후 1977년 주지직을 겸직하여 50여 동의 건물을 보수·중창·창건하는 불사를 원만 수행하여, 250여 명의 학인들이 불편 없이 수행 정진할 수 있는 도량이 되었다. 이는 교육기관인 승가대학과 후원기관인 사찰이 승가교육이라는 대명제를 실천하는 데 일관되게 전심전력할 수 있는 수범을 보여준 것이라 할 수 있다.

다섯째, 운문승가대학 수학 중 기본적인 교학과 습의의 익힘 외에도 울력과 교화활동을 통해 수행 정진과 포교를 위한 원력을 갖출 수 있다. 지금은 많이 축소되었지만 농군사관학교라는 별칭을 가질 만큼 보리와 벼농사도 직접 관리하였으며, 현재 1만 7000여 평의 채마밭에서 250여 학인들의 찬거리를 직접 생산하고 있다. 그러하기에 포교와 불사, 나아가 수행 정진에서도 용맹정진하는 모습이 운문승가대학의 가풍이라 일컬어지기도 한다. 또 운문사 대중살림의 재정적인 기반인 사리암 부전 소임과 운문사 부설 운문유치원 운영 등은 학인들의 포교활동 습득에 크게 기여하고 있다.

한편 수행 생활지인 『운문회보』가 지령 100호에 이르렀고, 50호까지는 영인본으로 만들어 운문승가대학의 현장 역사자료로 보존되도록 하였고, 내용 중 「원로스님 탐방」, 「염화실」 등은 불교사 연구에 있어서도 살아있는 현장기록으로 주목받고 있다.

여섯째, 초기 비구니 승가교육은 비구 스님들에 의해 이루어졌고 교직자 양성(전강)도 비구 강백에 의해 이루어졌으나, 1985년 명성 학장스님이 흥륜·일진 두 비구니 스님들에게 전강하여 비구니 강맥이 비구니 스님으로부터 이어지게 한 첫 사례로 이후 비구니 강사 스님들의 전강이 이어지는 계기가 되었다. 또한 운문비구니강원 원장을 역임한 광우 스님이 정화 후 운문사 초대 주지를 역임한 금룡 스님으로부터 건당받은, 비구니 강백이 비구니에게 건당한 첫 사례에 이어 명성 학장스님이 수옥 스님에게 건당받은 것은 비구니 건당의 사례를 연이어 실행한 일이다.

일곱째, 운문승가대학은 외국 대학과의 활발한 교류뿐만 아니라 졸업생 및 교직자의 학문활동의 영역을 확대하는 데 적극적인 지원을 아끼지 않고 있다. 대구·경북지역 불자 교수들의 모임인 법륜불자교수회의가 처음 창립한 곳이며, 교직자들과의 지속적인 교류와 승가대학 외전 강의 지원 등 교류가 활성화되어 있다. 이러한 분위기는 명성 학장스님 스스로 동국대학교 대학원 박사과정을 이수하고 학위청구논문을 제출하여 정식으로 철학박사 학위를 수득하고 여러 권의 저서를 간행한 것에도 기인하겠지만, 승가대학 교직자들도 서울대·동국대·영남대 등 국내대학뿐 아니라 일본·미국·인도·스리랑카 등지에서 정규 대학원 과정을 마친 스님들이 대부분이다. 그리고 한역 경전을 중심으로 한 간경과 이의 한글 번역에 도움이 되고자 고전국역원(민족문화추진회) 국역전문가 과정을 이수하고 국역위원을 역임한 스님들도 있다.

여덟째, 현재 운문승가대학은 저출산 고령화 사회로 급격하게 변화하는 한국사회의 제 현상과 다문화 사회와 계층간 양극화 현상 등 제반 문제에 능동적으로 대처하기 위한 수행자 양성방법과 내용에 대해 진지한 고민과 논의를 진행하고 있다.

구체적인 제도개선은 종단 차원에서 이루어져야 하겠지만, 단위 승가대학에서 해결할 수 있는 교과내용의 확충과 교수방법의 개선, 수행 프로그램의 디지털 방식으로의 개선, 해외포교와 외국인 수행자 교육을 위한 프로그램 마련 등에 많은 노력을 기울이고 있다.

아울러 보다 효율적인 교육 연구 공간을 확보하고 자료를 확충하기 위해 삼장원 도서관의 장서 확보에 노력한 결과, 광복 전 은해사 주지스님을 역임한 석담 스님의 장서를 지준모 선생을 통해 기증받아 개인문고로 운영하고 있으며, 인근의 대학교수 및 원로학자들의 지원으로 만여 권의 국학 및 불교학 자료를 확보하게 되었다.

이처럼 오랜 역사와 전통, 학장스님 이하 여러 교직자(강사) 스님들의 연구와 학구적인 자세, '원융살림'이라고 일컬어지는 학인 중심의 민주적인 대학 운영 등이 운문승가대학의 오늘을 만들어 왔고, 계속해서 한국 최대 최고의 승가교육기관이 되기 위해 더욱 매진할 것을 운문 대중은 서원하고 있다.

〈첨부 1〉

운문승가대학 학칙

제 1장 총칙
제1조(목적) 사미니들에게 경, 율, 론 삼장을 전문교육하여 비구니로서의 자질을 갖추게 하고 인천의 사표로서 지혜와 원력을 함양함을 목적으로 한다.
제2조(명칭) 본 승가대학의 명칭은 운문승가대학이라 한다.
제3조(지위) 본 승가대학은 대한불교조계종 교육법 제 47조에 명시하고 있는 본 종의 기본교육기관으로서 의무교육을 실시는 상설 교육기관이다.
제4조(정원) 본 승가대학의 입학 정원은 12인 이상으로 한다.
제5조(소재) 본 승가대학은 대한불교조계종 제9교구 운문사 경내에 둔다.

제 2장 부속기관 및 부설 연구기관
제6조(부속기관) 본 승가대학은 다음 각 호의 부속기관을 둔다.
　1. 문화출판부　　　2. 교화연수부
제7조(부설연구기관) 본 승가대학은 다음 각 호의 부설연구기관을 둔다.
　1. 연구회(수의과, 율, 선)

제 3장 수업 연한과 재학 연한
제8조(수업 연한) 본 승가대학의 수업 연한은 4년(8학기)으로 한다.
제9조(재학 연한)
　1. 본 승가대학의 재학 연한은 7년(14학기)을 초과할 수 없다.
　2. 휴학 기간은 재학 연한에 산입한다.
　3. 편입학한 자의 재학 연한은 잔여 수업 연한의 1배 반을 초과할 수 없다.

제 4장 학년도와 학기
제10조(학년도) 학년도는 음력 1월 21일로부터 그 다음 해의 음력 1월 20일까지로 한다.

제11조(학기) 학년도는 다음과 같이 두 학기로 나눈다.
1. 제 1학기는 음력 1월 21일부터 음력 7월 20일까지
2. 제 2학기는 음력 7월 21일부터 음력 1월 21일까지

제 5장 수업일수와 휴강일

제12조(수업일수)
1. 본 승가대학의 수업일수는 매 학년 32주 이상(매 학기 16주 이상)을 원칙으로 한다.
2. 천재지변이나 기타 교육형편상 부득이한 사유로 제1항의 규정에 의한 수업일수를 충당할 수 없는 경우에는 학장은 교육원장의 승인을 얻어 2주 이내의 기간을 수업일수에서 감축할 수 있다.

제13조(병학 수업) 교육상 필요한 때에는 학인을 병합하여 수업할 수 있다.

제14조(휴강일) 본 승가대학의 휴강일은 다음과 같다.
1. 춘계방학(30일)   2. 하계방학(30일)
3. 동계방학(40일)   4. 교무회의에서 정하는 날

제 6장 입학

제15조(입학 허가) 학인의 선발은 운영위원회의 의결을 거쳐 학장이 행한다.

제16조(입학 취소) 입학이 허가된 후라도 서류와 전형과정에 거짓이 발견되었거나, 기타 결격사유가 발견된 경우 학장은 교무회의 결정을 통해 입학을 취소할 수 있다.

제17조(입학 자격)
1. 본 승가대학에 입학하고자 하는 자의 자격은 사미니계를 수지한 예비승려로 한다.
2. 제 1항의 규정에도 불구하고 종헌 제 9조, 제 3조항의 라에 해당하는 도제는 본 승가대학에 입학할 수 없다.

제18조(지원 절차) 본 승가대학에 진학하고자 할 때에는 다음 각 호의 서류를 제출하여야 한다.
1. 지원서(지원서의 서식은 별도로 정한다. (서식 1)
2. 사미니 예비승적증명서
3. 최종학교 졸업증명서 또는 이와 동등한 자격을 증명하는 서류사본

4. 은사스님 추천서
5. 건강진단서

제19조(전형)
1. 학인을 선발할 때에는 서류 심사, 면접심사, 필기시험을 실시한다.
2. 학인을 선발할 경우 그 자료는 5년 간 보존한다.

제20조(입학 시기) 본 승가대학의 입학 시기는 학년 초부터 30일 이내로 한다. 다만, 재입학이나 편입학의 시기는 학기 초부터 30일 이내로 할 수 있다.

제21조(편입학, 재입학)
1. 2학년 이상에 편입학할 수 있는 자는 편입학하는 학년의 이전 학년까지의 과정을 수료한 자와 동등 이상의 학년이 있다고 인정된 자라야 한다.
2. 학인으로서 자진하여 휴학한 자와 다시 입학을 지원할 때에는 동일 학년 이하의 학년에 한하여 입학을 허가할 수 있다. 다만 학인이 휴학하였을 때에는 학장은 그 사유를 기재하여 당해 승가대학에 빠른 시간 내에 통보해야 한다.
3. 휴학한 학인은 2년 내에 타 승가대학에 편입학할 수 없다.

제 7장 교과의 이수 및 졸업

제 1절 교과과정

제22조(교과목) 본 승가대학의 교과목은 치문·사집·사교·대교의 전통 이력과목과 교무회의에서 정하는 교양과목을 한다.

제23조(이수 단위)
1. 주 1시간 한 학기 16시간 이상의 수업을 1학점으로 한다. 한 학기 20학점 이상을 이수하여야 한다.
2. 교양 과목은 2학년까지 한 학기당 6학점 이상을 이수하여야 한다.
3. 매일 아침 예불 후 30분 이상 참선을 실시하여야 한다. 단 수행 학점인 참선·예불·다도·울력 등에 대하여 교무회의의 의결을 거쳐 5학점까지 줄 수 있다.

제24조(특별강좌) 연구에 필요한 학술 이론과 중생제도를 위한 포교이론 등을 위하여 특별강좌를 개설할 수 있다.

제 2절 시험과 성적

제25조(시험)
1. 시험은 매 학기 중간 및 학기 말에 행한다. 다만 필요한 경우에는 수시로 행할 수 있다.
2. 매 학기 수업시간 수의 1/4 이상을 결석한 자는 당해 학과목의 성적을 인정하지 아니한다.
3. 성적은 각 과목별로 다음의 비율로 평가함을 원칙으로 한다.
   (1) 시험 - 60/100
   (2) 과제 - 30/100
   (3) 출석 - 10/100

제26조(추가시험)
1. 질병 등 부득이한 사유로 인하여 시험에 응시할 수 없는 자는 시험 개시 전에 증빙서류를 첨부하여 학장의 승인을 얻어야 한다. 다만 불가항력으로 사전에 이를 신고하지 못한 자는 사유 종료 7일 이내에 승인을 받아야 한다.
2. 제1항의 절차를 마친 자는 1회에 한하여 추가시험을 응시할 수 있다.

제27조(성적 분류)
1. 모든 과목의 성적 평가는 다음과 같이 분류 사정한다.
2. 각 교과목의 학점은 D급 이상을 급제로 하고, F급은 낙제로 한다.

등급	점수	평점	비고
A⁺	96~100	4.5	
A⁰	91~95	4.0	
B⁺	86~90	3.5	
B⁰	81~85	3.0	
C⁺	76~80	2.5	
C⁰	71~75	2.0	
D⁺	66~70	1.5	
D⁰	60~65	1.0	
F	0~59	0	

제28조(학사경고) 매 학기 학업성적의 평점 평균이 1.5 이하인 자는 학사 경고를 하며, 1년에 2회의 학사경고인 경우 1년 유급 처리를 한다. 유급에 관한 세부사항은 학장이 별도로 정한다.

제 3절 졸업

제29조(졸업 수료 학점)
 1. 졸업에 필요한 학점은 160학점 이상으로 한다.
 2. 4년 간 평균 평점이 2.0 이상이어야 한다.

제30조(졸업 요건)
 1. 졸업에 필요한 요건은 다음과 같다.
  (1) 졸업에 필요한 학점을 이수한 자
  (2) 졸업논문 심사나 본 승가대학의 점정 방법을 합격한 자
 2. 졸업논문 수준이나 점정 방법은 교무회의에서 별도로 정한다.

제31조(졸업장) 졸업 요건을 갖춘 자에게는 졸업심사를 거쳐 학장이 학위(기본교육 이수증)를 수여한다.

제32조(학적부) 학적부는 별도의 서식을 정하여 작성한다. (서식 2)

제 8장 휴학 · 복학 · 전학 · 퇴학

제 1절 휴학

제33조(휴학) 질병 또는 기타 부득이한 사유로 4주 이상 수학할 수 없을 때에는 증빙서류를 첨부한 휴학원을 제출하여 학장의 허가를 얻어 휴학할 수 있다.

제34조(휴학 기간)
 1. 휴학자는 휴학 기간 중 학적을 보유하되 휴학 기간은 재학 기간에 산입치 아니한다.
 2. 휴학 기간은 1회에 계속하여 2학기를 초과하지 못하며, 재학 기간 중 4회를 초과할 수 없다.
 3. 전항을 위반할 때에는 제적한다. 다만 불가항력의 사유가 있어 수학할 수 없을 경우에는 예외로 한다.

제 2절 복학

제35조(복학) 휴학자는 새 학기가 시작하기 전 소정 기간 내에 복학원을

제출하여 학장의 허가를 얻어야 한다.

제 3절 전학

제36조(전학) 재학 중인 학인은 타 승가대학으로 전학할 수 없다. 다만 소속된 승가대학 학장의 추천과 본 승가대학의 교무회의 심의·의결을 통한 경우에는 전학할 수 있다.

제 4절 퇴학

제37조(퇴학) 퇴학을 원하는 자는 은사스님의 명의로 그 이유를 명시하여 학장의 허가를 얻어야 한다.

제 9장 규율·포상·징계

제 1절 규율

제28조(규율 준수) 학인청규와 대중청규를 지키고 전심성의로 학업에 종사하여 승려의 덕성을 길러 중생을 구제할 실천력을 구비하기 위하여 학인의 본분을 다하여야 한다.

제 2절 포상

제39조(포상) 학장은 제 42조에 충실한 학인으로서 위의가 단정하고 학력이 우수하여 타의 모범이 되는 자에 대하여 이를 포상할 수 있다.

제 3절 징계

제40조(징계) 학장은 학인이 다음 각 호의 하나에 해당될 때에는 교무회의를 거쳐 징계처분을 가할 수 있다.
　1. 청규를 위반한 자
　2. 정당한 사유 없이 결석이 많은 자
　3. 학력이 열등하고 학업을 계속할 가망이 없다고 인정된 자
　4. 성행이 불량하여 개전의 가망이 없다고 인정된 자
　5. 교외에서 학교의 명예를 심히 훼손한 자
　6. 본 승가대학에서 수학할 의사가 없다고 판단되는 자

제41조(징계 종류) 징계는 참회·유급·정학(유기정학, 무기정학)·퇴학 등으로 구분한다.
　1. 참회는 학인들 앞에서 참회하고 부처님 전에 108배, 1,080배, 3,000

배를 하게 한다.
2. 유급은 2학기 연속 학사경고를 받은 자에 부과한다.
3. 정학은 1주, 2주, 3주의 유기정학과 4주 이상의 무기정학으로 하며, 정학의 경중에 따라 부처님 전에 3,000배, 10,000배, 30,000배를 하게 한다.
4. 퇴학

제10장 조직

제1절 직제

제42조(직제) 본 승가대학은 학장·학감을 두며 필요에 따라 직제를 추가하거나 통합할 수 있다.

제43조(기능)
1. 학장은 본 승가대학을 대표하며, 학사운영을 통리한다.
2. 학장은 교무회의의 의장이 되며, 회의를 주재한다.
3. 학감은 학장을 보좌하며, 학장 유고 시 그 직무를 대행한다.

제44조(학감의 업무) 학감은 다음 각 호를 관장하고 처리한다.
1. 학사일정 관리에 관한 사항
2. 학사행정에 관한 사항
3. 문서 수발, 직인 보관에 관한 사항
4. 재정에 관한 사항
5. 대학 행정상의 증명발급에 관한 사항
6. 운영위원회의 사무에 관한 사항
7. 기타 중요한 사항

제45조(부속기관 및 부설 연구기관) 이 청규가 정하는 바에 따라 각 부속기관 및 부설 연구기관장을 둔다.

제46조(특별기구) 이 청규에 열거하지 아니한 기구의 설치와 운영에 관한 사항은 운영위원회에서 정한다.

제2절 운영위원회

제47조(운영위원회 조직 등)
1. 본 승가대학에는 10인 이내의 승려위원으로 구성되는 운영위원

회를 둔다.
2. 운영위원회는 사찰의 주지가 당연직 위원장이 되며, 학장은 당연직 부위원장이 된다.

제48조(운영위원회의 권한) 운영위원회는 다음 사항을 심의 의결한다.
1. 대학 발전 계획
2. 학인 선발과 정원에 관한 사항
3. 청규의 제정 및 개정에 관한 사항
4. 학장 학감에 관한 사항
5. 교수 채용과 승진에 관한 사항
6. 교직원의 인사에 관한 사항
7. 직제의 신설 또는 폐직에 관한 사항
8. 기타 대학 운영상 중요한 사항

제 3절 교무회의

제49조(교무회의)
1. 본 승가대학에 학장·학감 등 교수로 구성되는 교무회의를 둔다.
2. 교무회의는 학장이 주 1회에 정례로 소집한다.

제50조(의장) 학장은 교무회의의 의장이 되며, 회의를 주재한다.

제51조 교무회의는 다음의 각 호를 심의 의결한다.
1. 운영위원회에서 위임한 사항
2. 임시휴강에 관한 사항
3. 학사운영에 필요한 제반 사항
4. 운영위원회에 상정할 사항
5. 학인의 징계에 관한 사항

제 4절 학인회

제52조(학인회 설치) 건전한 학풍을 조성하고 지도력과 자치능력을 배양하며 부처님의 화합정신을 생활화하기 위하여 입승, 찰중 등으로 구성되는 학인회를 둔다. 선출 방법 및 운영에 관한 사항은 별도로 정한다.

제53조(입승) 입승은 학장·학감 교수의 지시를 받들어 다음 사항을 관장한다.
1. 솔선하여 강원의 풍기를 정돈한다.

2. 학감의 지시사항을 일반 학인들에게 전달한다.

3. 학인의 출입 여하를 감시하여 항시 정숙을 도모한다.

4. 학인의 시비쟁론을 조화하며 탁마상성을 주로 하며 학인으로 하여금 학업에 전념케 한다.

제54조(찰중) 찰중은 입승을 보좌하되 항시 입승과 상의하여 청규를 확립하여 학인 화합·면학 장려·소임 배치를 담당한다.

제 11장 재정

제55조(재정) 본 승가대학 운영에 필요한 재정은 다음의 방법으로 충당한다.

1. 운영위원회의 승가대학 운영기금
2. 승가대학 후원회의 후원금
3. 교육원의 지원금
4. 기타의 후원금

부칙

제1조 본 승가대학에 비구니도 수학할 수 있다.

제2조(시행 세칙) 본 승가대학 운영에 있어서 필요한 세부사항은 시행 세칙으로 정한다.

제3조(시행일) 이 청규는 1996년 월 일부터 시행한다.

〈첨부 2〉

운문승가대학 규범사항

第 一條 禮式
(1) 朝夕禮佛 時는 大鐘이 끝나기 前까지 大雄殿에 참석하여야 한다.
(2) 獻供 時는 마지쇠 끝나기 前까지 大雄殿에 참석하여야 한다.
(3) 上講禮 時는 小鐘 끝나기 前까지 큰방에 들어와야 한다.

第 二條 看經
(1) 죽비 치기 前까지 들어와야 한다. 단, 看經時間 中 나갈 경우에는 죽비 치기 前까지 들어와야 한다.
(2) 內典 外의 공부(日語, 英語)는 새벽 看經時間만 許容하되 그밖의 것은 일체 금지한다.

第 三條 供養
(1) 죽비 치기 전까지 들어와야 한다.
(2) 非時食을 禁하되 특별한 경우에는 立繩의 허락을 받아야 한다.

第 四條 出他
(1) 외출증에 기재된 날짜보다 하루 늦을 경우는 본 소임과 동일한 소임을 살아야 한다.
(2) 외출증에 기재된 날짜보다 이틀 이상 늦을 경우는 하루 5,000원씩 가산된다. 단, 부득이한 경우에는 입승이 대중 공인에 의하여 처리한다.
(3) 開學 時 하루 늦을 경우는 벌금 10,000원과 본 소임과 동일한 소임을 살며, 이틀 이상 늦을 경우는 하루에 5,000원씩 가산된다.
(4) 징기출디의 기간은 20일로 하되 연장할 때는 직접 와서 재신청하여야 하고 부득이한 경우는 대중공인에 의하여 처리한다.
(5) 한 철에 4번 이상 출타하면 본 소임과 동일한 소임을 살아야 한다.
(6) 무단출타인 경우 10일 이후는 여하를 막론하고 자진 퇴학으로 처리한다.

第 五條 雲集

(1) 법문, 공사, 인사, 울력, 청소 등 목탁을 쳤을 때는 5분 이내에 운집해야 한다.

(2) 취침은 三更 鐘을 치기 전까지 잠자리에 들어와야 한다.

※ 목탁 치는 법

법문, 공사, 인사 ··· 세 번 내림
울력, 청소 ··· 두 번 내림
간식 ·· 한 번 내림

第 六條 洗衣

(1) 저녁 예불 前까지 걷어야 한다.

(2) 옷에 반드시 이름을 記載하여야 한다.

(3) 목욕탕에서는 세탁을 금한다.

第 七條 論諍

(1) 和解할 때까지 所任을 함께 살아야 한다.

(2) 上下간의 不敬한 언행이 발생하였을 경우 대중공사를 하여 벌칙을 가한다.

第 八條 他鞋

(1) 다른 사람의 신발을 신지 말아야 한다.

(2) 신발을 바로 벗어 놓아야 한다.

第 九條 言語

(1) 큰소리로 말하거나 웃지 말아야 한다.

(2) 상호간의 경어를 사용하여야 한다.

第 十條 步行

(1) 뛰어다니지 않는다.

(2) 도량에서 어른스님과 객스님을 만날 경우 반드시 합장하여야 한다.

第 十一條 着衣

(1) 회색이 아닌 흰색, 검정색, 밤색 등의 옷을 입지 못한다.

※ 단, 울력복은 제외한다.

(2) 동방아와 행전은 반드시 착용해야 한다.

위의 規範事項을 違反했을 때는 所定의 罰則에 준하되 第 1, 2, 3, 4, 5, 6, 7條는 重譴責으로 하고, 第 8, 9, 10, 11條는 輕譴責으로 한다.

※ 重譴責: 本 所任과 동일하게 供養主 혹은 菜供을 살린다.

　輕譴責: 當時 立繩의 처분에 一任한다.

第 十二條 附則

(1) 본 規範事項은 필요에 따라 대중 공인에 의하여 改正할 수 있다.

(2) 이상의 조항 외에 특별한 경우는 講主스님이 隨意 결정한다.

(3) 본 規範事項은 公布한 날로부터 施行한다.

동학사승가대학의 역사와 현황

수정(동학사승가대학 강사 겸 학감)

Ⅰ. 머리말
Ⅱ. 동학사승가대학의 연원과 역사
   1. 최초의 강원 개설
   2. 비구니 전문강원 개설 이전의 역사
   3. 비구니 전문강원 개설 이후의 역사
Ⅲ. 동학사승가대학의 학풍
   1. 현대 비구니 교육의 산실
   2. 동학사승가대학의 학풍
Ⅳ. 동학사승가대학의 현재와 미래 전망
   1. 전통과 현대적 교육의 융합
   2. 비구니 학림의 개설과 미래
Ⅴ. 맺음말

Ⅰ. 머리말

동학사는 상원 조사가 암자를 짓고 수도하시다 입적한 후 724년(신라 성덕왕 23년)에 제자 회의 화상이 쌍탑(일명 남매탑)[1]을 건립한 것이 그 시초가 된다.[2] 1300여 년 전에 동학사가 처음 창건되었음을 알 수 있는데, 1818년(순조 18년)의 「예조완문禮曹完文」에도 "충청도 주 동학사는 삼한시대의 고찰이다. 세조대왕께서 이곳에 납시어 원당願堂을 지으시고 특별히 『초혼록招魂錄』 한 책과 도장 하나를 내리셨다. 「혼기魂記」에는 고려 역대 왕들의 성과 이름이 실려 있다. 우리 조선의 경우에는 단종의 이름, 종친, 삼성과 육신, 절의로 죽은 신하 등 모두 300여 분이나 실려 있으며, 그분들의 혼령을 불러 제사를 지낸다"[3]는 기록이 남아있으므로, 예부터 동

---

1) 각기 5층석탑과 7층석탑으로 보물 1284호 및 보물 1285호로 지정되어 있다.
2) 이름이 알려지지 않은 승려가 1910년 전후에 지은 『동학사사적』에는 "깎아지른 산맥의 안쪽 우뚝 솟은 기이한 바위 위에 두 개의 보배로운 탑이 있으니, 언제 세워졌느냐 하면 이(신라 성덕왕 23년, 당 개원 12년)는 불기 1751년(갑자)이다.〔聳巒削捺之中 矗石奇巖之上 有二座寶塔 何二座建 是(新羅 聖德王 二十三年 唐 開元 十二年) 佛紀一七五一年(甲子)〕"라 하고(추만호 편, 『동학사』, 우리문화연구원, p.164), 초월동조 스님의 『계룡산 동학사 사적』에는 "큰 탑이란 당 현종 개원년간에 당나라 승려인 상원 조사가 은혜를 갚으려 한 호랑이 때문에 미인을 얻자 남매를 맺고 함께 도를 닦으니, 돌아가신 뒤에 제자 회의 화상이 그분들을 위해 쌓은 것으로 현재 동학사에서 제일 좋은 곳에 있다.〔偉塔 唐玄宗開元年間 唐僧上願祖師 以有報恩之虎 得遇美人 與爲男妹 同爲修道 化有後 其高足懷義和尙 爲之築塔 現在于東鶴之一等〕"이라 적고 있다.(『불교학보』 제2호, 부록 「충청남도 사찰사료집」, 1964, p.17) 그런데 1923년 〈동아일보〉에 '계룡산기'라는 제하에 실린 만우 화상의 인터뷰에는 상원 조사가 백제 멸망 후에 계룡산에 들어와 승려가 된 백제 귀족이라고 전한다.(추만호 편, 위의 책, p.168)

학사의 시초를 삼국시대로 추정하고 있음을 알 수 있다. 다만 그 명확한 기록연대에 대해서는 불분명한데, 본고의 주된 목적이 동학사 강원의 역사와 학풍 등을 밝히는 데 있으므로, 그 자세한 논의는 다른 곳에 미루어 두기로 한다. 1300여 년에 이르는 역사를 지닌 동학사는 1864년 만화보선萬化普善 화상이 가람을 크게 복원하면서[4] 새롭게 거듭난 것으로 추정된다. 동학사 강원의 개설 또한 만화보선 스님에게서 비롯된 것으로 추정되는데, 「동학사중수기문」에는 "승 만화는 불경에 미묘하게 통달하고 걸림 없는 방편을 구사하는 이다"[5]라고 기록되어 있다. 만화 스님은 이후 경허 스님에게 법을 전하는 등 당시 '조선 제일의 강백'으로 이름을 떨친 분이다. 만화 스님의 원력에 힘입어 크게 중창된 동학사는 가람의 면모를 일신하면서 강원을 개설했던 것으로 보인다. 이후 경허성우, 만우상경 및 역대 강주스님들을 거쳐 1954년 경봉용국 스님에 의하여 비구니 불교 전문강원의 개원으로 이어지게 되었다.

잘 알려져 있는 것처럼 동학사승가대학은 최초의 비구니 전문강원으로, 현대 비구니 교육의 산실이다. 한국불교계를 이끌고 있

---

3) 「禮曹完文」, 추만호 편, 위의 책, p.280에서 재인용.
한편 동학사는 일반 사찰들과 구별되는 독특함이 있는데, 경내에 숙모전, 삼은각, 동계사가 함께 있는 점이다. 숙모전은 단종과 그 비인 송씨, 그리고 그 때 절개를 지켜 죽은 사육신과 생육신 및 억울하게 죽은 종친까지 포함한 절열 89위를 모시고 제사하는 곳이다. 삼은각은 삼은(三隱)의 영혼을 초혼하여 모신 곳이고, 동계사는 신라 박제상의 영혼을 모신 곳이다. 사찰 경내에 유교의 충절들을 함께 배향하고 있는 것인데, 이 점이 숭유억불의 시대였던 조선시대에 동학사의 유지와 중건 등에 중요한 영향을 미치고 있다.
4) 「鷄龍山東鶴寺事跡」(『불교학보』제2집, 부록 「忠淸南道 寺刹 史料集」, p.18 및 추만호 편 『동학사』, p.303. 이하에서는 편의상 추만호 편의 『동학사』 페이지만을 제시한다.) 만화보선의 생몰년대는 미상이나 1860년대 전후에 활동하였다.
5) 「東鶴寺重修記文」, 추만호 편 『동학사』, p.286.

는 비구니 큰스님들 대부분이 동학사 강원에서 배출되었으며, 지금까지 비구니 전문강원으로서의 역사와 자긍심을 계승해 가고 있는 현대 한국불교 비구니 역사의 살아있는 현장이기도 하다.

본 연구는 이같이 현대 한국불교 비구니 강원의 역사를 단적으로 대변한다고 할 수 있는 동학사 전문강원의 역사와 학풍, 현황에 대해 정리를 시도한 것이다. 최초의 정리인 만큼 철저한 문헌적 고찰 등의 노력에도 불구하고 부족한 점이 많을 것이므로, 앞으로 여러 대덕과 전문 연구자들의 질책과 도움에 힘입어 보완이 이루어지기를 기대한다.

본 연구는 먼저 동학사 비구니 불교 전문강원 개설 전후의 역사에 대해 개괄적으로 살펴볼 것이다.[6] 그런 연후, 동학사승가대학의 학풍과 현황에 대해 소개하는 순서로 연구를 진행하기로 한다.

II. 동학사승가대학의 연원과 역사

앞에서도 잠깐 언급했던 것처럼, 강원으로서 동학사의 역사는 1860년대 동학사를 중창한 만화보선 스님으로부터 비롯된다. 여기에서는 만화보선 스님 이후 동학사 강원의 역사를 최초의 강원 개설, 비구니 불교 전문강원 개설 이전과 이후로 나누어 역대 강주스님들을 중심으로 간략하게 개진한다.

---

6) 본고의 논의에서 동학사 비구니 불교 전문강원 개설 이전과 이후의 역사 개괄 부분은 추만호 편의 『동학사』에 크게 힘입었다. 『동학사』에는 동학사와 관련한 역사자료 및 비구니 불교 전문강원의 개설을 전후한 구술 대담 기록까지 포함하고 있어서 동학사승가대학의 역사에 접근하는 데 중요한 자료를 제공한다.

1. 최초의 강원 개설

갑자해를 맞이해서 만화의 아름다운 자취에 힘입어 옛것은 윤이 나고, 집은 산수에 어울리고, 불심佛心은 하늘의 뜻과 통했다. 우운友雲과 호봉虎峰이 가까이서 돕고 남화南化와 운구雲句는 멀리서 지켜, 위로는 궁궐로부터 아래로는 뭇 선비에 이르기까지 무주상보시가 인연 없이 왔으니 일이란 사람을 기다리고 때를 기다려서 이루어지는구나.〈다섯 번째로 인연에 맞춰 중창하여 떨친 것을 찬탄하다. 만화萬化는 금강산의 승려로, 이름은 보선普善이다. 권화하는 데 뛰어난 사문이며, 일대의 선지식이다. 우운은 제자이고, 운구·남화·호봉은 모두 만화의 법형제이다. 용암과 호봉의 두 족자가 영각에 있는데, 추사가 글씨를 썼고, 이들은 만화와의 인연 때문에 왔다. 용암은 만화의 옹사翁師이기 때문인데, 만화의 초상화 역시 안에 있다〉.7)

승 만화萬化는 불경에 미묘하게 통달하고 걸림 없는 방편을 구사하는 분이다. 마침 이곳에 머물다가 불전에 풀만 무성하게 자라남에 탄식하고, 중생이 시주하는 데 인색함을 민망해했다. 이에 제자 우운友雲과 벗 호봉虎峰과 더불어 재물을 모을 것을 발원하여 공덕을 이루었다. 옛것을 새롭게 해 기와집 몇 칸을 지으니, 처마는 트이고 지붕은 날렵하여 옛것보다 넓어 보인다.8)

위의 인용문은 각기 초월동조初月東照 스님의 「계룡산동학사사적鷄龍山東鶴寺事跡」과 임필수의 「동학사중수기문東鶴寺重修記文」에 보이는 만화보선 스님 관련 기록을 옮긴 것이다. 1864년을 즈음하여 만화보선 화상에 의해 동학사가 크게 중수되었음을 알 수 있다. 금강산 유점사에 주석하던 영월당 봉율(永月堂 奉律, 1738년~1823년) 스

---

7) 초월동조, 1929, 「鷄龍山東鶴寺事跡」, 추만호 편, 『동학사』, p.302.
8) 임필수, 1864, 「東鶴寺重修記文」, 추만호 편, 『동학사』, p.286.

님의 제자인 만화보선 화상은 동학사를 크게 중건했을 뿐만 아니라 동학사 강원 개설의 당사자이기도 한 것이다.9)

경허성우(鏡虛惺牛, 1846년~1912년) 선사는 9세에 경기도 광주 청계사에서 계허桂虛 스님에게 출가하였다. 후에 계허 스님의 환속으로 말미암아 14세 때에 계룡산 동학사의 만화보선 화상 강백처에 들어가서 불교의 일대시교一代時敎와 내외전內外傳을 섭렵하였다. 23세에 동학사 강원 강사로 추대되어 개강하였을 때, 군중이 운집하였다는 기록이 있다.10) 1846년생인 경허 선사가 동학사 강원에 들어간 것은 14세 무렵인 1860년 즈음이니 동학사의 중수가 이루어질 즈음에 이미 동학사 강원이 개설되어 있었던 것으로 볼 수 있다. 따라서 동학사 최초의 강원 개설은 적어도 1860년 이전의 어느 시기에 이루어진 것임을 알 수 있으며, 강원 개설 후에 추가적인 당우堂宇의 필요성에 의해 동학사를 중수한 것이다. 용산사미 아준龍山沙彌 亞俊, 즉 우운당 아준友雲堂 亞俊이 1857년에 쓴 「계룡산동학사지장계서鷄龍山東鶴寺地藏稧序」에 "저는 미처 같이 참여할 수 없었으나, 이 인연을 맺을 때부터 역시 기쁨으로 이미 따랐습니다. 성취될 즈음에 짧은 글솜씨로 이 일의 실마리나마 대략 머리말로 적습니다"11)라는 기록이 남아있기 때문이다. 즉 1857년 훨씬 이전부터 중건불사는 시작되었음을 알 수 있다. 그런데 이미 1860년에는 경허성우 선사가 만화보선 화상의 강백처에 들었다는 기록12)이 있으므로, 중건불사가 단순히 쇠락한 절의 본래 모

---

9) 영월당 봉율 스님의 진영은 동학사 조사전에 만화보선 스님의 진영과 함께 나란히 모셔져 있다.
10) 한용운, 『鏡虛集』 序, 『한국불교전서』 11책, p.588上.
11) 동국대학교 불교문화연구소, 「鷄龍山東鶴寺事跡」, 『불교학보』 제2집, 부록 「忠淸南道 寺刹 史料集」, p.20. "嗟余小子雖未得共結緣之時 亦己爲隨喜成就之際俾長短詞略敍其端耳"

습을 회복하기 위한 것만이 아니라, 강원의 개설과도 관련이 있음을 짐작하게 한다. 다음의 기록에서 그러한 사정을 엿볼 수 있다.

> 고종 원년甲子 불기 2891년(1864년) 금강산 승 만화당萬化堂 보선普善이 큰 방과 앞뒤의 요사채를 중건하여 맑은 기풍의 스님들을 모셔왔다. 이후 수십 년 간 불교 전문강원으로서 전국에 이름을 떨쳐 그분이 전해 남긴 성대한 일이 오늘에까지 이르니 아름답지 아니한가.[13]

이 글은 1910년 직후에 쓰인「동학사사적」의 일부인데, 1864년 중건을 기준으로 만화 스님이 여러 대덕 스님들을 모셔왔고, 이를 기점으로 불교 전문강원으로서 동학사의 이름이 널리 떨쳤다고 적고 있다. 그러나 1860년에 경허 선사가 만화 화상에게 입실하였다는 기록과 중건이 이전부터 진행되었다는 사실 등을 고려할 때, 강원의 개설과 중건불사는 이보다는 좀 더 이른 시기로 보아야 할 것이다. 따라서「동학사사적」의 기록은 중건불사가 끝난 이후에 대덕 스님들을 초빙하여 불교 전문강원을 확대 정비한 사실을 전한 것이 아닐까 추정된다.

2. 비구니 전문강원 개설 이전의 역사

1954년 비구니 전문강원이 개설되기 이전까지 강주를 역임하신 스님은 초대 만화보선萬化普善에서 시작하여, 2대 금봉지원金峰智

---

12) 한용운,『鏡虛集』序,『한국불교전서』11책, p.588上. "十四歲時 適有一士人 寓寺過夏 隨暇就學 過目成誦 隨文解義 文理大進 未幾桂虛師還俗 惜師之未能大成 以書薦于鷄龍山東鶴寺萬化講伯 師於萬化講伯處 修了一大時教做工不閑不忙"

13) 저자 불명, 1910년 직후,「東鶴寺事跡」, 주만호 편,『동학사』, p.133에서 재인용.

遠, 3대 경허성우鏡虛惺牛, 4대 동은원규東隱元圭, 5대 만우상경萬愚尙景, 6대 초월동조初月東照, 7대 운문영현雲門永賢, 8대 지원동수智圓東洙, 9대 무불성관無佛性觀, 10대 운허용하耘虛龍夏 스님에 이르기까지 모두 열 분이다.

여기에서는 경허성우, 만우상경, 초월동조 스님을 중심으로 비구니 강원 개설 이전의 동학사 강원 역사에 중요한 획을 이루고 있는 분들을 중심으로 간략하게 서술한다.

3대 강주이셨던 경허성우鏡虛惺牛14) 스님에 대해서는 달리 설명이 필요치 않을 정도로 잘 알려져 있다. 스님은 9세에 경기도 광주 청계사에서 계허 스님에게 출가하였다가, 계허 스님의 환속으로 말미암아 14세 때에 계룡산 동학사의 만화보선 화상 강백처에 들어가서 불교의 일대시교와 내외전을 섭렵하고, 1871년 그의 나이 26세에 강당에 올랐다. 31세 여름에 계허 스님을 뵙기 위해 동학사를 떠난 스님은 노정 중에 활연대오하였다. 32세 때부터 천장암에 주석하다가 이후 20여 년 간 호서지방 일대를 유력하며 선풍을 크게 떨쳤다.15) 문하에 근세기의 선사로 이름이 높은 만공월면, 혜월혜명, 수월음관, 한암중원 등이 있다. 스님이 동학사 강원이 배출한 대강백이었을 뿐만 아니라 한국 근대불교사의 정점을 이룬 대선사였음은 재론할 필요가 없다.

이처럼 경허 스님이 동학사 강원이 배출한 한국 근대불교사의 큰 정점이었다면, 5대 만우상경(萬愚尙景, 1845년~1924년) 스님은 64년

---

14) 경허 스님의 출생년도에 대해서는 몇 가지 이설이 있으나, 여기에서는 경허 스님이 직접 찬한「瑞龍和尙行狀」의 기록(『鏡虛集』,『한국불교전서』11책, p.612下.)에 따라 1846년으로 보았다. 동학사 사중에서도 역시 이 설을 따르고 있다.(동학사승가대학 간,『東鶴』통권 87호, 2004년 3·4월호, p.25)
15) 한용운,『鏡虛集』「略譜」,『한국불교전서』11책, p.588上.

간을 동학사에 주석하시면서 동학사 강원을 일구고 지켜나간 수성주守成主라 할 것이다. 스님은 1845년에 태어나셨으며, 5세 때인 1849년에 동학사 옥천암으로 들어가서 성장하였다. 12세 때인 1856년 동학사 청하명훈淸霞明訓 스님을 은사로 모시고 체발 득도 하였으며, 동은원규東隱元圭 스님에게 불교 내전을 배웠다. 25세 때인 1869년에 강사가 되었으며, 35세에 강주로 취임하였고, 45세에 주지직을 겸직하였다. 이때부터 불량계佛糧契·칠성계七星契·열반계涅槃契 등을 조직하여 사찰의 재원을 확충하고, 전각의 보수와 중건 등을 행하였다.16)

만화보선 스님이 동학사를 크게 중건하고 강원을 개설한 중건주라면, 만우상경 스님은 구한말과 국권상실기 초기의 격심한 혼란 속에서 동학사를 꿋꿋하게 지킨 수성주라 할 수 있다.

만우상경 스님이 강주로 계실 때에 학인이 전국에서 운집하였는데, 오대산 월정사의 이종욱·수원 용주사 강대련·전북 위봉사 황성열·마곡사 유익종·금산 보석사 이철허 등이 이때 수학하였다. 스님은 생전에 성도절 7일 동안 정진 대신 강사를 초빙하여 간경 연수법회를 봉행하였다고 전한다.

스님이 강의할 때에는 비구·비구니가 함께 배웠는데, 다만 비구니는 『법화경』을 위주로 하고 비구는 사교四敎를 중심으로 하는 10년 과정이었다고 한다.17) 이때 스님에게 배운 스님 중 한

---

16) 이 부분은 추만호 편, 앞의 책, pp.136~137의 정리를 따랐다. 추만호는 만우상경 스님의 행장을 정리하면서 〈동아일보〉 1923년 12월 2일자, '鷄龍山의 出處'「鷄龍山記」2의 기사와 금암대영 스님의「萬愚禪師行狀」등을 참고하여 정리하고 있다.
17) 추만호 편, 『동학사』「일제강점기(대영 스님의 회상)」, p.247.
대영 스님과의 대담 채록은 1998년 1월 말에 이루어진 것으로 기록되어 있다. 대영 스님은 만우상경 스님의 증손상좌로 1996년「만우선사행장」을 썼

분이 만공 스님으로부터 법을 인가받고 최초로 비구니 선맥을 일으킨 묘리법희 스님이며, 후에 보문종 초대 종정이 되는 설월긍탄 스님 또한 스님이 주석하던 시절 동학사에서 대교과를 수료하였다.18)

6대 강주 초월동조(初月東照, 1878년~1944년) 스님은 독립운동가였으며, 53세에 강주로 초빙되어 동학사에서 3년 간 주석하였다.19) 스님은 14세에 지리산 영원사靈源寺로 입산 출가하였으며, 법호는 초월初月이고 별명은 구국龜國이다. 1903년~1904년에 영원사 조실로 있었으며, 1911년에는 임제종 운동에 참여하였으며, 1915년에는 중앙학림 강사로 내정되었으나 사정이 여의치 않아 취임하지는 못하였다. 이능화는 1918년 3월에 간행한 『조선불교통사』에서 김포광과 함께 백초월을 영원사를 대표하는 스님으로 기술하면서 '以敎爲宗 講說爲主'라고 하여 강백으로 칭하고 있다.20) 3·1운동 직후에는 독립운동 자금을 모금하여 상해 임시정부와 만주 독립군에 보내었으며, 〈혁신공보〉를 간행하기도 하였다.21) 스님은 1929년, 당시 주지였던 임연성林然性 스님의 청을 받아 『계룡산 동학사 사적』을 지었는데, 그 말미에 스스로 『금강경』 공부에 힘썼다고 밝히고 있다.22) 초월동조 스님이 주석하던 시절을 전후하여 백양사에 있던 동수 스님이 『원각경』을, 남무불 스님은 『법화경』을 강의했다고 한다.23)

는데, 직접 확인하지는 못하였다.
18) 수경, 「한국 비구니 강원 발달사」, 『한국 비구니의 수행과 삶』, 예문서원, 2007, p.21의 〈표 1〉 참조.
19) 『東鶴』 통권 87호, 2004년 3·4월호, p.26.
20) 이능화, 『조선불교통사』 하권, pp.959~960.
21) 김광식, 「白初月의 삶과 獨立運動」, 『불교학보』 39집, pp.129~135.
22) 「鷄龍山東鶴寺事跡」, 추만호 편, 『동학사』, p.304.

초월동조 스님은 일찍이 중앙학림 강사로 내정되었고(1916년), 상해 임시정부를 지원하기 위해 각처의 절을 통해 군자금을 모금하고, 승려 결사인 의용승군에도 관여하여 옥사를 겪기도 했던 것으로 전한다. 1930년 마포포교당에 주석하던 중에 동학사 강주로 초빙되어 3년 간 동학사에 강석하였다. 1935년에 봉원사 강사로 자리를 옮겼으며, 1939년 마포포교당에 주석하던 중에 독립운동 관련 사건에 연루되어 청주형무소에서 옥고를 치르다가, 1944년 6월 고문 후유증으로 옥사하였다.[24]

그 후 9대 무불성관(無佛性觀, 1907년~1984년) 스님이 1943년부터 9년 간 강주를 역임하셨다. 무불성관 스님은 1921년에 동학사 김월안 스님 문하에서 출가한 분으로, 1940년 유점사 박대륜 화상으로부터 무불성관이라는 법호를 받았으며, 1951년 금정산 금정선원장을 지내셨다.[25] 스님은 평소 한글 사경을 많이 하였는데, 특히 평생 『아미타경』을 사경하였던 것으로 전해온다.

또한 동학사에 비구니 전문강원이 개설되기 직전에 주석한 10대 강주 운허용하(耘虛龍夏, 1892년~1980년) 스님은 석전 스님으로부터 전강을 받은 분으로, 봉선사·범어사·통도사·해인사 등 전국 각지의 사찰에서 평생을 후학 지도양성에 온 힘을 기울인 분이다.[26] 운허용하 스님은 만주 일대에서 독립운동을 하다가 뜻한 바 있어 1921년 5월 30세에 강원도 유점사로 들어가 출가하였다. 1924년 당대의 강백인 진응 스님에게 사교를 배웠으며, 1928년부터 개운사에서 석전 스님에게 대교를 마친 후 전강을 받았다.

---

23) 추만호 편, 『동학사』「일제강점기(대영 스님의 회상)」, p.247.
24) 김광식, 앞의 논문 참조.
25) 『東鶴』통권 87호, 2004년 3·4월호, p.26.
26) 위와 같음.

1936년 봉선사에 불교강원을 개설하여 강사를 지낸 후로, 동학사 강원·해인사 강원 강사·봉선사 주지 등을 역임하였다. 1955년 해인사 강주로 활동하면서 지관 스님, 월운 스님을 배출하였으며, 이후 광동학원 이사장과 역경원 초대 원장을 역임하였다.[27]

3. 비구니 전문강원 개설 이후의 역사

최초의 비구니 전문강원이자 현대 비구니 교육의 산실 역할을 수행해 온 동학사 비구니 전문강원의 개설은 1956년, 운허용하 스님을 이어 11대 강주로 취임한 경봉용국(鏡峰容國, 1885년~1969년) 스님에 이르러서였다.

동학사 비구니 전문강원의 개설 배경에 대해 수경 스님은 무엇보다도 정화운동을 비구니 강원 설립의 재촉 계기로 보고 있다. 비구니 스님들이 정화운동에 적극 참여하면서 비구 스님들이 비구니 스님을 종단의 일원으로서 재인식하게 된 점과 정화운동을 계기로 비구니 스님들 스스로 인재와 역량을 키워야 한다는 자각이 일어났을 것이라는 점을 들고 있다. 또 경봉 스님의 혜안 역시 비구니 강원 설립의 요인으로 꼽고 있다.[28]

> 강원 한다고 해서 찾아가니 3명이 배우고 있더군요. 강원도 건봉사에 계시던 김경봉 스님께 인사드렸지요. 이분이 원력 세우고 글을 가르치며 3년 사시고, 그 뒤 (비구니) 주지를 내신 거죠. 저는 미타암에 머무르다가 10월 보름 결제 때 들어갔어요. 경봉 스님과 토굴에 계시던 혜묵 스님이 대처승 대신 비구니들이 (큰절에) 들어가야 한다고 우리를 (한)

---

27) 월운 편, 『운허선사 어문집』, 동국역경원, 1992.
28) 수경, 앞의 논문, pp.32~33.

달 반이나 설득하셨어요. 우리 또래 세 명이 맡아 들어갔어요. 서운 스님(심원사 계신)이 임시 주지를 맡다가 넘겨주셨지요. 갑사 대자암 계시던 조대현 스님이 오셔서 맡았어요.29)

　이상은 성현 스님의 회상인데, 정화운동 후에 비구니 스님들이 동학사를 맡게 되는 과정이 잘 드러나 있다. 학인들의 숫자가 일시에 40여 명으로 증가하고, 동학사의 살림을 위해 학인들이 직접 나서서 대처승이 내버려 두어 소작농에게 넘어간 논을 되찾는 등30) 동학사 비구니 전문강원이 안정되어 가는 과정은 비구니 스님들의 자각을 보여준다. 경봉 스님은 그 과정에서 강주로서 학인을 가르치는 것은 물론, 외호에도 많은 힘을 기울였다. 경봉 스님에게서 전강을 받은 묘엄 스님은 경봉 스님을 동학사 강원의 격을 세운 존재로 회고하고 있다.31)

　경봉 스님은 1963년까지 6회의 졸업생을 배출하였다. 전강제자로 묘엄 스님과 혜성 스님을 배출하였으며, 명성 스님 역시 성현 스님이 강주로 계시는 동안 동학사 강원에서 사교과를 수학하였다. 특히 묘엄 스님은 1956년 경봉 스님에게 전강을 받았는데, 이는 비구니가 비구 강사에게 처음으로 전강을 받은 것이다.32) 묘엄 스님은 1957년 가을 경봉 스님으로부터 『화엄경삼현』을 배우고, 전강을 받아 중강으로서 『치문』· 『사집』· 『대승기신론』을 강의하였으며, 이후 통도사 보타암에서 운허 스님에게 『화엄경』

---

29) 추만호 편, 『동학사』 「6·25전쟁 직후(성현 스님의 회상)」, p.256. 성현 스님은 당시 경봉 스님 문하에서 수학한 학인이었으며, 대교까지 전 과정을 수료한 1회 졸업생으로, 부산 금천선원 스님이다.
30) 같은 책, p.257.
31) 묘엄 구술·김광한 엮음, 『香聲』, 봉녕사승가대학, 2008, pp.242~245.
32) 수경, 앞의 논문, p.28.

의 남은 부분을 수학한 다음 전강을 받고 동학사 강원의 강사로 취임하였다.33)

이어 1956년에 경봉 스님에게 전강을 받은 12대 원만혜성(圓滿慧性, 1927년~) 스님이 1966년 비구니로서 최초로 강주를 역임하였으며, 13대 강주이셨던 호경기환(湖鏡基煥, 1904년~1987년) 스님은 1967년에 취임하여 입적 전까지 강주를 역임하였다. 호경 스님은 1977년에 경해일법·경천현주·경월일초·경화보관 스님에게, 그리고 1978년 원만혜성·수증 스님에게 전강하셨다. 14대와 16대 강주를 지낸 경월일초(鏡月一超, 1943년~) 스님은 2005년에 성지수정·성조명선·성법보련·성관경진·성덕행오·성인도일·성혜법송 등에게 전강하셨다. 이는 주로 비구 강사에게서 비구니 강사로 전강이 이루어지다가 점차 비구니 강사에서 비구니 강사로 강맥 전승이 이루어지기 시작하는 변화의 과정을 보여준다. 특히 호경 스님 이후 동학사 강맥의 전승은『유식론』·『대승기신론』·『기신론필삭기회편』을 중심으로 이어져 왔는데, 이는 유식에 대한 해박한 지식으로 많은 관심을 기울인 호경기환 스님의 영향이 강하다.

한편 15대 강주로는 서안일연(棲岸一衍, 1947년~) 스님이 역임하였으며, 현재는 2008년 18대 학장으로 취임한 수미해주須彌海住 스님이 재직 중이다.

---

33)『世主妙嚴 스님 年譜』,『世主妙嚴主講五十年紀念論叢』, 봉녕사승가대학, 2007, pp.690~694 참조.

III. 동학사승가대학의 학풍

위에서 동학사승가대학의 역사를 역대 강주 스님들을 중심으로 개관해 보았다. 동학사승가대학의 면면한 역사는 사실 어려운 살림을 이끌었던 역대 주지스님[34]과 대중 스님들의 노고와 열정에 크게 힘입은 것이지만, 지면의 특성상 역대 주지스님 및 외호자들의 공덕은 추후 다른 지면을 기다리기로 한다. 이 같은 점을 염두에 두고 여기에서는 동학사승가대학의 학풍을 살펴보고자 한다.

1. 현대 비구니 교육의 산실

동학사는 1956년 경봉 스님을 모시고 최초로 비구니 강원을 개설한 이후 1963년 부산 금천선원의 성현 스님이 대교까지 전 과정을 최초로 수료한 것을 시작으로, 2008년 현재까지 모두 869명의 대교과 졸업생을 배출하였다. 동학사 강원의 이와 같은 성과는 앞서 경봉과 호경 두 스님의 공로가 적지 않지만, 비구니 전문강원의 개설에 적극 참여하여 인재양성을 위해 진력해 온 비구니 스님들의 노력 또한 크게 작용한 것이다.

교단 정화개혁 시기에 비구니 스님들은 적극적으로 동참하였다. 정화 후 비구니 스님들이 사찰의 주지로 많이 임명되고 심지

---

[34] 외호 선지식으로 역대 주지는 초대 대현 스님, 2대 봉민 스님(7, 9, 11, 12대), 3대 효성 스님, 4대 정행 스님, 5대 광호 스님, 6대 옥봉 스님, 8대 수현 스님, 10대 경순 스님, 13대 일초 스님, 14대 성원 스님, 15대 요명 스님(18, 19대), 16대~17대 일연 스님이 역임하였다. 현재 20대 견성 스님이 소임을 맡고 있다.

어 본사인 동화사 주지로까지 발령받았던 사실과 종회의 구성원35)으로 비구니 스님들을 참여시키게 된 것 등은 정화 과정에서의 역할을 크게 평가받은 것이라 할 수 있다.36) 정화 이후, 비구니 스님들은 주지로 부임하여 사찰별로 정화의 마무리 작업을 단행하였으며, 정화를 계기로 점차 비구니 스님들의 활동이 활발해지고 크게 증대되었다.37) 그리고 1954년부터 1958년 사이에 집중된 비구니 선원 중창·개원, 운문사·동학사 강원의 복원, 화운사 강원의 개설 등은 정화 직후의 시기에 비구니들이 인재양성과 가람수호에 보인 열정을 엿볼 수 있게 한다.38)

동학사 비구니 강원의 개설 역시 이 같은 당시 불교계, 특히 비구니계의 움직임과 열정이 낳은 결과라 할 것이다. 해주 스님39)은 "동학사 미타암 운달 스님의 술회에 의하면, 이러한 비구니 강

---

35) 동학사 출신 역대 종회의원은 명성·봉민·자민·태경·수현·일법·해주·운달·지형·흥륜 등의 스님들이 있으며, 현재 일초 스님이 종회의원직을 맡고 있다.
36) 해주,「한국 근현대 비구니의 수행」,『한국 비구니의 수행과 삶』, 예문서원, 2007, pp.135~136.
37) 같은 논문, p.137.
38) 위와 같음.
39) 수미해주(須彌海住) 스님은 1972년 반야사에서 석암 스님을 계사로 사미니계 수지, 1977년 동학사승가대학 대교과 졸업, 1978년 통도사에서 월하희중 스님을 계사로 비구니계 수지, 1982년 동국대학교 불교대학 졸업, 1984년 동국대학교 문학석사 학위 취득, 1990년 동국대학교 대학원 철학박사 학위 취득, 1994년~1996년 동국대학교 비구니수행원(혜광사) 사감(겸 주지), 1994년~2002년 대한불교조계종 제11대·제12대 중앙종회 종회의원, 1994년~2001년 대한불교조계종 교재편찬위원회 위원, 1997년 Center for of World Religions, Harvard University, U.S.A Senior Fellow, 1997년~2002년 대한불교조계종 기초교육개혁 위원, 2000년~2004년 불교학연구회 초대 및 제2대 회장, 2003년~2007년 대한불교조계종 전국비구니회 감사, 2005년~2008년 현재 대한불교조계종 역경위원회 위원, 1990년~2008년 동국대학교 교수 등을 역임하였다.

원의 개원에는 당시 미타암에 주석 중이던 지현 스님의 숨은 공로가 컸으니, 지현 스님은 총무원장 스님에게 대현 스님을 주지로 추천하고 주지스님과 함께 경봉 스님을 모셨다"40)고 적고 있는데, 이것은 동학사 강원의 개설에 비구니 스님들의 원력과 열정이 크게 작용하였음을 증명한다. 동학사 비구니 강원이 이러한 열망의 결과라는 것은, 4대 주지였던 정행 스님(1902년~2000년)이 당시 60세의 나이에 불구하고 동학사 비구니 불교 전문강원 원장 및 주지로 부임한 것이 교단정화 후 전국비구니회의 추대로 이루어진 것이었다는 데서 더 확연해진다.41) 동학사 비구니 전문강원의 안정을 위해 전국 비구니계가 힘을 모은 것이기 때문이다.

이러한 내외의 원력에 힘입은 덕분에 최초의 비구니 강원으로 개원한 동학사 강원은 한국불교 현대사에 굵직한 족적을 남긴 대부분의 비구니 스님들을 배출한 도량으로 자리매김하고 있다. 한국 현대불교사에 족적을 남긴 비구니 스님들 중에서 동학사 강원과 관련된 분들을 간단히 언급하자면 다음과 같다.

우선 비구니 강원으로 개원하기 전에 동학사 강원에서 공부했던 분으로, 법희 스님과 긍탄 스님을 들 수 있다. 법희 스님은 만우 강백에게 경전·어록을 수료하였고(1910년), 긍탄 스님은 이보다 조금 빠른 1903년 동학사에서 사집과를 수료하고(1903년) 『화엄

---

40) 위와 같음, 각주 21).
41) 김일진, 「전계사 비구니 장로 정행 스님의 삶」, 『한국 비구니의 수행과 삶』, 예문서원, 2007, p.369.
'전국비구니회'라는 표기는 착오가 아닐까 한다. 대한불교비구니 우담바라회의 창립이 1968년, 전국비구니회로의 재결성이 1985년이기 때문이다. 당시 정행 스님의 연세와 위상을 생각할 때, 당시 전국 비구니계에서 중의를 모아 추대를 하였던 것이 아닐까 생각된다. 우담바라회가 1968년 발족할 수 있었고, 정화 과정에서 비구니들의 활발한 참여를 고려할 때 정식 회 결성 이전 단계의 모임은 있었으리라 추정된다.

경』을 인간(印刊)하여 보문사 대웅전에 봉안하였다.(1917년)[42]

또 수경 스님은 광복 이후 비구니의 강원 교육 변천사를 논하면서 광복 이전과 비교하여 가장 두드러지는 현상으로 전강제도를 꼽고 있는데,[43] 이에 근거하여 동학사 강원과 관련이 있는 전강의 사례를 정리하면 다음과 같다.

〈동학사 강원에서 비구 강사에게 전강을 받은 비구니 강사〉

(괄호 안은 동학사에서의 강원 이력 혹은 졸업년도)

세주묘엄[44](사교과, 1957년 수료) / 경봉용국(1956년 전강)
경천현주(대교과, 1968년) / 호경기환(1977년)
경해일법(대교과, 1971년) / 호경기환(1977년)
경월일초(대교과, 1971년) / 호경기환(1977년)
경화보관(대교과, 1976년) / 호경기환(1977년)
원만혜성(사교과, 1966년) / 호경기환(1978년)
수증   (1973년) / 호경기환(1977년)

〈동학사 강원 졸업자로 비구 강사에게 전강을 받은 비구니 강사〉

(괄호 안은 동학사에서의 강원 이력)

법계명성(사교과, 1956년) / 성능복문(1958년)
보월자민(사교과,   ) / 성능복문(1968년)
의정지형(대교과, 1973년) / 가산지관
의진상덕(대교과, 1973년) / 가산지관

---

42) 해주, 앞의 논문, p.152.
43) 수경, 앞의 논문, pp.26~29. 수경 스님은 비구 강사에게 전강을 받은 비구니 강사의 사례와 비구니 강사에게 전강을 받은 비구니 강사의 사례 둘로 나누어서 서술하고 표를 제시하고 있다.
44) 묘엄 스님은 이듬해인 1957년 운허 스님에게도 전강을 받아, 두 번 전강을 받았다.

수미해주(대교과, 1977년) / 가산지관(2007년)

〈동학사 강원에서 비구니 강사에게 전강을 받은 비구니 강사〉

성지수정(대교과, 1982년) / 경월일초(2005년)
성조명선(대교과, 1986년) / 경월일초(2005년)
성법보련(대교과, 1986년) / 경월일초(2005년)
성관경진(대교과, 1989년) / 경월일초(2005년)
성덕행오(대교과, 1990년) / 경월일초(2005년)
성인도일(대교과, 1992년) / 경월일초(2005년)
성혜법송(대교과, 1993년) / 경월일초(2005년)

〈동학사 강원 졸업자로 비구니 강사에게 전강을 받은 비구니 강사〉

서안일연(1972년) / 세주묘엄(1992년)
정지대우(1974년) / 세주묘엄(1992년)
정과대현(1982년) / 서안일연(2002년)
정인경문(1992년) / 서안일연(2002년)
원조효탄(1980년) / 법계명성(2007년)

전강 사례 전체 50건 중에서 24건에 해당하는 사례[45]가 동학사 비구니 강원과 관련을 가지고 있는 데서 광복 이후 동학사 강원의 위치와 역할을 확인할 수 있다.

이 외에도 다양한 사례에서 동학사승가대학의 위치와 역할을 확인할 수 있겠지만, 논의의 초점이 교육기관으로서의 승가대학이라는 부분에 있는 만큼, 전강 사례를 확인하는 선에서 그치기로 한다.

---

[45] 이 중 14건은 동학사 내에서 전강이 이루어진 사례이고, 나머지 9건은 동학사 강원 졸업자의 전강 사례이다.

2. 동학사승가대학의 학풍

근현대기에 전국적으로 20여 개의 비구니 전문교육기관이 명멸하였는데,[46] 이는 비구니 인재양성을 위한 여러 대덕 스님들의 노력에도 불구하고 전통사찰로서 승가교육의 전통을 유지하기가 쉽지 않았음을 의미한다.

그런 어려움 속에서도 동학사승가대학은 비구니 전문강원 개설 이후 50여 년 동안 869명의 졸업생을 배출하면서 인재양성 학풍의 면모를 계속하여 일신하고 있다. 이처럼 동학사 강원이 최초의 비구니 전문강원으로서, 그리고 한국 비구니 인재 배출의 산실로서, 한국 비구니 교육의 지남철로서의 면모를 꾸준히 유지할 수 있었던 것은, 11대 강주인 경봉 스님과 13대 강주인 호경 스님의 공이 컸다고 할 것이다. 경봉 스님은 최초의 비구니 전문강원을 설립하고 지속할 수 있는 안정된 기반을 갖추는 데 크게 기여하였고, 호경 스님은 그 뒤를 이어 60년대 말부터 80년대 중반에 이르기까지 비구니 전문강원으로서 동학사가 성장할 수 있도록 교육과 외호에 진력을 아끼지 않았기 때문이다.

이후부터 최근에 이르기까지 20여 년 중에 15년여의 기간은 호경 스님에게서 전강을 받은 경월일초 스님이 강주로서 재직하였다. 결국 1956년의 강원 개설 전후부터 80년대 중반에 이르는 동안, 비구니 인재양성을 위해 진력했던 비구니 스님들 스스로의 노력이 이 두 분의 원력과 외호를 만나면서 꽃을 피웠다고 할 수 있다. 호경 스님은 일초 스님 외에도 현주·일법·보관·수증·혜성 등의 비구니에게 전강하였으며, 이 중 일초 스님은 다시

---

46) 수경, 앞의 논문, pp.33~34, 〈표 4〉 근대 이후 비구니 전문강원 일람 참조.

2005년 수정·명선·보련·경진·행오·도일·법송 등에게 전강하였다.

이 외에 비구니 전문강원 개설 이후 강주를 지낸 스님들 중에서, 혜성 스님은 동학사 비구니 전문강원의 초대 문하생으로 1967년 경봉 스님으로부터 전강을 받고 강의하였으며, 일연 스님은 묘엄 스님에게서 1992년에 전강을 받았다.

비구니 전문강원 설립 초기에는 전쟁, 정화 등 여러 가지 시대적·사회적 여건상 비구니 인재양성을 위한 교육기관으로서의 기본적인 면모를 갖추기에 노력을 경주할 수밖에 없었다. 이러한 상황에서 동학사가 비구니 전문강원으로서 학풍 형성을 말하기에는 다소 무리가 있다. 다만, 질곡의 시대를 헤쳐 나오면서 자연스럽게 형성된 비구니 승가에 대한 자부심과 인재양성의 열정이 이 시대의 학풍을 대변하는 수사이지 않을까 한다.

그리고 강원이라고 하는 교육기관의 특성상 강맥의 전승을 고려할 때, 학풍이라고 한다면 최근까지 호경기환-경월일초-수정·명선·보련·경진·행오·도일·법송으로 이어지는 강맥을 고려하지 않을 수 없을 것이다. 호경 스님의 『유식론』, 일초 스님의 『대총상법문』, 전강제자들의 공역인 『기신론필삭기회편』의 간행이 이루어진 점 등을 고려한다면, 이 강맥의 전승계보에서 특히 중시된 것은 법상法相과 기신起信, 화엄華嚴으로 이어지는 사상의 중시가 아닌가 한다. 그런데 이들 과목은 전통강원에서의 필수과목이니, 동학사승가대학의 학풍은 최근까지도 전통강원 교육의 계승이라는 점에 초점을 두어야 한다.[47]

---

47) 강원의 교과과정과 이수 연한 등에 의해서는 각 비구니 강원 간의 차이점을 명확히 구분하여 논하기가 곤란하다. 1970년대 이전까지는 전통적인 강원

이상이 동학사승가대학의 지난 역사 속에서 나타나는 학풍을 살펴본 것이라면, 다음은 동학사승가대학의 현재와 미래에 대한 전망을 서술하고자 한다.

Ⅳ. 동학사승가대학의 현재와 미래 전망

1. 전통과 현대적 교육의 융합

수경 스님은 「한국 비구니강원의 발달사」에서 비구니 강원의 현실에 대해 다음과 같이 지적하고 있다.

> 강원을 졸업하는 비구니 중에는 불교에 대한 체계적인 이해를 위해 다시 기본교육기관인 동국대학이나 중앙승가대학에 진학하기를 희망하는 이가 늘고 있다. 또 내면의 수행과 불교에 대한 사상 정립 그리고 지도력, 실무능력이 아직 미비함을 느끼면서도 강원을 졸업하자마자 포교전선에 뛰어들지 않으면 안 되는 현실에 직면하고 있다. …(중략)… 하지만 이것은 강원 교육에서뿐만 아니라 나아가 종단의 교육체제라고 하는 보다 근원적인 데서 그 실마리를 찾아야 할 것이다. 현재의 종단교육은 강원 교육만이 의무교육으로 되어 있기 때문에 교육효과에 있어서 강원에 많은 것을 요구하지 않을 수 없는 제도이다. 그러나 강원은 행자교육을 마친 사미니를 대상으로 하는 기본 교육장

의 이력과정에 따라 10년여의 이수 기간이 걸리는 것이 일반적이었고, 70년대에 접어들어 7~5년으로 점차 단축되다, 1984년 8월의 '전국비구니강원 교직자회의'를 계기로 교과과정 및 교육이수 기간에 대한 통일안이 제시되면서 점차 이 안에 맞추어져 왔다. 그리고 1994년 개혁종단의 출범을 계기로 승가교육의 개혁이 이루어졌으며, 이후 의무적이고 통일된 교육과정이 강조되었기 때문에 교과과정 등에서 동학사승가대학만의 특징을 언급하기는 쉽지 않다.(수경, 앞의 논문, pp.40~41 참조)

이다. 더욱이 4년이란 기간 동안에 종단의 승가교육을 모두 전담할 수는 없는 일이다. 오히려 기본교육과정 다음 단계인 전문교육과정이 의무교육화 되는 일이 더 필요하다고 본다. 그래서 승가교육이 기본교육과 전문교육으로 서로 역할 분담이 이루어질 때 교육의 질적인 향상을 기대해 볼 수 있을 것이다.[48]

이는 비구니 강원뿐만 아니라 비구 강원까지 포함한 현대 한국불교 승가교육이 직면하고 있는 문제점을 단적으로 지적한 것이다. 이러한 점들은 비구니 강원 교육이 직면한 문제점만은 아니다. 비구 강원, 나아가 일반 대학교육 역시 당면하고 있는 문제점이라 할 수 있을 것이다.

하지만 일반 대학교육이나 비구 강원 교육에 비해 비구니 강원의 기본교육이 더욱 심각한 것이 현실이다. 광복 전까지만 하더라도 비구 중심의 강원 교육에서 소외되어 있었던 비구니 교육은 광복과 정화 그리고 현대사회의 급변하는 시대의 흐름을 타고 비구들이 전통강원 교육보다는 신학문에 관심을 집중할 즈음에야 겨우 기본교육기관을 마련할 수 있었다. 그런 면에서 비구니 교육의 현실이 시대에 걸맞는 비구니 인재의 양성에 걸림돌이 되고 있는 것이 현실이다.

전통교육의 교과과정은 한문 위주의 훈고학적인 학습법인 독경과 간경·논강(3·4학년)·문강의 과정을 지금도 유지하고 있다. 1·2학년은 독경과 논강 외에도 주로 암기하여 다음날 문강 시간에 확인 질차(암송과 필기시험)를 거친다. 이러한 한문 위주의 훈고학적인 학습법과 선종 중심의 교과목으로 이루어져 있어서 현대교육과 조화를 이루지 못하고, 다양한 경로를 통해 종교적 지식과

---

48) 수경, 앞의 논문, pp.45~46.

교양을 획득하는 불자와 일반인들을 대상으로 한 포교에도 역시 부적절한 것이 많은 현실이다.49)

동학사승가대학50) 역시 이 같은 점을 절감하고 대학에서 이루어지는 불교 교과과정 일부와 서예・사군자・태극권・요가・꽃꽂이・서장어・일어・영어 등을 외전 과목으로 도입하고 있지만, 시대의 흐름을 좇아가는 것은 물론 앞서가는 인재를 양성하는 것은 현재의 체제로서는 역부족이라 할 것이다.

---

49) 동학사승가대학 학인들은 한 철 동안 원주, 별좌, 공양주, 채공, 다각, 지객, 서기, 도서관, 편집실 등의 소임을 살고, 그 외 학인들은 신행활동을 통하여 포교에 힘을 기울이고 있다. ① 연무대 연비 지원-동학사 가까운 곳에 우리나라 군인 중 절반이 거쳐 가는 논산 훈련소가 있다. 이곳에서는 매월 2600명의 장병들에게 수계의식을 거행한다. 원만한 수계법회가 이루어지도록 신세대 장병들에게 연비 지원을 하고 있다. ② 매주 대전 건양대학병원을 찾아 법회를 열고 환자들에게 병으로부터 오는 고통 속에서 마음의 안정을 찾을 수 있게 부처님의 말씀을 전하고 있다. ③ 명주원은 정신지체아들을 단계별로 나누어 보호하고 있다. 이곳을 찾아 불교의 전래동화와 찬불동요를 불러주고 말벗도 되어주며, 오락도 함께 하면서 시간을 함께 한다. ④ 매주 대전교도소 제2508경비교도대를 찾아 정법회 법우들에게 법문을 한다. ⑤ 동련회는 동학사승가대학 스님들만의 순수한 신행단체이다. 대웅전 앞 무인판매대에 본인들이 직접 그린 난과 매화를 쳐서 진열하여 판매한 이익금 전액을 대전 경로대와 공주 명주원과 공주 약물감호소에 포교활동 후원금으로 지급하고 있으며, 반포중학교에 매년 장학금을 지급하고, 대전 맹인불자회에 정기적인 후원금을 보내주고 있다. 이 외에 ⑥ 매주 경전발표 시간을 통하여 학년별로 수학한 경전 과목 내에서 소논문을 발표하거나 차례법문을 하고 있다.

50) 동학사승가대학의 **용상방**. 左側→ 住持(견성)→總務(혜진)→敎務(도일)→財務(경진)→書記→立繩→察衆→院主→別座→知客→米監→看病→造餠→別供→鐘頭→鼓頭→園頭→供司→煮色→火台-淨桶-侍者→茶角→編輯→知藏←敎化←持殿←爐殿←秉法←講師←學監(수정)←學長(해주)← 右側. 맡은 소임에 따라 여러 가지 이름으로 불리며 결제 때나 큰 불사를 치를 때에 대중 스님들이 맡는 소임을 말한다. 이러한 소임을 적은 것을 용상방(龍象榜)이라고 하며, 대중이 잘 볼 수 있는 곳에 붙여 놓는다. 중국 당나라 때 선문의 규식(規式)을 제정한 백장(百丈) 스님이 처음 총림을 개설하면서 그 운영과 통솔을 위해서 각종 직무를 제정한 것이 그 시초다.

이에 동학사승가대학은 조계종 교육원의 기본 교육방침을 충실히 이행하면서 부족한 부분을 외전으로 보충하고 있다. 이 외에도 승가의 전통교육과 현대교육의 조화를 위해 전문분야의 전문가를 초빙하여 논문 작성법(김승호), 불교학 어떻게 할 것인가(서윤길), 문학적 글쓰기(이우상), 범어·빨리어(정덕), 불교논문 작성법(정영근), 불경언해(김무봉), 좌선실수(대전 스님), 불교미술(배진달) 등을 개설하여 교육을 실시하였고, 중앙승가대 총장인 종범 스님을 초빙해 경전개설 특강을 실시하였다. 기본교육을 충실히 이행하는 외에도 변화하는 현시대에 발맞추어 새로운 과목들을 개설해 교육할 것을 기획하고 있다. 참고로 동학사승가대학에서 현재 이루어지고 있는 교과과정을 제시하면 다음과 같다.

학년	과정	내전과목	전공필수	권장과목
1학년	사미니과	치문·사미니율의	인도불교사·불교학개론·의식집전	컴퓨터
2학년	사집과	서장·도서·선가귀감·선요·절요·대총상	중관학·중국불교사·선종사	불교미술·교리발달
3학년	사교과	능엄경·기신론·금강경·원각경	유식학·한국불교사	종교학개론·율전개설
4학년	대교과	화엄현담·80화엄경	화엄학개론·범망경	조계종사·포교론
전 학년	공통과목	외국어(범어·빨리어·영어·일어)·꽃꽂이·서예·사군자·요가·태극권		

2007년 11월, 동국대학교 불교대학에 재직 중이던 해주 스님을 강주로 초빙한 것은 이 같은 현실과 무관하지 않다. 시대와 발맞추고 시대를 앞서가는 비구니 선지식을 양성해 보고자 하는 내외의 열망을 모아, 현 시대를 대표하는 현대적인 종립 교육기관

의 일선 현장에서 20여 년 종사해 온 스님에 의지해서 해법을 찾아보고자 한 것이다.51)

2. 비구니 학림의 개설과 미래

해주 스님은 동학사승가대학에서 대교과를 졸업하였음은 물론, 동국대학교 불교대학에서 학부와 석·박사과정을 졸업하고 동국대학교 불교학과 교수로 재직하고 있다. 스님은 전통적인 강원 이력과정과 함께 현대학문으로서의 불교학에도 정통한 화엄학자다. 해주 스님을 강주로 초빙한 것은, 전통강원의 교과과정과 현대학문으로서의 불교학에 정통한 스님의 경험을 전통강원식 교육체제와 접목시켜서 동학사승가대학뿐만 아니라 비구니 교육의 열악한 현실을 개선할 수 있는 처방을 기대하는 열망의 또다른 표현이다.

부임한 이래 스님은 동학사승가대학의 미래에 대해 줄곧 고심하였으며, 학감으로서 옆에서 보좌해 온 소회를 기준으로 정리해 보면, 다음과 같은 몇 가지 점에서 방향을 제시하고 있는 것으로

---

51) 현재 동학사승가대학에서 기본교육과정의 필수과목을 가르치는 담당 교수요원들을 도표화하면 다음과 같다.

학년	과정	내전과목	전공필수 교수요원
1학년	사미니과	치문	교무 도일 스님, 소연 스님
		사미니율의	법송 스님
2학년	사집과	서장·도서·선가귀감	재무 경진 스님, 보련 스님
		선요·절요·대총상	선초 스님, 태경 스님
3학년	사교과	능엄경·기신론·금강경·원각경	행오 스님
4학년	대교과	화엄학개론·화엄사상특강	학장 해주 스님
		화엄현담·80화엄경	학감 수정 스님

생각된다.

첫째, 단순히 시대의 흐름에 부응하는 인재를 양성하는 것보다는 불교에 대한 기본적 소양뿐만 아니라 전문화된 지식을 갖춘 인재의 양성이 더 시급하다. 이것은 아마도 스님이 현대적 교육기관인 동국대학교 불교대학에서 인재양성에 종사해 온 이력이 작용한 것으로 보인다. 우선 일반대학을 졸업하고 출가한 사미니는 일반 대학교육에 대해서는 그다지 연연해하지 않는다는 점, 그리고 일반 대학교육을 받지 않고 출가한 사미니의 경우에는 대부분의 일반인들이 대학교육을 이수한다는 현실에 맞추어 그 이상의 소양을 갖출 필요가 있다는 점 등이 이러한 판단의 기준으로 보인다. 이것은 곧 기본 교육에 충실한 현재의 강원 기본교육으로는 이러한 기본적이고 시대적·사회적 요구에 대응하기 어렵다는 점이 부각되기 때문에, 불교에 대해 전문화된 지식을 갖춘 인재를 양성하고, 그것을 요구하는 현재의 강원 재학생들의 요구를 충족할 수 있다는 점이다.

둘째, 시대적 상황에 부합된 점들이 지적된다 해도 승려로서의 기본 자질을 갖출 수 있도록 하는 현재의 강원 기본교육의 필요성을 외면해서도 안 된다. 이것은 출가자가 출가자로서 갖추어야 할 기본적인 소양을 반드시 갖추어야만 한다는 스님의 의지에 기인한다. 평소 스님이 강조하는 것 중 하나가 '인과는 어김이 없다'는 것인데, 출가자가 출가자답다는 것은 이러한 불교의 기본적인 사고에 충실하다는 것에 다름 아니다. 곧 전문적인 교육이 강조될 경우, 기본교육을 소홀하게 될 소지가 있다는 것이다.

스님은 이러한 점을 고려하여 최근 학림의 개설을 천명하고 학림 개설 준비에 노력을 다하고 있다. 현재의 승가대학은 기본교육을 최대한 충실하게 할 수 있는 방향으로 보완하고, 전문적인 인재의 양성이라는 열망에 대해서는 학림의 개설을 통해서 대응하려는 것이다.

어떤 방향으로든 동학사승가대학은 새로운 전환기를 맞이하고 있는바, 비구니 교육 기관으로서 선구적인 모범이 될 수 있는 결과가 도출되기를 기대해마지 않는다.

V. 맺음말

지금까지 동학사승가대학의 역사와 학풍, 그리고 현재의 변화에 대해서 살펴보았다.

올해로 동학사 강원이 개원한 지 144년이 되었고, 동학사승가대학이 비구니 전문강원으로 출범한 지 52년째를 맞이한다. 그동안 동학사승가대학은 한국불교 근현대사의 모진 풍상을 헤쳐왔다. 특히 구한말과 국권상실기를 거치는 동안 동학사 강원은 만화·경허·만우 화상 같은 대강백을 배출하였고, 광복 이후에는 정화운동을 거치면서 최초의 비구니 불교 전문강원으로 다시 개원하게 되었다. 이후 한국 현대불교사를 풍미한 많은 비구니 거장들이 동학사를 거쳐 갔으며, 비구니 인재를 양성하는 중심 도량으로 자리매김하였다.

특히 정화운동을 거치는 과정에서 비구니 인재 육성의 필요성을 절감한 당시 비구니 스님들의 원력과 열망이 1956년에 동학사 강원이 비구니 전문강원으로 재출범하게 되는 계기가 되었다. 이후 동학사승가대학이 재출범의 원력들을 저버리지 않고 꿋꿋하게 대표적인 비구니 전문강원으로서의 위치를 지켜온 바탕에는,

출범과정에서 비구니의 교육과 외호의 의지를 놓지 않았던 경봉 스님과 경봉 스님 뒤를 이어 비구니 교육에 평생을 진력한 호경 스님, 그리고 경봉스님 뒤를 묵묵히 지켜온 봉민·정행·수현·요명 스님 등과 현재의 견성 스님에 이르는 역대 주지스님들의 외호가 크게 작용하였다.

그동안 동학사승가대학은 전통강원으로서 역할에 충실하였으나, 최근의 사회변화와 시대흐름은 전통강원으로서의 모습만이 아니라 더 많은 역할을 요구하고 있다. 동학사승가대학이 시도하고 있는 최근의 변화는 이러한 시대적 요구에 부응하면서, 어떻게 하면 전통적 강원 교육의 장점을 최대한 지속할 수 있는가 하는 데 초점이 있다.

1864년의 강원 개설은 쇠퇴했던 조선시대 불교를 되살려내는 전환점이었고, 1956년의 비구니 전문강원으로의 재출범은 구한말과 국권상실기를 거치면서 역량을 강화해 온 비구니 스님들이 정화운동을 거치면서 비구니 인재의 양성과 비구니 교육 전문 도량의 필요성을 절감한 시대적 요청의 결과였다. 이제 다시 크게 변화된 사회현실의 요청만이 아니라 그 요청을 넘어 시대를 선도하는 비구니 선지식을 어떻게 양성해야 할까 하는 고민이 현재의 변화와 미래를 만들어 갈 것이다.

비구니 교육 도량 봉녕사승가대학에 대한 고찰※

요 경(전 불학연구소 상임연구원)

Ⅰ. 머리말
Ⅱ. 봉녕사의 역사와 사격의 변모
Ⅲ. 세주묘엄 스님과 봉녕사
Ⅳ. 봉녕사승가대학의 학제와 전통
Ⅴ. 봉녕사승가대학의 특성 및 향후 과제
Ⅵ. 맺음말

※ 1994년 개혁종단 이후 강원 교육의 수혜자들이 대부분 사미니들로 구성된 점으로 미루어 보면 엄밀히 따져 비구니 교육 도량보다는 '사미니 교육 도량'이 합리적인 표현일 것이다. 그러나 봉녕사, 운문사, 청암사에 비구니계를 받고 난 뒤에도 지속적인 교육을 받는 율원이 설립된 것을 감안하면 '비구니 교육 도량'이라는 용어가 좀 더 포괄적이라고 생각한다.

Ⅰ. 머리말

우리나라에 불교가 들어온 이래 승가교육에 대한 기록은 역대 고승들의 비문이나 『삼국사기』, 『삼국유사』, 『해동고승전』 등을 통해 그 단편을 볼 수 있지만 일천하다 할 수 있다. 이러한 사실은 사료의 부족에서 오는 것도 있지만 아직까지 체계적이고 깊이 있는 연구가 없었음을 상기시킨다.

현재 지방 승가대학으로 불리고 있는 전통강원의 기원에 대해서는 권상로의 『조선불교약사朝鮮佛敎略史』(1917년), 이능화의 『조선불교통사朝鮮佛敎通史』(1918년)와 김영수의 『조선불교사고朝鮮佛敎史藁』(1939년) 등에서 근대적 연구가 시작되었음을 알 수 있다. 세 학자들의 견해는 약간의 차이가 있지만 공통되는 점은 전통강원의 설치 동기가 선교겸수禪敎兼修에 있고, 그 완비를 조선조 인조~숙종 때로 보고 있다는 것이다. 조선 초기 벽송지엄碧松智嚴이 배출되어 사집과가 정해지고, 명종 때를 전후하여 부용영관(芙蓉靈觀, 1485년~1571년)과 경성일선(敬聖一禪, 1488년~1568년) 등이 나와 사교과·대교과의 기틀을 마련하였다. 선조 때 청허淸虛·부휴浮休에 의해서 제도적으로 정비되고, 17세기 인조~숙종 때에 이르러 편양鞭羊의 법손인 월담설제月潭雪霽와 월저도안月渚道安, 상봉정원霜峰淨源 등과 벽암碧巖의 법손인 백암성총(栢庵性聰, 1631년~1700년)이 나와 크게 강경講經에 전업함으로써 마침내 이 제도(사미·사집·사교·대교)가 완비되어 오늘까지 전하고 있다.1)

---

1) 「지방 승가대학의 역사와 현황」, 『승가교육』 1집, 대한불교조계종 교육원,

이처럼 현재와 같은 사미(치문)·사집·사교·대교의 전통강원 교과목이 정비된 것을 17세기 이후로 보는 것이 보편적 추세이다. 그런데 이러한 전통강원 교육의 수혜 대상은 사미나 비구에 한정되었던 것으로 보인다. 『한국근현대 불교사 연표』[2]에 의하면 1918년 통도사 산내 말사 옥련암에 해담海曇 율사를 강사로 모시고 니생강당尼生講堂이 문을 열었다고 한다. 이것을 최초의 비구니 강당으로 추정하고 있다. 이전의 비구니들을 위한 교육기관에 대한 기록이 발견되지 않는 점으로 보면 비구니들에 대한 교육이 시작된 것은 근대 이후로 볼 수 있다. 「한국 비구니 강원 발달사」를 집필한 수경 스님은 다음과 같이 근대 비구니 강원의 설립 배경을 요약하고 있다.

> 비구니 강원 교육은 1900년대에 들어서면서 몇몇 비구 강사들의 혜안과 소수 비구니의 원력으로 표면화되기 시작하였다. 학인 수나 교육환경에 있어서 그 규모는 미비하였고 일제 식민치하라는 불안정한 시국 속에서 오래 존속하지도 못했지만, 비구니들에게 교육의 길이 열렸다는 것은 당시의 상황으로서는 매우 고무적인 일이 아닐 수 없다.
> 비구니들에게 강원 교육을 받을 수 있는 교육환경이 조성된 것은 해방 이후의 일이다. 특히 1956년 경봉 스님을 모시고 동학사에 비구니 전문강원이 설립되면서 비구니 강원 교육은 활기를 되찾기 시작하였다. 이 당시 비구니들에게 교육의 필요성을 주지시키고 열의를 다하였던 비구 강사는 경봉 스님, 호경 스님, 대은 스님 등이다. 이렇게 해서 배출된 비구니들이 다시 비구니 강원을 설립하고 비구니 강원 교육에 헌신하게 되는데, 그 대표적인 분이 봉녕사의 묘엄 스님과 운문사의 명성 스님이다.[3]

1995, p.32.
2) 불학연구소 편, 『한국근현대 불교사 연표』, 대한불교조계종 교육원, 2000, p.227.

조계종 교육원이 1995년 출범 이후 불학연구소에서 1997년 『강원총람』을 편찬하여 전국의 강원 및 과거 강당으로 이름이 남아있던 곳들에 대한 기초적인 연구 작업을 마쳤다. 그 후 10년이 넘게 흐른 시점에서 그동안 변모된 강원들을 다시금 조명하는 것은 의미 있는 일이라고 생각한다.

필자가 봉녕사승가대학에 입학한 것은 1992년 3월이고, 1996년 3월에 졸업하였다. 10년이면 강산이 변한다는 말이 있듯이 그동안 봉녕사는 많은 변화와 발전을 이루었다. 본 논문은 『강원총람』에서 다루지 않았던 부분들과 그 후 변화된 사항들을 추가하는 방식으로 엮어 나갈 것이며 봉녕사승가대학의 미래지향적인 면들에 대한 고찰을 아우르고자 한다.

II. 봉녕사의 역사와 사격의 변모

봉녕사奉寧寺는 대한불교조계종 제2교구 용주사의 말사로, 수원시 팔달구 우만동 광교산4) 자락에 위치하고 있다. 1208년(고려 희

---

3) 수경 스님, 「한국 비구니 강원 발달사」, 『한국 비구니의 수행과 삶』, 전국비구니회, 예문서원, 2007, pp.17~18.
4) 『월간 산』, vol.457, 2007, 참조; 수원시 북쪽에 있는 해발 582m의 산이다. 광교산의 이름에는 여러 설이 있다. 그 중 하나는 본래 광악산(光嶽山)이었으나, 고려 태조 왕건이 928년 후백제의 견훤을 평정하고 행궁에 머물면서 군사들을 위안하고 있을 때 산 정상에서 광채가 솟아오르는 것을 보고 "이 산은 부처가 가르침을 내리는 산"이라 해 광교산이라 이름 지었다는 설이 있다. 임진왜란 때에는 전라순찰사 이광이 이끄는 삼남근왕병이 왜군 총수 우키다 히데이에 기병과 접전이 있었다는 기록이 전해진다. 이때 광교산 자락에 있던 서봉사(瑞峯寺), 창성사(彰聖寺) 등 89개 암자가 모두 소실됐다. 광교산은 수원천 발원지로 이 산에서 흐르는 물줄기가 수원 들판을 살찌우는 젖줄이고, 지금은 상수원 확보에 큰 힘을 보태고 있다. 수원8경 중 제1경으로 치는 광교

종 4년)에 원각국사가 창건하여 성창사聖彰寺라 하였고, 1400년경 봉덕사로 개칭하여 오다가, 1469년(조선 예종 원년) 혜각慧覺국사5)가 중수하고 봉녕사라 하였다고 한다.

『한국불교사찰사전』 등에는 봉녕사를 1208년(고려 희종 4년)에 원각 국사에 의해 창건되고 성창사聖彰寺라 불렸다고 밝히고 있다. 그러나 『용주사 본말사지』(1984년)와 『전통사찰총서 3』(1994년), 『가산불교대사림』(2008년) 등 최근의 기록들에서는 광교산 봉녕사의 창건 당시 이름을 창성사彰聖寺라고 적고 있어 공식적인6) 창건 당시 이름인 성창사聖彰寺와 혼동을 일으키게 한다.

창성사는 수원시 장안구 상광교동 광교산에 있던 사찰로 1382년(고려 우왕 8년) 국사를 지낸 천희千熙 스님이 이 절에서 입적하였다는 사실이 이색이 비문을 지은 창성사진각국사대각원조탑비彰聖寺眞覺國師大覺圓照塔碑에 전해질 뿐 자세한 연혁은 알 수 없다. 1951년에 박동신朴東信 스님이 창성사를 복원하려는 원력을 세우고 민가 형태의 절을 짓고 살았지만, 1965년 진각국사탑비가 옮겨진 뒤 마음의 허전함과 중창의 어려움으로 절을 헐어 없애고 윗말 위에 있었던 토굴자리로 내려와 새 절을 건축하여 법성사라고 하였다. 현재 상광교동 48번지에 있는 법성사의 전신이다.7) 창성사지에

적설(光敎積雪)은 바로 이 산에 눈이 쌓인 모습을 일컫는다. 예나 지금이나 변함없이 수원의 진산(鎭山)으로 사랑받고 있는 산이다.
5) 신미대사(信眉大師, 1403년~1480년)는 조선 전기의 승려이자 유・불학자로, 간경도감의 경전언해에 기여하였다. 충북 영동에서 신훈의 장남으로 출생하였다. 유학자이며 숭불을 주장한 김수온의 형으로 본명이 수성(守省), 본관은 영산(永山)이다. 문종은 선왕의 뜻을 받들어 왕에 오르자 '혜각존자(慧覺尊者)'라 사호(賜號)하였다. 세조 7년에 간경도감이 설치되자 효령대군, 김수온 등과 함께 100여 종의 불경을 언해하고 간행하는 데 주도적인 역할을 하였다.
6) 봉녕사를 소개한 인터넷 홈페이지 http://www.bongnyeongsa.org에는 성창사로 기재되어 있다.

는 사지 안내판과 건물 기단과 주춧돌, 옥개석, 기와 조각, 석축만이 남아있다. 보물 제14호로 지정된 진각국사비는 수원시 팔달구 매향동 화홍문 인근으로 옮겨져 보존되고 있다.

조선왕조실록8) 홈페이지에서 창성사라는 이름으로 검색을 하면 다음과 같은 기사가 나온다.

> 태종 14권, 7년(1407년 정해 / 명 영락 5년) 12월 2일(신사) 두 번째 기사
> 여러 고을의 복을 빌던 절을 명찰을 대신 지정하다.
> 의정부에서 명찰名刹로써 여러 고을의 자복사資福寺에 대신하기를 청하니, 그대로 따랐다. 계문啓聞은 이러하였다. "지난해에 사사寺社를 혁파하여 없앨 때에 삼한 이래의 대가람이 도리어 태거汰去9)하는 예10)에 들고, 망하여 폐지된 사사寺社에 주지를 차하差下11)하는 일12)이 간혹 있었으니, 승도僧徒가 어찌 원망하는 마음이 없겠습니까? 만일 산수 좋은 곳의 대가람을 택하여 망하여 폐지된 사원에 대신한다면, 거의 승도들로 하여금 거주할 곳을 얻게 할 것입니다." 이리하여 여러 고을의 자복사를 모두 명찰名刹로 대신하였는데, 조계종에 양주의 통도사通度寺 …(중략)… 자은종慈恩宗에 승령의 관음사 · 양주의 신혈사神穴寺 · 개령의 사자사獅子寺 · 양근의 백암사白巖寺 · 남포의 성주사聖住寺 · 임주의 보광사普光寺 · 의령의 웅인사熊仁寺 · 하동의 양경사陽景寺 · 능성의 공림사公林寺 · 봉주의 성불사成佛寺 · 여흥의 신이사神異寺 · 김해의 감로사甘露寺 · 선주의 원흥사原興寺 · 함양의 엄천사嚴川寺 · 수원의 창성사彰聖寺 · 진

---

7) 이제재, 『水原의 옛 文化』, 동수원중학교, 1995, p.348.
8) 인터넷 주소 http://sillok.history.go.kr에 들어가면 『조선왕조실록』을 한글로 번역해서 원문과 함께 올려놓아 누구나 검색할 수 있게 편의를 제공하고 있다.
9) 잘못이 있거나 필요하지 않은 관원을 가려내어 쫓아 버림.
10) 문맥상 대가람을 없앴다는 뜻으로 받아들여야 할 것 같다.
11) 벼슬을 시키던 일을 의미함.
12) 망하고 없는 절에 주지로 발령을 내림.

주의 법륜사法輪寺·광주의 진국사鎭國寺이고 …(중략)… 시흥종始興宗에 연주의 오봉사五峰寺·연풍의 하거사霞居寺·고흥의 적조사寂照寺이다. 성석린成石璘이 본래 부처에게 아첨하였기 때문에 이러한 청이 있었는데, 식자識者들이 비난하였다.13)

이러한 기록을 참고한다면 수원의 창성사는 1406년(태종 6년) 사사寺社가 혁파되었을 때 간신히 폐사는 면하고, 당시 수원의 복을 비는 절資福寺14)로 명맥을 유지했음을 알 수 있다.

현재 봉녕사의 공식 홈페이지에는 성창사聖彰寺를 창건 당시의 이름으로 올려놓고 있다. 1208년도에 창건된 절에 걸맞게 대웅전 앞에는 수령 800년을 웃도는 향나무가 늠름하게 버티고 있다. 또한 1972년경 약사전 법당 밑에서 주불의 불두가 잘린 석조삼존불이 출토되었고, 1974년 대웅전을 짓기 위해 터를 닦던 와중에 나머지 불두가 출토되었다고 한다. 이 삼존불은 동일인의 작품으로 고려시대 중엽에 조성된 것으로 추정되고 있어 봉녕사의 역사가 오래되었음을 시사한다. 봉녕사 아래에 있는 골짜기의 이름이 부처골인데, 이것은 인근 마을 사람들이 평안과 안녕을 기원하던 신앙대상으로 부처를 모셔 놓았던 데서 유래되었다고 한

---

13) 「太宗實錄」七年 (1407年 丁亥/明 永樂 5年); 議政府請以名刹, 代諸州資福, 從之. 啓曰: "去年寺社革去之時, 自 三韓 以來大伽藍, 反在汰去之例, 亡廢寺社, 差下住持者, 容或有之. 僧徒豈無怨咨之心? 若擇山水勝處大伽藍, 以代亡廢寺院, 則庶使僧徒得居止之處." 於是, 諸州資福寺, 皆代以名刹. 曹溪宗: 梁州 通度寺 …(中略)… 慈恩宗: 僧嶺 觀音寺, 楊州 神穴寺, 開寧 獅子寺, 楊根 白巖寺, 藍浦 聖住寺, 林州 普光寺, 宜寧 熊仁寺, 河東 陽景寺, 綾城 公林寺, 鳳州 成佛寺, 驪興 神異寺, 金海 甘露寺, 善州 原興寺, 咸陽 嚴川寺, 水原 彰聖寺, 晋州 法輪寺, 光州 鎭國寺。… (中略)… 始興宗: 漣州 五峯寺, 連豊 霞居寺, 高興 寂照寺。成石璘 素佞佛, 故有是請, 識者譏之.
14) 자복사(資福寺)는 나라의 복을 빌기 위하여 고려 때 설치한 절이다. 조선조에 들어와 사사를 혁파할 때 국운을 비는 절이라 하여 그대로 존속시켰다. (『조선왕조실록』 각주 인용)

다.15) 마을사람들이 모셨던 부처님이 땅속에서 출토되었던 석조 삼존불이 아니었을까? 지금으로 추정할 수 있는 것은 조선 태종대에 사원이 혁파되면서 석불의 머리가 잘리고 땅에 묻히지 않았나 생각된다.

『조선왕조실록』에 잠시 언급되었던 이래 창성사의 기록은 1530년(중종 25년) 작성된『신증동국여지승람新增東國輿地勝覽』에 나타난다.16) 임진왜란과 병자호란이 지난 1656년 작성된『동국여지지東國輿地志』17)에도 같은 내용이 실려 있는 것으로 보아 양대 전란 후에도 창성사는 건재했던 것으로 보인다. 현재 광교산의 법성사法性寺18) 경내에는 창성사지에서 굴러 내려와 냇가에 있던 것을 주워왔다고 하는 부도재浮屠材가 있다. 여기에 새긴 명문에 1625년(천계 5년)이 표시되어 있는 걸로 보아서도 그때까지 창성사는 존재하고 있었다.

그러나 1791년(정조 15년)에 편찬된『수원부읍지水原府邑誌』에는 창성사라는 명칭은 보이지 않고 대신 창선사彰善寺가 등장한다. 당시 수원지역을 대표하는 몇 안 되는 사찰 중에 '광교산 가운데에 있다가 폐사되어 이제 비로소 지어졌다'19)는 기록으로 유추할 수

---

15) 수원시 문화원 편,『수원지명총람』, p.460.
16) 최홍규 편,「新增東國輿地勝覽」,『水原·華城郡 邑誌』, 국학자료원, 2001, p.43; "〔佛宇〕彰聖寺 在光教山 有李穡所撰高麗僧千熙碑銘〔창성사는 광교산에 있으며 이색이 지은 고려시대 천희 스님의 비명이 있다.〕"
17) 최홍규 편,「東國輿地志」,『水原·華城郡 邑誌』, 국학자료원, 2001, p.46; "〔寺刹〕彰聖寺 在光教山 有李穡所撰高麗僧千熙碑銘〔창성사는 광교산에 있으며 이색이 지은 고려시대 천희 스님의 비명이 있다.〕"
18) 김상영·최태선 공저,「수원 창성사지(彰聖寺址)」,『大衆佛教』vol.147 참조: 현재 남아있는 창서사 터는 천희 스님의 하산소였던 곳이고, 실제의 창성사 터는 법성사 일대로 추정하고 있다.
19) 최홍규 편,「水原府邑誌」,『水原·華城郡 邑誌』, 국학자료원, 2001, p.73; "〔寺

있는 사찰은 창성사이다. 창성사는 1656년 이후 140년 동안 사찰에 중대한 변화가 있었음을 짐작할 수 있다. 창성사는 폐사되고 다시 지어지면서 창선사로 명칭이 변경된 것이다. 태종대에 사원이 혁파되고 유일하게 자복사로서 명맥을 유지할 수 있었는데, 그것은 삼한 이래의 유명한 사찰들에 한해서였다. 다음의 자복사 관련 『조선왕조실록』 기록을 살펴보면 자복사로서의 기능을 한 사찰이 폐사될 경우 산수가 좋은 곳의 다른 절로 대신할 수 있었음을 짐작할 수 있다.

태종 24권, 12년(1412년 임진 / 명 영락 10년) 12월 11일(임술) 네 번째 기사

여러 고을의 자복 주지에게 모두 본사로 돌아가도록 명하다.
명하여 제주諸州의 자복資福 주지는 모두 본사로 들어가게 하였다. 하윤河崙이 아뢰었다. "근자에 신이 진양에 이르렀다가 자복사를 보았는데, 그곳의 주지 된 자들이 다른 절로 옮겨 가서 사니, 매우 미편未便합니다. 바라건대, 여러 고을의 자복은 모두 본사로 들어가게 하소서." 대언 한상덕韓相德이 말하였다. "지난번 사사를 혁파할 때 명령하기를, '중은 사가私家에 들어갈 수 없고, 여자들은 사사에 들어갈 수 없다. 그 비자婢子는 모두 10리 밖에서 살게 하라. 또 자복사로서 간각間閣이 없는 것은 산수가 좋은 곳의 타사他寺로서 대신하라' 하였는데, 이제 중들로 하여금 여염 사이에서 살게 하시면, 이것은 앞서의 법과 서로 비슷하지 않은 듯합니다." 임금이 말하였다. "너의 말이 옳다. 그러나 자복은 아직 혁파하지 못했으니, 마땅히 정승의 말을 따르겠다."[20]

刹〕彰善寺 在光敎山中廢 今始刱〔창선사는 광교산 가운데 있었으나 폐사되어 이제 비로소 지어졌다.〕

20) 命諸州 資福 住持皆入本寺. 河崙 啓日: "日者, 臣到 晋陽, 見 資福寺, 其爲住持者 移寓他寺, 甚爲未便. 乞諸州 資福, 皆令入本寺." 代言 韓尙德 日: "曩者革寺社時, 令日: '僧不得到私家, 女不得到寺社, 其婢子, 皆令居十里之外. 又 資福寺 無間閣者, 以山水勝處他寺代之.' 今欲使僧必居閭閻之間, 則是與前法若不相似然." 上日:

『수원부읍지水原府邑誌』(1791년) 이후의 수원지역의 사찰 기록들에서 비로소 봉녕사의 명칭이 나타나기 시작한다. 1899년(광무 3년)의 수원읍지에는 '봉녕사는 수원부 동쪽 5리 광교산에 있다'21)고 기록되어 있다. '동쪽 5리'는 지금의 창룡문(동문)에서 5리가 떨어져 있다는 의미로, 5리를 2km 정도로 계산한다면 현재의 봉녕사와 같은 위치가 된다. 이보다 앞선 1872년 수원부 지도22)에도 봉녕사가 선명하게 표시되어 있다.

봉녕사는 명칭에서 알 수 있듯이 국가나 고을의 복을 비는 자복사의 역할을 담당했을 가능성이 크다. 수원 광교산에 있는 사찰로 유일하게 언급되던, 자복사의 역할을 했던 창성사가 17세기 말경부터 19세기 말경 사이에 창선사를 거쳐 봉녕사로 개칭이 되지 않았을까 짐작할 수 있다. 이러한 과정에서 광교산 안에 있었던 창성사는 폐사가 되고 산수가 좋은 현재의 봉녕사로 대신하게 된 것으로 생각된다.

봉녕사를 소개하는 책자들에서는 현재 봉녕사의 창건연대를 1208년으로 기록하고 있는데, 이것이 무엇을 근거로 그렇게 산출했는지 알 수 없다. 정확한 역사적 사료를 발견해서 그런 것인지 막연하게 전해지는 말들을 통해 추정한 것인지 확인할 수 없다. 앞으로 정확한 봉녕사의 역사에 대해서는 풀어야 할 숙제라고 생각한다.

현재 봉녕사에 남아있는 유적이나 유물 중에 연대를 알 수 있는 것은 1878년에 조성된 영산회상도, 칠성탱화, 현왕탱화23)가

"爾言是也。然 資福 未革, 當從政丞之言。"
21) 최홍규 편, 「水原府邑誌」, 『水原·華城郡 邑誌』, 국학자료원, 2001, p.396; "〔寺刹〕奉寧寺 在府東五里光敎山."
22) 수원의 옛지도 편찬위원회 편, 『수원의 옛지도』, 2000, p.36.

있고, 1884년에 조성된 약사여래후불탱화, 1891년 조성된 신중탱화[24] 등이 있다. 이것으로 미루어 19세기 말엽에 활발한 불사가 있었음을 짐작할 수 있다. 이러한 사실들은 1872년에 작성된 수원부 지도에 봉녕사가 두 채의 건물로 선명하게 그려진 것과 맥을 같이 한다.

위와 같이 사료 속의 자료들을 참고한 것과 별도로 일제시대 신문에 대처승이 기거하던 봉녕사에 관한 기사가 실린 것이 근세의 기록이다.[25] 1984년에 작성된 『용주사 본말사지』에 정화 이후 조계종 스님들이 주지로 부임한 명단[26]을 기록하고 있는 것을 참고한다면, 1965년 이전에는 봉녕사에 대처승이 기거하고 있었던 것을 알 수 있다.

1971년 비구니 묘전 스님이 주지로 부임하면서부터 봉녕사는 새로운 전기를 맞게 된다. 당시만 하더라도 봉녕사는 작은 암자에 불과하였다. 당우는 주전인 약사전과 칠성각, 'ㄱ'자 모양의 요사채와 종무소가 전부였다. 봉녕사의 가람배치가 산을 중심으로 건물이 빙 둘러 앉고 가운데가 잔디밭이나 정원으로 형성되어 있는 것은 한 신도가 사찰 앞의 논인 불량답佛糧畓을 사들여 시주한 뒤 흙으로 매립한 인연에서 비롯된다.

---

23) 경기도 유형문화재 제 152호.
24) 경기노 유형문화재 제 151호.
25) 한국불교 근현대사 연구회, 『신문으로 본 한국불교 근현대사 Ⅰ집 下권』, 선우도량, 1999, p.468; "鳳寧寺에 强盜 闖入 僧侶 三名을 結縛 ～ 승방을 샅샅이 뒤저 보앗스나 所得업시 逃走潛跡",〈每日申報〉1932년 9월 13일자.
26) 본말사무지회 편, 『龍珠寺 本末寺誌』, 진영출판사, 1984, p.66. 역대 주지명 - 1965년 김법용, 1970년 신도광, 1970년 김서효, 1971년 배묘전, 1979년 이묘엄.

한번은 부산에서 '왕자메리야스' 보살이라고 부르는 이가 봉녕사로 찾아왔드라꼬. 지금은 돌아가셨는데, 그 보살이 우리가 운문사를 떠난 뒤에 우리를 찾을라꼬 애를 쓰다가 총무원까지 가서 물어 보고 겨우 찾아온 거야. 와서 봉녕사를 보더니, 그때 이 앞에 논을 우리가 아직 안 사들였을 땐데, 그 논을 보고 "문전옥답이 있네" 그러는 거야. 그래 우리가 그거는 우리 꺼가 아니라고 하니까, "아이구, 스님. 이래가 안 됩니다. 사들여야지요" 카드라꼬. 그러면서 화주책을 맨들어 달라꼬 하고는 부산으로 내려가서 돈 150만원을 보내왔어. 그때 논 아홉 마지기가 147만원이었거든. 그때 그 돈으로 땅을 샀어. 그 땅에다가 몇 해 농사를 지었는데, 그러다가 다른 데서 산을 무너뜨려 가지고 흙 버릴 데가 없다는 소리를 듣고 그 흙으로 이 논을 매립하자고 의논을 보게 됐어. 그쪽에서는 자기들 흙을 버리게 해줬다고 흙한 차에 2천원씩 돈을 주더라꼬. 그래 흙을 갖다가 매립을 했고. 논 아홉 마지기 중에 너 마지기만 매립을 해 가지고 육화당을 지었어. 그때는 허가를 내고 하는 줄도 모르고 막 묻어 버렸다꼬. 그렇게 해서 육화당을 지어놨는데도 주지스님은 여전히 마음이 없어. 그래 봉녕사 주지를 내놓고 팔공산에 토굴을 지어 가지고 떠난 거야. 뒤를 이어서 내가 주지 겸 강사로 취임을 하고. 봉녕사에서 우리 아이들이 졸업하면은 그 토굴에 가서 있기도 하고 그랬어.27)

위에서 인용한 묘엄 스님의 구술을 살펴보면, 봉녕사 도량이 과거에서 이어져 온 것이 아니라 근래에 확장되고 변형된 것임을 알 수 있다. 묘전 스님이 주지로 부임한 이래 요사와 선원을 신축하고 봉녕선원을 개원하였으며, 1974년 대웅전을 신축하여 도량을 확장하였다. 1974년 비구니 묘엄 스님을 강사로 승가학원을 설립하였고, 1979년 묘엄 스님이 주지와 학장을 겸임하여 종각과 목욕탕을 건립하고 대종을 주조하여 도량 가꾸기에 힘쓰는 한편,

---

27) 이묘엄 구술·김용환 엮음, 『향성』, 봉녕사승가대학, 2008, pp. 294~295.

1983년 육화당 3층 건물을 신축하여 이듬해 완공하였다. 1987년에는 봉녕사승가학원에서 승가대학으로 개칭하였다. 1985년에는 우화루가 완공되었다.

1990년대 들어 봉녕사 도량은 그 규모에 있어서 대가람이라는 호칭을 들어도 손색이 없을 정도로 변모하기 시작한다. 1992년도까지 봄만 되면 지하수가 부족해 학인들이 빨래와 목욕을 하는데 많은 불편을 겪었다. 그 해 가을 수돗물이 들어와 만성적인 물 부족은 해소되었다.

1992년 5월에 도서관 소요삼장이 개관식을 가졌다. 1992년 9월에는 전 대중이 3일 간 울력을 통해 쥐똥나무 1만 5천 그루를 봉녕사 입구와 뒷산에 심어 봉녕사의 경계를 표시하였다. 1994년에는 백흥암에서 일주문을 지으려고 준비했다가 본사인 은해사에서 한 산문에 두 개의 일주문은 있을 수 없다고 반대하자 백흥암 주지 육문 스님은 일주문에 쓰일 자재들을 모두 봉녕사에 시주하였다. 이렇게 해서 봉녕사에 일주문이 건립되었다. 1995년에는 대웅전의 축대와 주변을 정리하였고, 법당 마루와 문을 수리하고 단청을 새로 칠하는 불사를 마쳤다.

1996년부터 봉녕사는 본격적인 불사에 들어가게 된다. 1997년 2월에 종무소와 선원을 갖춘 향하당이 완공되었다. 그런데 향하당의 높이가 대웅전보다 높게 되어 법당을 내려다보는 형국이 되자 대적광전 불사를 다시 하게 되었다. 1998년은 봉녕사로서는 불사의 해였다.[28] 약사전을 중건하고 석조삼존불을 모신 용화각

---

[28] 1998년 봉녕사에 입학했던 졸업생의 다음과 같은 말을 참고하면 당시 도량 불사를 짐작할 수 있다. "우리 반의 명칭은 세 가지였습니다. 불사를 많이 해서 佛事班, 일을 사양하지 않는다고 해서 不辭班, 결코 죽지 않는 반이라 해서 不死班이었습니다."

과 종각을 신축하였으며, 현재 화엄반과 율원생들 및 강사스님의 거처로 쓰이는 청운당이 7월에 완공되었다. 9월에는 108평 규모의 대적광전이 완공되었다.

2001년 5월에는 문경 봉암사 대웅전과 비슷한 분위기[29]의 대적광전 삼존불, 후불목탱화, 신중목탱화에 대한 점안식을 봉행하였다. 대적광전 안의 화엄변상도는 근래 만들어진 수작이라 할 수 있다. 2006년도에는 육화료가 완공되어 윗층은 대중들의 큰방 및 강의실로 아래층은 후원으로 사용되고 있다. 2008년 7월에는 육화당을 헐은 자리에 새로 짓는 우화궁의 상량식이 있었다. 2009년 가을경에 완공되어 큰방 대중들의 거처로 사용하게 될 예정이다.

〈표 1〉 봉녕사승가대학 불사 연표

연도	불사 내용
1972년	선원 신축, 도량 내 불량답 9마지기 매입, 약사전 밑에서 석조삼존불 출토. 주불은 목이 잘려져 있었다. 대웅전을 짓기 위해 터를 파던 중 잘려진 불두가 발견되었다.
1974년	동당(과거 학장스님채로 쓰였던 건물), 대웅전(27평 규모로 시멘트로 지은 건물로 1996년까지 현재의 대적광전 자리에 있었다. 법당문은 육화료 1층 식당의 식탁으로 재활용되고 있다.) 신축
1976년	입지료(묘전 스님이 신축한 2층 건물로 청운당 앞에 있었고, 2층은 연구원 스님들이 경전을 연구하는 곳으로, 1층은 1993년부터 1996년 까지 어린이법회 법당으로 쓰였다.) 신축
1980년	대중 목욕탕과 종각 신축
1984년	시멘트 3층 건물 육화당 신축(2005년 육화당을 허물고 그 자리에 우화궁을 짓고 있다.)
1985년	법고, 운판, 목어를 갖춘 우화루 완공. 여름에는 이곳에서 치문반이 책을 읽는다.

---

[29] 봉암사의 법당을 지은 목수와 단청을 한 사람들이 동일인이기 때문이다.

1992년	도서관 신축 개관, 수돗물 공사, 쥐똥나무 울타리 설치
1994년	일주문 신축
1995년	대웅전 축대, 마루, 문짝(현재 육화료 식당 탁자로 재활용되었다.), 단청 불사
1997년	향하당(초기 명칭은 '설향당(爇香堂)'이었다.) 신축
1998년	약사전(대웅전 뒤편 언덕에 위치해 있던 것을 대적광전을 짓기 위해 터를 깎아내리고 이전하였다.) 신축, 범종루 완공, 청운당 신축, 대적광전 신축, 용화각 신축
2001년	대적광전 삼존불, 후불목탱화, 신중목탱화 점안식
2006년	육화료 신축(대중 큰방과 후원으로 사용한다.)
2008년 7월	우화궁 상량식, 2009년 가을 완공 예정

봉녕사 가람배치도[30]

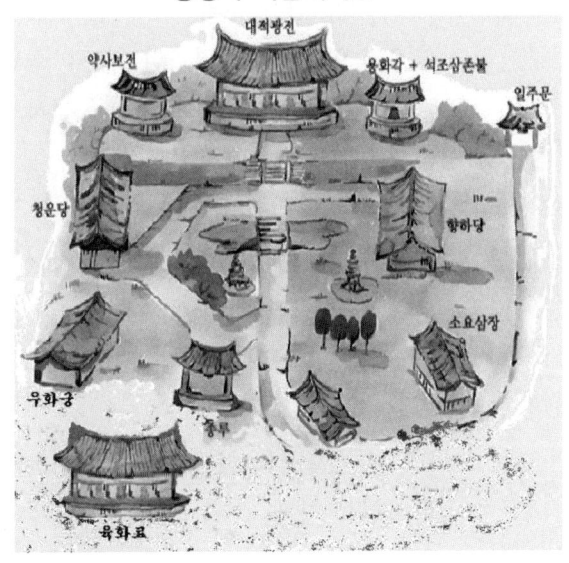

---

30) 봉녕사 홈페이지에서 내려 받은 그림에 육화료를 덧붙였다.

Ⅲ. 세주묘엄 스님과 봉녕사

봉녕사의 변화는 한국불교의 발전된 모습의 축소판이라 해도 지나치지 않다. 봉녕사가 승가대학으로 현재와 같은 모습을 갖춘 데는 학장인 묘엄 스님의 인재 불사에 대한 원력에 기인한다. 묘엄 스님에 의해 봉녕사 강원이 개설되었고, 스님의 삶 속에 봉녕사의 변화와 발전된 모습이 살아있다. 따라서 스님의 행장을 살펴보는 것이 봉녕사승가대학을 이해하는 단초가 될 것이라 생각해 간단하게 소개하기로 한다.

묘엄 스님은 1932년 음력 1월 17일 경남 진주에서 부친 이찬호李讚浩와 모친 차점이車点伊의 둘째 딸로 출생하였다. 본관은 성산星山이고 속명은 이인순李仁順이다. 스님의 아버지는 한국불교 정화운동의 선구자였던 청담순호靑潭淳浩 스님이다. 묘엄 스님이 태어나기 6년 전인 1926년, 아버지는 경남 고성군 옥천사로 출가를 하고 순호라는 법명을 받았다. 1931년 금강산 마하연에서 용맹정진을 하던 중 진주 연화사 신도가 순호 스님을 찾아가 포교당 낙성법회 때 법문을 해달라고 요청하게 된다. 순호 스님이 연화사에 와서 법문을 하던 때 순호 스님의 어머니는 손자를 얻을 욕심에 이혼한 부인이 있는 집에 하룻밤을 묵고 가게 한다. 이러한 인연으로 어린 인순이 태어나게 되었다.

어린 인순은 1938년 진주 요시노 공립초등학교(현 중앙초등학교)에 입학해 1944년 4월에 졸업을 하게 된다. 일본이 태평양전쟁을 일으키고 한반도가 병참기지화 된 상황에서 나이 어린 아가씨들도 정신대나 군수공장으로 끌려가던 험악한 시기였다. 어머니는 순호 스님이 머물고 있는 절로 인순을 피신시킬 요량으로 대승사로 보내게 되었다. 당시 대승사 쌍련선원에는 순호 스님을 비롯 성철 스님, 자운 스님, 향곡 스님, 우봉 스님 등 당대의 기라성 같은 선지식 열대여섯 명이 정진하고 있었다. 인순은 쌍련선원 뒷방에서 보름가량 머물면서 성철 스님의 법문을 듣고 발심하게 된다. 성철 스님과 같이 유식하게만 된다면 출가하는 것도 괜찮은 일이라고 생각한 것이다.

인순은 1945년 음력 5월 5일 경북 문경 사불산 대승사 윤필암에서 묘엄이란 법명을 받고 월혜 스님을 은사로, 성철 스님을 계사로 출가하게 된다. 다음해에는 대승사 쌍련선원에서 인경 스님으로부터 붓글씨를 배우고 성철 스님에게 한국역사와 지리, 자운 스님에게서 계율을 공부한다. 이때 1년 간 하루 108편의 능엄주 주력 기도를 하고 기도 가피로 평소에 배앓이를 자주 하던 병을 고치게 되었다.

1948년 봄에는 해인사 국일암에서 안거를 마치고 문경 봉암사 백련암으로 거처를 옮겨 성철 스님에게 법문을 들으며 봉암사 결사 대중에 포함되어 정진하게 된다. 묘엄 스님은 봉암사 결사 중에 자운 스님에게 식차마나니계를 받았다.

1950년 6. 25전쟁이 발발하자 묘엄 스님의 생사를 궁금해하는 성철 스님과 청담 스님을 만나기 위해 문경을 떠나 고성의 안정사와 문수암을 다녀오기도 하였다. 1951년에는 동래 금화사에서 인홍 스님, 성우 스님과 함께 4월까지 수선 안거를 하였고, 5월에는 묘관음사 향곡 스님 밑에서 참선 공부를 하였다. 또한 8월에는 통도사 보타암에 머물면서 자운 스님으로부터 『사미니율의』, 『비구니계본』, 『범망경』을 공부하였다.

묘엄 스님은 1953년부터 본격적인 경전 공부를 하게 된다. 동학사의 강사로 활동하던 운허 스님에게 속서인 『맹자』와 『논어』

를 비롯한 유가 경전 및 치문과 사집을 배운다. 그 해 11월에는 운허 스님이 통도사의 강주로 취임하게 되어 보타암에 머물면서 『선요』, 『절요』, 『능엄경』, 「적벽부」, 「화왕게」를 배웠다. 1년 5개월 간의 보타암 생활을 통해 훗날 한국불교계를 지도할 도반들을 만나게 된다. 대표적으로 지관 스님과 월운 스님, 명성 스님을 꼽을 수 있다.

1955년에는 운허 스님이 진주 영화사 포교당에 포교사로 주석하게 되자 진주 도솔암에 머물면서 그 해 11월까지 『능엄경』과 『대승기신론』을 수학하게 된다. 그 이듬해 해인사로 거처를 옮긴 운허 스님을 따라 해인사 약수암에 머물면서 『원각경』과 『금강경』을 공부한다. 묘엄 스님은 잠시 방학을 틈타 김룡사의 은사스님을 만나러 간다. 월혜 스님은 1954년 겨울 불교정화 당시 눈 위에 앉아 데모를 한 후유증으로 결핵에 걸려 병세가 악화된 상태였다. 1956년 음력 8월 28일에 은사인 월혜 스님이 입적했다. 평생을 선객으로 청빈하게 살면서 시주 은혜가 무서움을 아시고 되도록 남의 신세를 지지 않으려고 노력했던 분으로 묘엄 스님은 은사스님을 기억하고 있다.

은사스님의 입적을 치르는 동안 운허 스님은 해인사를 떠나 다시 통도사로 거처를 옮기게 되었다. 묘엄 스님은 더 이상 옮겨 다니면서 공부하는 것이 힘들어 동학사 강원의 중강으로 자리잡게 된다. 당시 강사로 이름난 경봉 스님이 강을 하고 있던 동학사는 비구들이 모두 떠나고 비구니들만 남아있어 아랫반의 중강을 살면서 경봉 스님에게 『화엄경』을 배우게 된다. 동학사에 있으면서 묘엄 스님은 한국불교 역사상 비구니로서는 최초로 비구 스님에게 전강을 받게 된다. 지금과 같은 전강의식을 치르고 강사가 된 것이 아니고 경봉 스님이 대중 앞에서 "이 사람이 오늘부터 동학사 강사로 있게 됐다"고 공표를 하면서 강사가 된 것이다. 그렇게 전강을 받고 학인들을 가르치게 되었다.

동학사에서 『화엄경』을 마칠 무렵 다시 통도사 운허 스님에게로 가서 남은 『화엄경』을 다 보고 강원이력 과정을 마치게 된다. 그리고 1957년 12월에 운허 스님께 강사로서 가르칠 만하다는 말을 듣고 전강을 받는다. 이후 동학사 강원 강사로 취임한다. 7년간의 동학사 중강과 강사 기간 동안 경봉 스님께 경전도 배우고 한편으론 학인들을 가르치면서 불교 전통강원의 교과목을 깊이 있게 익히는 의미 있는 시간을 보낸 것이다. 1961년 2월에는 통도사 금강계단에서 자운 스님을 계사로 비구니 구족계를 수지한다.

묘엄 스님은 오랜 기간의 강사생활을 접고 더 넓은 학문으로서의 불교를 접하기 위해 동국대학교에 진학한다. 1963년 가을 동국대학교 불교학과에 편입하여 1966년 2월 졸업을 하게 된다. 다음의 인용문은 묘엄 스님이 신학문을 배우기 위해 동국대학교에 들어가서 졸업 후 다시 전통강원으로 오게 된 동기를 밝히고 있다.

> 동국대학교에 입학을 해서 신학문을 많이 배웠어. 불교역사, 불교이론, 한국불교 이런 거를 주욱 배우니까 참 좋아. 그때 우리를 가르친 교수진이 옛날에 대처승 하던 이들이 많아서 우리가 선방에서 하는 것 같은 진지한 수행은 좀 없지만, 그래도 학문적으로 표현을 하니까 내가 그걸 배우면서 '아참, 이런 표현을 써야 되겠구나' 하는 생각을 많이 했지. 나는 그기 제일 마음에 새겨져 있있기도. 그래 내가 학인들 가르치면서 표현이 모자랐던 것, 전통학문을 할 때에 글이 모자랐던 거를 보충할 수 있는 능력이 생기더라고. '불법을 이런 각도에서 이런 방면으로도 볼 수 있구나' 하는 새로운 시각, 객관적으로 볼 수 있는 안목이 생기고, 나는 대학에서 그런 걸 배우는 기 재미로 다가

왔어. 그런데 원래 박사 코스까지 할 생각이었는데, 이기 계속 이론만 가지고 쭉 하더라꼬. 그래 내가 교수들한테 점수를 받아 가지고 1등으로 졸업했다, 2등으로 졸업했다 이래 할 것이 아니라 참선을 하면서 내 체험이 부처님 경전이나 조사스님 말씀하고 맞는지 그걸 공부하는 기 차라리 낫겠다 싶어. 그래서 고마 동국대학교 학부 졸업하고 더는 안 했어.31)

동국대학교를 졸업하는 다음 달로 스님은 이론적인 공부보다 실천을 겸할 수 있는 강원을 택해 운문사 강사로 취임한다. 묘엄 스님은 운문사에서 1966년 3월부터 4년 반 동안 강주로 있으면서 학인들을 가르친다. 그러나 수행자로서 참선에 대한 미련을 버리지 못하고 선방을 가기로 결심하고 운문사를 나오게 된다. 1945년 13살의 나이에 문경 윤필암에서 월혜 스님을 은사로 득도한 이래 대승사 쌍련선원과 윤필암 큰방에서 정진하는 스님들을 가까이서 지켜보고 성철 스님·청담 스님·자운 스님·향곡 스님 등 당대의 선지식들의 지도를 받은 이력을 살펴보면 충분히 납득이 가는 부분이다.

> 4년을 가르치다 보니까 4년만에 강사가 날까마는 내 뜻이 전달이 돼서 이들이 잘하겠나 싶고, 또 내가 4년이 아니고 40년을 한다고 치면 그때 내 나이 여든인데, 그러면 내 존재가 어떻게 되겠나 싶으니까 고마 허무해서 못 가르치겠더라꼬. 또 글에 없는 내 소리, 글에 없는 내 장경藏經이 나와야 되는데 그기 자유자재로 안 되니까 내가 자꾸 뭔가 부족함을 느껴. 그래 참선을 해야 되겠다 싶어 가지고 운문사를 나오게 됐지.32)

---

31) 이묘엄 구술·김영환 엮음, 『향성』, 봉녕사승가대학, 2008, pp.278~279.
32) 위의 책, p.289.

1970년 가을, 묘전 스님이 주지 임기가 지난 시점에서 가야 할 곳도 정하지 않고 문중 스님들 30여 명과 함께 운문사를 나오게 되었다. 이곳 저곳을 정처 없이 떠돌다가 1971년 4월 봉녕사에 터를 잡아 봉녕선원을 개원하고 4년 정도 정진을 하였다. 운문사에서 나올 때 따라온 문중 스님 30여 명 중에는 젊은 스님들도 많아 배워야 한다는 생각에 강원에 보내게 되었다. 그러나 얼마 지나지 않아 문중 스님들과 의논 끝에 선방만 하지 말고 강원을 열자는 쪽으로 결론이 내려졌다.

1974년 30명 정원의 강원 학인을 모집한다는 광고를 신문에 싣게 되었고, 50명의 학인이 모여 그 해 4월 봉녕사 강원을 열게 되었다. 묘엄 스님이 강을 다시 한다는 소문이 나자 동학사나 운문사, 화운사 등 다른 강원에서 공부하던 문중 스님들이 봉녕사로 모이게 되었다. 그래서 봉녕사 강원이 1974년도에 설립되고 바로 이듬해인 1975년 봄 8명의 졸업생33)을 배출할 수 있었던 것이다.

봉녕사에 터를 잡던 1971년 11월 부친인 청담 스님이 입적하였다. 그 이듬해 7월에는 모친 대도성大道性 보살이 봉녕사로 출가하여 사미니계를 받는다. 1977년에는 봉녕사의 주지로 취임하고 강원장을 겸하게 되었다. 1981년 4월에는 자운성우 스님으로부터 전계를 받고, 이때부터 비구니 구족계산림에 교수사, 갈마위원, 갈마아사리 등을 역임하며 비구니계의 큰 스승으로 활동을 하다. 1987년에는 봉녕사승가학원을 봉녕사승가대학으로 개칭하

---

33) 1976년도 11월 7일자 〈불교신문〉에는 '수원 봉녕사(주지 묘전 스님) 비구니 전문강원 제1회 졸업식이 7일 동사에서 거행된다. 규정원장 자운 스님을 강원장으로 하고 묘엄 스님을 강사로 하여 60여 명이 불철주야 정진하고 있는 농 상원에서는 이번에 그 첫 번째로 졸업생을 배출케 되었으며, 상인·정훈 스님 등 16명의 스님이 대교과를 출업하게 되었다'는 기사가 실렸다. 16명의 졸업생이라는 숫자는 1회 8명, 2회 8명의 졸업생을 합한 숫자다.

고 학장으로 취임하게 된다. 1988년 5월에는 모친인 대도 스님이 봉녕사에서 입적한다. 1992년에는 도서관 개관식과 함께 서안일연·기원성학·영묘도혜·정지대우·심전일운 등에게 전강을 하고, 같은 해 8월에는 제10대 중앙종회의원에 피선된다. 1997년 1월에는 원상탁연과 심인적연에게 두 번째로 전강을 하였다.

1999년 5월에는 비구니계에서는 최초로 금강율원을 개원하여 초대 율원장에 취임하고 2년 후 금강율원 제1회 졸업생 4명을 배출하였다. 2002년 1월에는 묘엄 스님이 구술한 일대기를 조카인 부산대학교 철학과 김용환 교수가 정리한 노트를 보고 윤청광 씨가 이야기식으로 꾸민 『회색고무신』을 출간하게 되었다. 2008년에는 당시에 정리한 노트를 편집하여 『香聲』을 출간한 바 있다. 2004년 1월에는 서하상일에게 세 번째로 전강을 하였다.

2007년 1월에는 비구니 최초로 단일계단 전계대화상 활산성수 스님으로부터 율주로 임명되었고, 5월에는 금강율원 제1회 졸업생인 심인적연과 소림신해에게 전계를 하였다. 2007년 9월에는 묘엄 스님의 주강 50년을 기념하는 논문 봉정식이 봉녕사 도량에서 500여 명의 스님들이 운집한 가운데 이루어졌다. 이때 중앙승가대학의 교수로 재직하고 있는 성정본각에게 네 번째의 전강과 정지대우에게 두 번째의 전계를 하였다.

이상과 같이 묘엄 스님은 현대 한국불교의 대표적인 비구니 강원 동학사와 운문사에서 강사생활을 거치고, 1971년 이래 봉녕사에 터를 잡아 2008년 현재까지 762명의 제자들을 배출한 한국 비구니계의 큰 스승이다.

Ⅳ. 봉녕사승가대학의 학제와 전통

봉녕사승가대학은 다음과 같은 설립 목표 및 교육의 지표指標와 원훈院訓을 가지고 운영되고 있다.

> 奉寧僧伽大學은 經·律·論 三藏을 專門敎育으로 하며 부처님의 가르침에 立脚하여 僧伽의 和合精神을 體得하고, 學問과 修行을 겸하는 敎育機關이다. 따라서 韓國佛敎의 傳統을 繼承發展시키고 衆生과 社會가 안고 있는 矛盾과 苦痛을 解決할 善知識을 養成하며, 比丘尼로서의 資質을 갖춘 人天의 師表를 길러낼 것을 目的으로 設立하였다.
> 設立目的에 立脚하여 아래와 같이 敎育指標를 삼는다.
> 첫째, 佛敎의 傳統的 修行 方法에 立脚하여 體系的인 僧伽敎育을 敎育의 指標로 삼는다. 둘째, 부처님의 가르침에 立脚하여 佛敎思想을 바탕으로 한 衆生敎化와 布敎者 養成을 敎育의 指標로 삼는다. 셋째, 佛國土建設 理念에 基礎하여 넓고 깊은 사랑을 베풀고, 奉仕와 犧牲이 있는 人間關係를 形成하는 것을 敎育의 指標로 삼는다.
>
> 院訓
> 一. 發心 : 生死事大하고 無常이 迅速하니 道業 닦기를 如救頭燃할 것.
> 一. 求道 : 師長을 尊敬하고 法侶를 愛護하여 起居動靜에 반드시 佛祖의 訓戒에 依準할 것.
> 一. 報恩 : 智能을 啓發하고 德性을 涵養하여 恒常 나라와 父母의 恩惠갚기를 期約할 것.

봉녕사승가대학은 4년제로 일반대학과 같은 학제를 유지하고 있다. 설립 초기에는 5~6년 간의 학제를 유지하다 1983년 4년제로 고정되었고 87년에는 학교 명칭도 봉녕사승가학원에서 봉녕사승가대학으로 바뀌었다.

승가대학은 일반대학과는 달리 학년제보다는 '반' 개념으로 학사를 운영한다. 일반대학의 1학년에 해당하는 치문반과 2학년에 해당하는 사집반, 3학년 사교반, 4학년 대교반이 있다. 일반대학이 1, 2학기 체제인데 반해 승가대학은 사계절로 구분하여 '철' 개념으로 학기가 운영된다. 이것은 학인들 각자의 본사 사정과 불가의 중요 행사들을 고려해서 정해진 것이다. 봄철과 여름철의 중요한 기준은 부처님오신날(음력 4월 8일)과 하안거 결제일(음력 4월 15일)이다. 가을철은 7월 백중(음력 7월 15일)이 끝나고 시작된다. 겨울철은 동안거 결제(음력 10월 15일)를 기점으로 시작되는데, 음력 기준으로 학기가 시작되기 때문에 양력으로는 항상 바뀌게 된다.

매 철이 끝나면 방학을 한다. 가을철만 열흘 정도로 짧고 나머지는 한 달 정도의 기간을 갖는다. 수업은 외과(컴퓨터, 꽃꽂이, 서예, 피아노, 중국어, 일어, 영어, 요가)가 있는 금요일을 제외하고 오전에 한 번 한다. 매주 금요일은 오전부터 전 학년이 외과를 공부한다. 매 학기가 끝날 무렵에는 2박 3일의 일정으로 외부 강사를 초빙해 불교학과 관련된 집중 특강을 듣고, 목요일 오후 시간에는 조사어록에 대한 학장스님의 특강이 있다.

1. 하루 일과

학기 중 학인들의 일과를 살펴보면 오전 3시 10분에 일어나 3시 40분에 대적광전에서 예불을 모시고, 4시 30분에는 새벽 입선入禪을 들인다. 새벽 입선 시간에는 큰방에 치문반, 사집반, 사교반이 모여 입선을 들인다. 이 세 반은 큰방을 떠나지 않고 항상 그곳에서 발우공양과 입선을 들이게 된다. 반면 화엄반부터는 청운당 1층으로 거처를 옮겨 따로 생활을 하게 된다. 입선은 입승

스님의 죽비에 맞춰 시작되는데 선방처럼 좌선을 하는 것이 아니라, 치문반은 전날 배운 치문을 소리내어 읽고 사집반과 사교반은 그날 수업을 대비해 예습한다. 방선放禪은 5시 10분에 한다. 아침 공양은 5시 30분에 보통은 발우공양을 한다. 겨울철은 약간 시간이 늦춰져 6시경에 아침공양을 한다. 대부분의 승가대학이 수업을 받기 전 삼보에 예를 올리고 강사스님께 강講을 청하는 의식을 갖는데, 이것을 상강례上講禮라 한다. 상강례가 끝나면 반별로 정해진 곳으로 이동해 수업을 받는데, 이것을 상학上學이라 한다. 6시 30분 상강례가 끝나면 바로 그날의 공부를 시작한다. 화엄반은 향하당 2층에서 수업을 하고, 사교반은 도서관 2층에서, 사집반은 도서관 1층인 일우실에서 수업을 한다. 치문반은 육화료에서 수업을 한다. 수업을 하기 전 각반의 반장들은 강사스님을 모시고 온다.

보통의 수업은 8시를 전후해서 끝나는데, 치문반이 조금 늦게 끝나는 경우가 많다. 그것은 치문을 암기하고 그것을 검사받는 시간이 소요되기 때문이다. 상학이 끝나면 개인별 소임에 맞는 일을 하거나 개인 볼일을 보게 된다. 10시 30분에 사시마지를 대적광전에서 모신다. 사시마지가 끝나고 11시 25분에 점심공양을 한다. 점심공양은 발우공양이 주이지만 법공양을 하는 때도 있다. 1시부터 오후 입선을 들인다. 방선은 4시에 한다. 이때 치문반은 그날 배운 치문을 소리내어 읽는다. 학기 중에는 도량에 치문반의 책 읽는 소리가 끊이지 않는다.

저녁공양은 오후 5시에 하는데 발우공양이 원칙이지만, 남은 음식이 있거나 울력이 있는 경우에는 발우를 펴지 않고 공양하게 된다. 이러한 공양을 뒷방공양이라고 부른다. 매주 목요일은 특강이 있고 오후 3시 경에 학인들이 발야구나 피구 등의 운동을 하기 때문에, 저녁에는 후원에서 공양을 한다. 오후 6시 30분에는 저녁 예불을 대적광전에서 모신다. 오후 7시에 입선을 드리는데 사집반이나 사교반에서 논강을 하는 시간 동안 치문반의 책 읽는 소리는 중단된다. 논강이 끝나고 다시 책을 읽게 된다. 오후 8시 30분에 저녁 방선이 끝나면 잔잔한 음악이 흐르고 5분 간 요가를 한다. 큰방에서 대중들은 이부자리를 깔고 저녁 9시에 소등을 하게 된다. 소등 전에 도서관에서 공부할 사람들은 이부자리를 깔아 놓고 나와 10시까지 공부할 수 있다. 이때는 치문반도 자유롭게 도서관에 있는 책을 볼 수 있다. 물론 도서관에서 치문 책을 읽을 필요도 없다. 10시 이후에는 도서관을 나와 큰방에서 취침에 들어야 한다. 다음은 학인들의 하루 일과를 표로 작성한 것이다.

〈표 2〉 봉녕사승가대학 학인들의 학기 중 일과표[34]

오전			오후		
3시 10분	기상		1시	오후 입선	
3시 40분	예불		4시	방선	
4시 30분	입선		5시	저녁공양	
5시 10분	방선		6시 30분	저녁 예불	
5시 30분	아침공양		7시	저녁 입선	
6시 30분	상강례 및 수업		8시 30분	방선	
10시 30분	사시마지		8시 35분	요가	
11시 25분	점심공양		9시	소등	

---

34) 이 일과표는 2008년 가을철 기준이다. 봄, 여름, 겨울철의 아침과 저녁 공양 시간 및 저녁 예불 시간이 다르다.

2. 치문반

치문반은 역대 훌륭한 조사스님들의 어록과 행장들이 묻어나는 명문장을 배우면서 초심자들의 신심을 고양시키고 출가생활을 견고히 할 사상적 기틀을 잡는 과정이다. 1년 과정을 원칙으로 한다.

> 『맹자』하고 『논어』가 양반노릇, 인간노릇을 가르치는 거라면, 『치문』은 중노릇하는 것를 가리치는 거야. 어떤 조사스님들은 인생관을 가르치고, 어떤 조사스님들은 중노릇하는 데 대중을 섭수하는 생활양식을 가르치는데, 그런 모든 조사스님들의 명문을 모아 가지고 '치문緇門'이라는 타이틀을 붙인 거야. 옛날에는 스님들이 검은 장삼을 입었거든. 그래 불법의 물을 검은[緇] 물이라카면, '치문'이란 기 '불법으로 물을 들이는 문'이 되지. 문이라는 것은 비유인데, 들어갈 때도 문을 통해 들어가고 나올 때도 문을 통해 나오니까 자유자재한 출입을 의미하는 거야.35)

위와 같이 봉녕사 묘엄 스님은 치문에 대한 설명을 적절한 비유와 예시로 잘 표현하고 있다. 치문반은 익숙치 않은 한문을 공부하고 어려운 한자를 익히면서 대중생활에 적응하는 것으로 바쁘게 1년을 보낸다.

치문반에 처음 들어와서 큰방 대중들에게 방부를 들인다. 이것은 일종의 신고식으로 어른스님들과 상반들이 모두 앉아 있는 큰방에서 자신의 소개36)와 함께 노래를 한 곡 부르게 된다. 이렇게 방부를 마치고 잠자리가 정해지면 큰방 생활이 시작되는 것이다.

---

35) 이묘엄 구술·김용환 엮음, 『향성』, 봉녕사승가대학, 2008, pp.246~247.
36) 자신을 소개할 때 순서가 정해져 있다. 우선 출기 본사를 말하고 은사스님의 법명과 자신의 생년월일, 법명을 말하는 것이다.

치문반에 들어와서는 가장 먼저 사교반인 부전반 스님들에게 대중 규칙 및 발우공양, 예불 등에 대한 습의를 받는다. 또한 예불 시간, 발우 시간, 상강례 시간, 수업 시간, 입선 시간 등 하루 일과에서 중요한 부분들에서 어떻게 생활해야 할 것인가에 대한 세세한 사항들을 교육받는다.

치문반은 종두반鐘頭班이라고 하는데 사중의 허드렛일을 도맡아 한다. 개별 소임으로 율원장스님 시자, 사집 강사스님 시자, 사무실 시자, 큰방 다각과 발우공양 후 천숫물을 처리하는 천수(千水 또는 淸水) 등의 소임을 한 철씩 반들이 번갈아 가며 살게 된다. 승가대학은 단순하게 학문으로서의 불교를 공부하는 곳이 아니라 출가 수행자로서의 위의를 다지고 대중과 더불어 생활하는 방법을 익히는 종합 수행 도량이다.

치문이 다 끝나고 종강을 하면 3천배를 한다. 이것은 무사히 한 학년을 마친 것을 부처님 전에 고하고 감사와 함께 그동안 잘못들에 대한 참회도 곁들인 종강 행사의 의미를 갖는다. 치문반이 3천배를 할 때 상반의 스님들이 번갈아 나와 간식도 준비해주고 격려도 해주며 선후배의 의를 다지기도 한다. 다음날 아침에는 절을 하고 뭉친 다리를 풀기 위해 세계문화유산인 화성을 한 바퀴 도는 전통이 있다.

치문반은 4년 중 여름철이 끝나고 대중들이 본사로 돌아가면 모두 남아서 7월 백중 행사를 준비하고 치르면서 방학을 보낸다. 매 학기 시작과 끝날 무렵에는 대중공사를 통해 학기 중에 맡을 소임과 방학 중에 맡을 소임을 짠다. 방학에 남는 반들은 수업만 없을 뿐 학기 중의 소임을 나누어 살기 때문에 방학 중이라도 바쁘게 생활한다. 치문반은 가을철이 끝나고 4박 5일 간 방학 소임을 살고 사집반과 교대하고 본사로 돌아간다.

3. 사집반

다음으로 봉녕사승가대학의 2학년 과정은 사집반인데 『서장』, 『도서』, 『절요』, 『선요』를 배운다. 이 네 과목이 전통적인 사집반의 과목이지만, 승가대학의 학제 개편의 문제가 대두되면서 서서히 폭넓게 과목이 늘고 있다. 일찍이 학제개편의 선구적인 역할을 했던 봉녕사는 1992년부터 한글로 번역된 초기경전인 『사십이장경』・『유교경』・『밀린다왕문경』을 교과목으로 선택해 배워왔지만, 최근 한문교재에 대한 학인들의 열의가 높아 교과목에서 잠시 보류된 상태이다.

대혜大慧 스님이 쓴 『서장』은 기본적으로 참선은 어떠한 마음가짐을 갖고 해야 하는가〔用心〕에 대한 가르침이고, 고봉원묘高峯原妙 스님의 『선요』는 어느 정도 수행이 궤도에 오른 사람을 위해 쓰여진 것이다. 규봉종밀圭峰宗密 스님의 『도서』는 조사스님들의 온갖 종파를 비교 분석하여 설명한 책의 서문에 해당하는 것으로 지구상에서 출판된 책들 가운데 가장 긴 서문일 것이다. 고려시대 보조지눌 스님의 『절요』는 규봉종밀 스님과 하택신회荷澤神會 스님의 주장을 인용 비판하며 정혜쌍수定慧雙修를 강조하는 내용이다.

사집반은 원두반園頭班이라고도 한다. 향하당, 청운당과 대적광전 불사를 하기 전인 1996년까지 육화당 앞과 일주문 앞의 공터는 밭이었다. 원두반은 주로 대중 소임으로 밭일을 담당한다. 육화당 불사를 하기 전인 1982년도까지 9마지기의 논이 도량에 있었으니 그때까지 논농사도 겸하였다고 한다. 개별 소임으로는 장주(원두일의 총책), 목욕탕 청소〔浴主〕, 정랑 청소〔淨頭〕, 명등明燈, 법고法鼓, 하지장下知藏, 하편집실 등을 담당한다.

사집반은 네 번의 종강식이 있는데 아랫반인 치문반에서 종강을 축하하기 위해 상반을 위해 종강 때마다 익히 알려진 노래를 개사해 불러주어 주변을 즐겁게 한다. 이러한 깜짝 행사는 매 종강 때마다 아랫반들이 상반들에게 해주고 있는데, 봉녕사만의 특징으로 이어오고 있다.

사집이 모두 끝나면 종강날 3천배를 한다. 다음날 수원성을 한 바퀴 돈다. 사집반은 봄학기가 끝나고 초파일 방학에 봉녕사에 남아 부처님오신날 행사를 치르게 된다. 이때부터 겨울철에 있을 양황참 기도의 장엄을 구상하고 각자 맡을 소임을 준비한다. 가을철이 끝나고 치문반이 4박 5일 간 방학 소임을 살고 나면 이어서 사집반이 4박 5일 간의 짧은 방학을 지내게 된다.

4. 사교반

사교반은 원주반 또는 부전반이라고도 불린다. 사교반부터 본격적인 부처님 경전을 공부한다. 사교란 『능엄경』, 『대승기신론』, 『금강경』, 『원각경』을 말한다. 『능엄경』은 부처님과 아난존자와의 대화 형식으로 된 경전으로, 마음의 소재에 대한 부처님의 질문에 아난이 일곱 군데에서 마음을 찾지만 결국 수포로 돌아간다. 전 10권으로 이루어진 『능엄경』은 제1권 「칠처징심七處徵心」에서 제10권 「오십종마五十種魔」까지 논리적으로 풀어가고 있어 '차돌 능엄'이란 별칭을 갖게 되었다. 『대승기신론』은 철학적이고 이론적이라 이해가 쉽지 않아 '깐깐 기신'이라고 한다. 『금강경』은 금강이라는 마음자리를 싹 뽑아내는 것인데, 장대같이 높이 솟은 금강이 반야지혜를 뜻하니까 지혜를 우뚝 솟게 하는 내용이라고 '장대 금강'이라 한다. 『원각경』은 원각이라는 것이 이 우주를 감

싸고도 남는다는 뜻에서 '넝쿨 원각'이라고 한다.[37]

부전반은 큰방의 실질적인 주인 역할을 한다. 치문반이 입학하고 부전반들이 습의를 담당한다. 큰방 부전의 소임은 입승 소임에 버금가는 큰 소임으로 치문반과 사집반을 통솔하는 책임을 맡고 있다. 원주반의 명칭은 후원을 책임지는 원주 소임이 나오기 때문에 원주반이란 명칭이 붙은 것이다. 개별 소임으로는 대방지전(大房持殿, 큰방 부전), 원주, 별좌, 약사, 꽃꽂이, 중편집실 등이 있다. 사교반도 종강 후 3천배를 하지만 다음날 따로 수원성을 밟지 않고 대신 대중들에게 맛있는 점심공양을 올린다. 원주반들은 겨울철에 남아 학장스님 생신(음력 1월 17일) 때 바자회를 열어 신행회 기금 마련을 위한 물품을 준비하게 된다. 신행회 기금은 학인들의 복지관 자원봉사 활동비와 군법당 법회 후원금으로 쓰인다.

5. 대교반

대교반은 대승보살행을 다루는 『화엄경』을 공부하는 반으로 지객반 또는 화엄반이라고 한다. 『화엄경』은 단일 경전 가운데 가장 방대한 것으로, 조계종이 선종이기는 하지만 교학의 꽃으로 불리는 『화엄경』을 강원 교과의 상위에 둔 것을 보더라도 그 중요성을 짐작하게 한다. 천희 스님의 비문을 통해 고려시대 봉녕사를 포함한 광교산 일대가 화엄사찰이었음을 알 수 있다. 『화엄경』이 끝나고 나면 동국대학교에서 화엄을 전공한 교수를 초빙해 열흘 정도의 일정으로 화엄학개론에 대한 특강을 듣는다. 화엄반은 본과 이외에 한국불교사와 포교이론의 실제와 같은 외과 과목을 개

---

37) 이묘엄 구술·김용환 엮음, 『향성』, 봉녕사승가대학, 2008, p.257.

설해 졸업한 학인들이 수행과 포교를 겸할 수 있도록 기초를 다지게 한다.

화엄반이 지객반으로 명명된 것은 외부에서 손님이 올 때 도량을 안내하거나 방사를 관리하는 소임을 맡고 있기 때문이다. 화엄반은 봉녕사승가대학의 최고 상반으로서 중요 소임을 맡는다. 우선 학인 전체를 통솔하는 입승과 대중들을 살피는 찰중이 있다. 또한 대웅전, 약사전의 노전과 병법이 나오고 용화각과 일우실의 노전도 화엄반이 담당한다. 학장스님 시자, 상지장, 상편집실, 미감, 종두, 지객 등의 소임을 맡는다. 대교반은 가을철이 끝나고 겨울철이 들어가기 전에 졸업여행을 간다. 과거에는 4박 5일 간 전국의 유명 사찰을 순례했는데, 요즘은 열흘 정도의 일정으로 해외의 불적을 답사한다고 하니 격세지감을 느낀다.

다음 표는 봉녕사의 학사일정을 간략하게 정리한 것이다.

〈표 3〉 봉녕사승가대학의 학사일정표

학년		과목	일정(음력)	교과과정	당우
1	본과	치문	1월 28일~12월 5일	치문 종강 후 3천배, 수원성곽 순례	육화료
	외과	염불·중국어·영어·일어·꽃꽂이	전 학년		
2	본과	서장	1월 28일~7월 18일	사집 종강 후 3천배, 수원성 4대문 성곽 순례	도서관 1층 (일우실)
		도서	8월 25일~9월 29일		
		절요	10월 1일~11월 9일		
		선요	11월 10일~12월 5일		
	외과	염불·선가귀감·대총상·인도불교사·꽃꽂이·중국어·영어·일어·서예·피아노	전체 학기 중 수강		

3	본과	능엄경	1월 28일~7월 18일	사교 종강 후 3천배, 매 과목 종강 후 대중 별식 공양	도서관 2층
		기신론	8월 25일~9월 29일		
		금강경	10월 1일~12월 5일		
		원각경	1월 28일~2월 28일		
	외과	중국불교사 · 염불 · 일어 · 영어 · 서예 · 피아노 · 꽃꽂이 · 중국어	전체 학기 중 수강		
4	본과	화엄경	3월 2일~11월 9일	신행회 기금 마련을 위한 바자회	향하당 2층
		화엄학개론	11월 10일 ~11월 20일		
		한국불교사	11월 21일 ~11월 27일		
	외과	포교이론과 실제	11월 28일~12월 3일		
		염불 · 중국어 · 일어 · 서예 · 꽃꽂이 · 피아노	전체 학기 중 수강		
특강		조사어록	전체 학기 주 1회	전 학년 대상	육화료
		초청강사 집중강의	각 학기	전 학년 대상	

6. 특별 행사

봉녕사승가대학은 매월 음력 초하루와 보름에 포살을 한다. 포살은 대중이 모여 부처님 앞에서 화합하고 있음과 청정함을 확인하고 법사가 단에 올라 계를 설하는 불교의식이다. 학기 처음과 마지막 포살일에는 『범망경』 포살을 한다. 『범망경』 포살은 대적광전에서 전 대중이 참석한 가운데 율원장스님이 법사가 되어 『범망경』을 읽지만 사미니 포살과 비구니 포살은 사정이 다르다. 사미니 포살은 율원생 중 한 명이 법사가 되어 대적광전에서 『시미니율의』를 교재로 포살하고, 비구니 포살은 강사스님·율원 연구원·사중 소임자 스님들이 번갈아 법사가 되어 율원인 청운당 2층에서 『비구니율의』를 교재로 포살을 한다.

봄철에는 수제비 대회(음력 3월 3일)가 있다. 주요 음식은 수제비로, 가장 잘 차린 반이 1등을 하고 상품을 받게 된다. 각 반은 봉녕사 주변의 산에서 나는 나물을 뜯어 반찬을 만들고 진달래로 화전 등을 만들어 상을 차린 다음 학장스님, 강사스님 및 삼직 스님들을 모셔다 평가를 받는다.

봄철에 기대되는 행사 중의 하나는 소풍이다. 하루 일정으로 봉녕사 근교로 산행을 간다거나 차량으로 이동하면서 문화행사에 참여하는 등의 나들이를 하는 것이다. 몇 년에 한 번 꼴로 광교산을 등반하기도 한다. 학인들은 졸업할 때까지 최소한 한 번은 광교산에 오르게 된다.

여름철의 주요 행사 중 하나는 철이 시작되고 바로 2박 3일의 일정으로 행하는 능엄주 기도다. 하루 네 번 기도를 하는데, 기도 때마다 능엄주를 세 편 외우고 관음정근을 한다. 음력 5월 5일에는 단오절로 대중 전체가 산행을 간다. 이것이 여름 소풍이다.

가을철의 주요 행사는 동문들의 모임인 선우회로, 음력 7월 25일경에 열린다. 졸업한 스님들이 한자리에 모여 학장스님 이하 강사스님들께 인사를 드리고 동문들 간의 유대를 강화하는 자리이다. 현재까지 총 34회 졸업 762명의 회원을 보유하고 있는 선우회는, 각 기수별로 대표들이 모여 회의에 참석하고 있다. 가을철에는 대중 전체가 적당한 날을 택해 산행을 한다. 이것이 가을 소풍이다.

겨울철의 특별행사는 동안거 결재일에 시작하는 양황참 기도다. 중국 양나라 무제의 부인이었던 치씨 부인이 죽은 다음 구렁

이의 몸을 받고 괴로워할 때 양 무제가 지극한 마음으로 참회기도를 올려 구렁이의 몸을 벗게 된 것에서 유래되어 양황참 기도로 명명되었다. 3일 동안 자비도량참법 10권을 읽으면서 절을 하는 것이다. 화려하게 장엄된 불단을 향해 앉아 광명진언 등을 외우며 꽃을 뿌리는 의식을 하고, 자비도량참법을 대중이 큰소리로 함께 읽는다. 불단 및 도량 장엄은 사집반이 담당한다. 꽃꽂이, 조각, 그림 등 학인스님들의 숨겨진 재능들이 한껏 발휘된다. 음력 12월 초순경에 각 반별로 종강식을 갖는다. 성도재일인 12월 7일 저녁에는 전 대중이 큰방에 앉아 철야 용맹정진을 한다.

이밖에도 한 철에 네 번 정도 각 반별로 3~4명이 연구발표를 한다. 이렇게 하다 보면 졸업할 때까지 두세 번은 발표를 하게 된다. 연구발표 주제는 해당 철에 공부하는 내용을 정리하여 큰방에서 대중을 향해 발표한다. 이러한 연구발표는 학인들이 불교학에 대한 관심을 높이고 학문적 깊이를 심화시키는 효과를 낼 뿐만 아니라, 장차 불교 지도자로서 대중석상에서 당당하게 자신의 의견을 피력할 수 있는 역량을 함양시킨다. 십여 년 전에는 차례법문이라고 해서 학인들이 돌아가면서 한 철에 서너 번 발표하던 것이 있었는데, 이것이 연구발표로 발전된 것이다.

7. 소요삼장 도서관과 봉녕지

봉녕사승가대학 학장인 묘엄 스님은 강원 운영에 있어서 다른 강원의 모범이 되는 선구적인 역할을 해오고 있다. 그러한 사례 중의 하나가 도서관 불사이다. 학인들의 지식 함양과 학문 연찬을 위해서는 녹립된 도시관이 반드시 필요함을 인지하고 어려운 여건 속에서도 도서관 불사를 시작한 것이다. 1986년 당시 봉녕사의 재정 상태는 그다지 넉넉하지 않았다고 한다. 쌀이 부족해 하루의 한 끼는 대중들이 국수를 먹었다고 하니 불사의 어려움을 가히 짐작할 수 있다.

봉녕사의 모든 당우의 이름을 지은 묘엄 스님은 경·율·론 삼장三藏의 법바다에 자유자재하게 노닌다는 의미로 도서관의 명칭을 '소요삼장원逍遙三藏院'이라 지었다. 위대한 역경가 구마라집 삼장이 장안에 정착하여 역경불사에 매진하던 곳의 이름도 소요원逍遙院이었다. 이 건물은 지하 1층, 지상 2층의 연건평 360평 규모로, 승가대학 도서관으로는 전국에서 가장 크고 으뜸이라 할 수 있다. 아직까지도 불교계는 단독 도서관 건물을 가진 승가대학이 해인사승가대학과 봉녕사승가대학 두 곳뿐이다.

1986년 가을 묘엄 스님은 도서관 건립을 확정짓고 강사스님, 학인스님들이 모두 한마음이 되어 제방 스님들과 작가들로부터 5백여 점의 선서화禪書畵와 도예陶藝를 기증받았다. 이를 토대로 1988년 봄 세종문화회관에서 봉녕사 도서관 건립불사 후원을 위한 전시회를 열어 건립 기금을 확보했다. 1989년 2월 드디어 역사적인 기공의 삽을 떴고, 1990년 7월에 2년 6개월의 긴 공사를 끝내고 지하 1층, 지상 2층의 현대식 건물을 준공했다. 그런데 1991년 4월 도서관 협회에 등록까지 마쳤으나 도서량의 부족으로 문을 열 수 없어, 다시 2년 가까이 책을 모으는 권선을 해 약 1만 6천여 권의 장서를 확보할 수 있었다. 1992년 5월 개관식과 아울러 최초의 전강식傳講式을 갖게 되었다.

소요삼장원에는 불교서적 외에도 일반 도서·학위논문·각종 간행물·시청각 자료 등 20,000여 권의 장서가 비치되어 있으며, 비품 창고·세미나실·신행단체 사무실·방송실·접견실·

100석 규모의 열람실·30,000여 권의 도서를 비치할 수 있는 장서실·사서실 등을 갖추고 있다. 또한 1999년에는 컴퓨터를 이용한 검색 시스템을 도입하여 정확하고 신속하게 다양한 자료를 이용할 수 있어서 학인스님들의 면학 분위기를 조성하는 데 크게 기여하고 있다.

봉녕사 도서관의 앞으로의 과제는 도서관 홈페이지를 개설해 인터넷을 통해 도서를 검색할 수 있는 시스템을 확보하는 것이다. 이렇게 하면 지역 불교도들을 위한 불교 자료제공의 장소로 역할을 확대할 수 있을 것이라 생각한다.

봉녕사는 2003년 10월 봉녕사 소식지『奉寧』1권을 처음 출간한 이래 1년에 두 번씩 꾸준히 출간하고 있다. 봉녕지를 발간하기 위해 학인들은 사집반, 대교반, 화엄반에서 각각 1명씩 소임자가 나와 상와실(편집실)에서 작업을 한다. 각각 상, 중, 하 소임을 담당하면서 편집실 운영의 전통을 이어간다. 주간은 율원장인 적연 스님이 맡고 있고 내용 수집과 편집은 학인들이 담당한다.

8. 금강율원

묘엄 스님의 강원 운영의 안목은 계율 부분에 있어서도 선구적인 역할을 하고 있다. 1999년 6월 21일 세계 최초의 비구니 율원인 봉녕사 금강율원의 개원식이 율주인 지관 스님과 율원장인 묘엄 스님이 참석한 가운데 원로 대덕스님과 사부대중의 축하 속에 성대히 봉행되었다. 2년 과정인 금강율원은 율장의 전문적 연구, 습의와 예참의 올바른 전승, 율학을 전승할 율사의 양성 등을 목표로 운영된다. 교과목은 1년차 때에는 계율개론·사미니율의 및 주석서·남북전율장 비교 연구·선원청규 등이며, 2년차 때에는 사분비구니 율장·범망경·비구니 교단사(인도·중국·한국 비구니전) 등이다.

2001년 2월에 1회 졸업생 4명이 배출되었다. 묘엄 스님은 2007년 7월 독일 함부르크대학에서 개최한 '승가의 여성불자 역할' 국제학술회의에서 「한국 봉녕사 비구니 율원의 구조와 교육과정」[38] 이란 주제로 발표를 하였다.

현재 금강율원은 묘엄 스님이 율주로 있고, 적연 스님이 율원장을 맡고 있다. 2007년과 2008년에 청암사와 운문사에서 뒤이어 율원을 개원한 것은 봉녕사 금강율원이 성공적으로 운영되어 교계의 모범이 되고 있음을 반증한 것이라 할 수 있다.

V. 봉녕사승가대학의 특성 및 향후 과제

1. 능엄주 수행 도량으로서의 봉녕사

봉녕사는 음력 12월 20일 경에 입학시험을 본다. 입학시험의 주요과목은 초발심자경문, 불교 기초교리, 염불 실기 및 면접을 본다. 봉녕사 강원 설립 초기에는 능엄주와 108대참회문이 입학면접에 포함되었지만 80년대 후반부터 제외됐다. 그 대신 입학 후 가을철까지 미리 정해진 화엄반 스님에게 암기한 것을 검사받는 통과시험을 보게 한다. 강원의 1학년 과정인 치문반 가을철까지 이 두 가지를 암기하지 못하면 강원에서 더 이상 공부할 수 없다.

---

38) 봉녕사승가대학 편, 『世主妙嚴 스님 主講五十年 紀念論叢』, 2007, pp.34~44.

짧지 않은 길이의 능엄주와 108대참회문을 암기하는 것은 꾸준히 불교의식을 통해 연습하지 않는 이상 외우기 어렵다. 그래서 봉녕사에 입학하는 사람들 중에는 윤필암, 해인사 금강굴, 보현암, 석남사, 부산 옥천사 등 능엄주를 독송하는 회상에서 출가한 사람이 많다.

봉녕사는 묘엄 스님의 스승이기도 한 성철 스님과 청담 스님의 영향으로 불교의식에 있어서 간소함을 추구한다. 예를 들면 제사를 지낼 때 보통의 사찰에서는 『석문의범』 속의 상용영반이나 화엄시식으로 염불을 하지만 봉녕사는 전경(傳經)을 읽는다. 이것은 성철 스님께서 번다한 의식을 지양하고 간소하게 의식을 집전하게 하기 위해 편집한 것이다. 일반적인 의식 시간보다 3분의 1 정도 짧다고 보면 될 것이다. 봉녕사가 능엄주를 독송하게 된 것도 성철 스님과 청담 스님의 영향이라 할 수 있다. 능엄주는 수행자에게 있을 마장들을 제거하고 도량을 안정시키는 영험이 있다고 알려져 왔다. 능엄주를 수지·독송하는 도량에서 최초의 비구니 율원이 개원된 것은 결코 우연이라고 할 수 없는 뜻 깊은 일이다.

처음 입학한 학인들이 가장 어려워하는 것 중의 하나가 능엄주를 암기하는 것이다. 행자 때부터 예불 시간뿐 아니라 하루 일과로 능엄주 기도를 한 도량에서 온 학인들은 그렇지 않겠지만 봉녕사에서 매일 아침 십여 분 정도 빠른 속도로 독송하는 능엄주를 줄줄 외우려면 막막하다. 그러나 신기하게도 그렇게 어렵게 느껴지던 암기도 여름이 지나고 가을이 다가올 무렵에는 입에 익숙해져 술술 나오게 된다. 이런 걸 능엄주가 입에 익었다고 표현한다. 천천히 소리 내어 읽으면 거의 한 시간은 족히 걸리는 긴 주문이다. 이렇게 입에서 익을 정도가 되려면 매일 10편 이상은 입으로 소리내어 읽어야 한다. 첫 철 방학을 지내고 여름철 시작할 무렵의 치문반들은 방학 중에도 능엄주를 독송하지 않은 사람은 까마득하여 기억할 수 없게 된다. 그래서 처음 입학한 치문반들의 예불자리에는 능엄주와 대참회책이 놓여 있다. 능엄주와 108대참회는 새벽 예불 시간에 빠지지 않고 수행하는 봉녕사만의 특징이고 독특한 가풍이라 할 수 있다.

2. 엄격한 학인청규

봉녕사승가대학은 여타 강원들과 마찬가지로 승가대학 학칙 및 학인청규에 의해 운영된다. 학인청규는 큰방 생활을 하는 학인들에 의해 자율적으로 운영되는 규칙이다. 청규를 제정한 목적은 학인들의 통솔과 대중의 화합을 도모하고 원만한 강원생활을 유지하기 위한 것이다.

학칙은 위반했을 시 가장 큰 제재가 퇴학인데 반해, 청규를 위반했을 경우 가장 큰 제재는 가행加行[39]이다. 가행에 해당하는 사항들[40]은 자세히 살펴보면 일상생활에서 쉽게 여기고 그냥 지나

---

39) 과거에는 정학이라는 용어를 썼지만, 수행자에게 걸맞은 표현인 가행으로 바뀌었다.
40) 가행에 해당하는 사항
 1. 예불 1) 예불, 상학, 공양에 무단 불참했을 때, 2) 도량석에 3분 이상 늦을 경우, 3) 창불, 예불 차례에 빠질 경우, 4) 예불 시 정해진 시간에 예불 자리에 앉지 않았을 경우
 2. 산문 출입 1) 유사 시 허락받은 시간 외에 늦을 경우에 5일 공양주, 2) 1일 외출을 하고 들어오지 않았을 경우(단, 부득이한 경우 전화 연락을 했을 경우는 예외), 3) 한 철에 산문 출입 3번 허용
 3. 큰방 1) 취침 시 소등 10분 전에 들어오지 않을 경우, 2) 취침 시 소등 후 9시~10시, 새벽 2시 30분~3시에 입승문을 사용했을 경우, 3) 입승문과 부전문 사용 금지(단, 대소변 시 입승문은 사용 가능)
 4. 일반적 사항 1) 저녁 예불 전 오후 5시 45분까지 빨래터에서 세의를 걷지

칠 수 있는 것들이 대부분이다. 그렇지만 대중생활을 할 때 이러한 사소한 것들을 위반할 경우 자칫 대중의 화합이 깨질 수 있기 때문에 엄격하게 규제하고 있다.

가행이란 한 개인이 규칙을 어겼더라도 반 전체가 연대책임을 지는 제도이다. 한 반에서 가행이 나오면 다음날 수업을 할 수 없고 대신 하루 종일 도량 청소와 풀 뽑기 등의 울력을 하게 된다. 규칙을 위반한 사람은 4박 5일 간 후원에서 공양주나 채공의 소임

않았을 경우, 2) 남의 신발을 신을 경우, 신발이 제자리에 있지 않을 경우, 3) 의복에 자기 이름을 기재하지 않을 경우, 4) 무늬 있는 겉옷, 속옷, 폴라와 칼라 있는 티셔츠를 금함, 5) 최상반과 원주실 소임자 외에는 원주실 문 사용 금지, 6) 사집반, 치문반 스님들이 공양·마지·예불·입선·소등 시간에 지대방 앞에 신을 벗었거나 삭반 문을 사용했을 경우, 7) 대종, 소종을 잘못 쳤을 경우

5. 기타 사항 1) 외서(독서): 입선 시 또는 자유 입선 시 외과, 외서 모두 금지(외서 허용 시간: 정해진 특강일의 전날 저녁 입선 시간과 그 특강일), 2) 의복은 항상 동방아를 착용해야 하며, 적삼을 입고 밖에 다니거나, 큰 방에 들어가면 가행(후원 소임 살 때나 울력 시에는 제외), 3) 각방 출입 시 소임자의 허락을 먼저 받을 것(전화 받을 때에도 해당), 4) 핸드폰 사용은 금함, 5) 종무소 공중전화 및 우편물 이용시간(평일: 점심시간 후~12시 45분까지, 오후 4시 방선 후~5시 45분까지, 종무소 휴일: 하루 종일 전화 사용 및 우편물 이용 금지, 매월 음력 초하루: 오후 시간만 이용 가능 오후 4시 이후(단, 치문반 첫 철은 사용을 일체 금하며, 특별한 사유가 있을 경우에는 소임자의 허락 하에 사용 가능), 6) 도량에서 뛰거나, 손잡고 다닐 때, 주머니에 손 넣거나 팔짱을 낀 경우, 7) 경계선을 벗어나면 가행, 8) 녹음기 사용: 대교반만 가능, 9) 고성논쟁 시 가행이며 10일 공양주의 벌칙과 아울러 불화합 시 화합할 때까지 적용, 10) 상반 스님에게 말대꾸를 하거나, 존댓말을 쓰지 않을 경우(같은 반끼리도 반드시 스님자를 붙이고, 소임 살 때도 정확히 쓸 것), 11) 저녁 8시 45분 이후 정통(목욕탕) 사용 금지(각방 소임자도 해당되며, 특별한 경우에는 소임자의 허락을 요함), 12) 새벽 예불 전 빨래 금지, 13) 허락된 시간 외에 도량 내에서 노래를 부를 경우, 14) 큰방 입선 시 마루에 쌓아 놓은 치문반, 사집반 책상 위에 물건이 놓여 있을 경우, 15) 아침 청소시간 이후~오후 4시까지, 저녁 예불 시간에 지대방에 빨래가 놓여 있을 경우(우천 시 등 특별한 경우는 예외)

을 살게 된다. 승가대학 4년 중 치문반 때가 가행을 가장 많이 맞는다. 출가한 지 얼마 되지 않고 대중생활이 익숙하지 않은 데 원인이 있다. 그렇지만 이와 같이 엄격한 학인청규가 있는 봉녕사를 무사히 졸업하면 어엿한 출가자로서 규범 있는 삶을 살아갈 수 있는 자질을 갖추게 된다.

3. 포교 도량으로서의 봉녕사

봉녕사승가대학은 광교산 자락에 위치하였지만 주변이 아파트, 공공기관, 월드컵 축구장 등으로 둘러싸여 도심 속의 공원과도 같은 느낌을 갖게 한다. 전형적인 명당의 모습을 하고 있는 대적광전을 중심으로 왼편에는 향하당이 오른편에는 청운당이 조화를 이루고 있다. 연못과 탑, 나무, 잔디로 이루어진 정원은 수원시민들이 찾는 명소 중 하나가 되었다.

도심에서 멀리 떨어져 있지 않으면서 수려한 경관을 갖춘 봉녕사는 포교 도량으로서 최적의 조건을 갖추고 있다. 봉녕사는 사찰 운영의 재정 확충뿐만 아니라 포교에 대한 원력을 실천하기 위해 일찍부터 신도들에 대한 교육과 신행활동을 독려하고 있다.

매월 음력 초하루부터 초삼일까지 신중기도를 봉행하고, 음력 18일 지장재일에는 조상님의 천도 발원 재사와 함께 현세의 복락을 염원하는 기도를 올린다. 음력 24일 관음재일에는 관세음보살님의 가피력으로 삼세의 삶을 윤택하게 영위하기 위한 기도법회를 여는데, 이때 법사스님을 모시고 법문을 듣는다. 매년 봄 가을 두 번 개설되는 심우불교학교에서는 일반 재가자를 위한 기초교리 및 경전반을 개설해 매주 수요일 오후 2시에 강의하고 있다.

남자 신도로 이루어진 거사림회 법회는 매월 첫째 셋째 일요일 오후 2시에 열린다. 매주 토요일 오후 6시에는 청년회 법회가 도서관 1층 일우실에서 열린다. 이밖에 경기도청 불자회 법회(매월 넷째 주 금요일 오후 7시)와 시청 공무원 불자회(매월 첫째, 셋째 월요일 오후 7시)가 있고, 대외 법회로는 708 특공대 군법당 법회를 맡고 있어 군인 포교에도 앞장서고 있다.

봉녕사의 신도 조직으로는 신도 대부분이 소속되어 있는 관음회와 청년 불자들의 모임인 청년회, 남자 신도들의 모임인 거사림회, 서울지역 여성 불자 모임인 승만회, 찬불가를 부르는 우담화합창단이 있다.

관음회 신도들은 기도와 정진에도 열심이지만 회원 각 가정의 경조사에 두루 참석하여 법우로서 상호간의 친목을 도모하고 신심과 우의를 돈독히 하고 있다. 봉녕사에 불사가 있을 때마다 관음회 회원들은 순번을 정해 식당에서 설거지 등의 자원봉사를 하며 무주상보시를 몸소 실천하고 있다. 거사림회 회원들은 학장스님의 강의를 들으며 교리공부와 기도, 독경을 통해 신심을 다지고 사찰의 큰 행사 때마다 빠짐없이 어려운 일을 도맡아 하고 있다. 승만 부인의 정신을 이어받아 참다운 불자로서 삶을 영위할 것을 서원한 승만회는 매월 음력 7일과 21일 오전 10시 학장스님으로부터 『불교성전』을 배우며 신심을 다지고 봉녕사의 불사에 물심양면으로 지원을 아끼지 않고 있다. 마지막으로 우담화합창단은 찬불가로써 부처님의 법음을 널리 전하고 불교의 생활화를 몸소 실천하기 위해 조직된 단체로, 봉녕사의 발전을 위해 헌신적으로 봉사하는 데 그 목적을 두고 있다. 우담화합창단은 연례 정기활동으로 초파일 봉축 법회 때 찬불가 공양, 초파일 군법회 지원, 승가대학 졸업 및 입학식 때 축가를 불러준다. 이 외에도 봉녕사에 큰 행사가 있다거나 큰스님 기일에도 참석하여 음성공양을 하며, 불교계 연합 찬불가 합창공연에도 참가하여 불자로서의 신행활동을 활발하게 하고 있다.

이와 같이 다양한 신도단체들이 신행활동을 하면서도 학인스님들이 공부하는 데 방해가 되지 않도록 최대한 배려를 하고 있다. 봉녕사는 학인들의 생활공간과 동떨어져 있는 일주문 옆의 공터에 신도회관을 지어 유치원도 함께 운영하면서 지역 포교활동을 확대해 나갈 계획을 가지고 있다.

4. 승가대학 학제 개편의 조류와 봉녕사의 선구적인 역할

봉녕사승가대학은 현재의 학제와 설립 당시의 학제에는 차이가 있다. 이러한 차이는 조계종 총무원에서 규정한 지방 승가대학 시행령에 따른 결과라 할 수 있다. 설립 초기 봉녕사 강원의 학제는 묘엄 스님이 강원 공부하던 시절처럼 자유로웠던 것으로 보인다. 묘엄 스님은 강사인 운허 스님이 거처를 옮기는 곳을 따라다니면서 대교과정을 마쳤다. 학인규칙도 자유로워 밤늦도록 공부를 하거나 밤을 꼬박 새워 가며 공부할 수도 있었다고 한다. 그렇게 할 수 있었던 원인 중 하나는 강사스님을 비롯하여 배우려고 하는 학인들이 많지 않았고, 무엇보다도 강원이 체계적으로 운영되지 않았기 때문이다. 지금처럼 강원이 정해져 있고 강사스님이 한 곳에 상주하는 상황이 아니라 강사스님의 거처가 불안정하기 때문에 강사스님이 계시는 곳이 강당이 되는 형편이었다고 할 수 있다. 그렇기 때문에 과거 강당의 역사를 가진 사찰이 수없이 많을 수 있었던 것이다. 지금은 비구니 강당이 전국적으로 다섯 군데 고정되어 있는 것처럼 보이지만, 이렇게 강원이 안정된 것은 불과 몇 십 년도 되지 않았다.

처음 봉녕선원으로 개원하고 선객을 받던 곳에서 강당도 열면서 젊은 학인들이 들어오고부터 선방으로서의 역할을 접는다. 또한 다른 강당에서 공부하던 묘엄 스님 문중의 젊은 스님들이 다니던 강당에서 봉녕사로 강당을 옮기게 된다. 지금은 강당을 옮기는 학인이 거의 없지만 예전에는 졸업을 얼마 남기지 않은 상태의 화엄반들이 강당을 옮기는 것은 그다지 문제시 되지 않고 자유로웠다. 그래서 과거 강당의 졸업식은 반별 졸업식을 했다. 지금은 졸업식 하면 대교반을 마치고 하는 졸업이지만 옛날 강당의 졸업은 치문을 마치거나 사집을 마치거나 사교 또는 대교를 마치면 졸업이라고 했다. 이러한 전통의 영향으로 동학사나 운문사의 졸업식은 몇 년에 한 번씩 하게 되었다고 할 수 있다. 전국의 유명한 강사가 있는 곳이라면 불원천리하고 달려가 배움을 갈구하던 과거의 열정적인 학인들을 생각나게 한다.

1974년부터 입학생을 받았던 봉녕사가 현재와 같이 4년제로 학제가 굳어진 것은 1983년 이후이다. 그 전에는 5~6년을 다녔고 배움이 미진한 경우는 다시 더 배울 수 있도록 자유로웠다. 그렇지만 자유로웠던 반면 학업을 지속적으로 할 수 있는 여건을 조성하기 또한 쉽지 않았다. 사중의 경제적 상황이 좋지 않거나 대중들의 화합이 깨지는 경우 깅원으로서의 역할을 할 수 없는 경우가 많았다. 흔히 강원에 '장애'가 났다는 표현을 한다. 이러한 원인으로 강원의 역사가 얼마 되지 않은 강당이 전국에 산재해 있는 것이다.

조선 후기에 정착되어 300여 년 간 변하지 않던 강원의 학제도 점차 변화하고 있다. 그 첫 번째 변화는 강원의 이력 연도 수가 대폭 줄어들었다는 점이다. 조선시대에 10년~11년 하던 학제가 근대에 들어와 6~5년으로 줄어들더니, 1980년대 이후 4년으로 고정되었다. 이러한 원인은 과거 강당의 학업은 한문 위주의 경전 연찬뿐만 아니라 기초교육이 강당에서 모두 이루어졌기 때문이다. 그러나 요즘 출가하는 사람들은 기본적으로 고등학교를 졸업하고 출가하기 때문에 학문적인 기초를 다지는 시간이 단축되었다.

그 다음으로의 변화는 학과목 개편에 관한 목소리가 늘고 있다는 점이다. 1994년 개혁종단의 중점사업인 총무원·교육원·포교원의 삼원 분리 체제의 정착으로 교육원의 역할이 늘어남과 동시에 승가에 대한 교육이 체계화되고 법제화되고 있다. 교육원이 94년 이후부터 줄기차게 추진하던 기본교육기관의 체계화 작업이 지방 승가대학의 반발로 초기의 청사진은 대폭 수정되고 각계의 의견 청취를 거쳐 상당 부분 진척이 되고 있다. 그러한 변화 중 한 가지가 사미(니) 의제의 정착이다. 98년 3월 시행령 이후 10년이 지난 현 시점에서 기본교육기관에서 완전히 정착되었다고 볼 수 있다. 이러한 성공적인 정책이 있는 반면 지지부진하거나 아직 논의 중인 현안들도 산재해 있다. 그 중 하나가 지방 승가대학의 학제개편 문제이다. 이러한 논의의 정점에는 승가 전통의 유지와 불교학의 발전이란 동전의 양면과도 같은 문제가 있다.

승가 전통은 한문 위주의 교육이고, 불교학의 발전이란 선 위주 교육에서 탈피 체계적인 불교학을 습득하는 것을 말한다. 교육원이 지향하고 있는 부분도 후자와 일치하지만 아직까지 눈에 띄는 결과를 얻지 못하고 강원 교직자 연석회의를 통해 지방 승가대학의 교과목을 통일하자는 합의에 이르렀다. 2000년 11월 전국승가대학 교직자 총회에서 의결된 현행 강원 교과과정은 전통강원의 교육을 계승하는 동시에 현대의 변화에 적합한 다양한 교육을 시행하는 것을 목표로 수립되었다. 특히 각 강원 간 대화와 합의·조율을 통해 학제와 교과목을 체계적으로 통일하므로써 학인들이 어느 강원에서나 조계종도로서 받아야 할 기본적인 교육을 체계적으로 이수할 수 있게 된 점은 조계종이 이룩한 한국불교사의 큰 획이라 평가할 만하다.41) 그러나 2007년 해인사 승가대학에서는 자체적으로 학제를 개편42)하여 기존의 강당들의

---

41) 〈법보신문〉 2007년 3월 7일자.
42) 〈불교신문〉 2007년 5월 9일자, 「해인사 승가대학에 거는 기대」, 각묵; "불교는 법을 중심으로 한 체계이다. 그래서 초기경에서 부처님께서는 '법을 보는 자는 나를 본다'고 하셨고, '내가 가르치고 설한 법과 율이 그대들의 스승이 될 것이다'라고 유훈을 하셨다. 부처님은 법을 설하신 분이고 부처님의 제자들은 이 법을 의지해서 깨달음과 해탈열반을 실현하는 자들이다. 부처님께서 설하신 방대한 양의 법은 사리뿟따 존자 등의 직계제자들 때부터 체계적으로 분류되고 분석되고 연구되었는데 이러한 분석적인 연구를 아비담마(아비달마)라 부른다. 이것은 법(dhamma)에 대해서(abhi-)라는 뜻이며 그래서 현장 스님은 아비담마를 對法이라 옮겼다. 법은 대승의 반야중관학파에 의해서 다시 직관적이고 통합적인 관점에서 空으로 이해되었으며, 유식학파에 의해서 법은 識을 중심으로 재음미되고 재해석되고 재분류되었다. 그래서 유식은 대승 아비달마라 불리며, 세계의 대부분의 학자들은 이처럼 법을 논의와 연구의 중심에 두고 있는 초기불교-아비담마(아비달마)-반야중관-유식유가행의 흐름을 불교의 주류로 파악하고 있다.
그러나 후대 중국불교 교학의 중심이 된 여래장 계열의 경론들은 법을 중심한 불교 주류의 입장에 들지 못한다. 平川彰 교수의 말처럼 여래장 계열은 법을 중심한 체계가 아니라 믿음을 중심한 체계이기 때문이다. 여래장이니 불성이니 하는 것은 법(그것이 상좌부의 82법이든 유부의 75법이든 유식의 100법이든)의 범주에 들 수 없기 때문이다. 대한불교조계종의 여러 강원(승가대학)은 조계종의 교육법에 '기본'교육기관이라고 명시되어 있다. 그러면서도 강원의 교과과정에 불교의 '기본'이요 주류인 초기-아비담-반야-유식의 가르침은 철저하게 무시되어 있다. 오히려 재가자들은 불교교양대학 등에서 불교의 '기본' 가르침을 접하고 있지만 정작 미래에 재가자들의 사표가 되어야 할 사미 스님들에게 이런 '기본' 가르침에 대한 이해는 '기본'교육기관인 강원의 정규과목에서 배제되어 있으며, 여래장 계열, 그것도 후대

반발을 사는 사례도 있었다.

봉녕사승가대학은 이미 1990년대 초부터 승가대학의 학제개편에 선구적인 역할을 해왔다. 1992년 2월 5일자 〈불교신문〉을 참조해 보면 당시 봉녕사승가대학의 학제개편 내용을 알 수 있다.

강원이 승가대학으로 명칭이 개명되면서, 교계에서는 승가대학 교육 과정이 현대에 맞게 개정되어야 한다는 소리가 높게 일었다. 이런 가운데 수원 봉녕사승가대학(학장·묘엄 스님)은 학장·교무·강사 6인 회의를 갖고, 교과과목 개편과 강사스님들의 통괄적인 교육에서 전공과목제를 도입하기로 결정했다. 그리고 올해부터 이 제도에 따라 교육하기로 결정해 승가대학 교육과정에 새로운 전기를 마련했다. 특히 봉녕사승가대학은 한역판을 교재로 사용했던 고정적인 관념을 과감히 탈피 일부 과목 교재를 한글 완역판으로 대신 강의하기로 했다. 또 중복되는 과목을 삭제하고, 조사불교에 가까운 교육에서 초심자들이 부처님 가르침을 직접 배울 수 있는 근본불교 교육으로 전환했다. 봉녕사승가대학이 개편한 교과과정은 1학년 치문·사미니율의·백오십찬불

중국에서 중시하고 발전된 여래장 계열의 경론이 대부분을 차지한다. 오히려 지금 강원에서 가르치고 있는 교과목은 전문교육기관(학림)에서 배우고 연구되어야 마땅한 심화과정의 교과목들이기도 하다. '법'을 생명으로 삼기에 '법보'종찰이라 불리는 해인사의 승가대학(강원)에서는 이번에 '법'을 중심으로 교과과정을 전면 개편하였다. 전통적인 교과목을 그대로 계승하면서도 동시에 초기불교-아비담마-반야중관-유식유가행의 불교의 기본이요 주류에 속하는 가르침을 대폭으로 정규 교과목으로 정했다. 나아가서 영어·일어·한문 등의 어학 공부를 보강하였으며, 특히 선어록들을 4학년 과정에 배당하여 교학을 먼저 배운 뒤에 禪을 참구하는(捨敎入禪) 한국불교의 전통을 더욱 존중하는 방향으로 개혁을 단행하였다. 해인사승가대학의 이러한 교육개혁 불사야말로 현대 한국불교가 추구해 온 정화불사와 개혁불사의 전통을 잇는 의미심장한 불사라 확신한다. 교육개혁 불사를 추진하신 해인사 주지스님과 해인사승가대학의 학장스님과 교수스님들께 감사의 말씀을 드리며, 눈빛 초롱초롱한 학인스님들이 새 교과대로 진지하게 공부하고 탁마하고 수행하여 미래 한국불교의 동량이 되어주실 것을 당부한다."

송, 2학년 서장·도서·밀린다왕문경·사십이장경·유교경·인도불교사, 3학년 능엄경·기신론·금강경·원각경·중국불교사, 4학년 화엄경·한국불교사·포교론 특강이다. 이 외에 고정적인 특강으로 일어, 붓글씨, 꽃꽂이, 육조단경을 선정했다. 이 중 2학년 교과목 중 개인적으로 졸업 후 수행과 함께 배울 수 있는『절요』,『선요』는 삭제한 대신 초기경전인『밀린다왕문경』,『사십이장경』,『유교경』을 새로운 과목으로 선택했다. 또 새로운 과목은 한역판 교재가 아닌 한글 완역판으로 교재를 삼기로 했다. 한편 3, 4학년은 종전 그대로 교과목과 교재를 사용하기로 하는 대신 4학년인 경우 졸업 후 전법홍포의 포교사로 기초적인 지식을 습득하기 위해 포교론 특강을 특별히 개설했다. 봉녕사승가대학 일연 스님은 이 같은 교과과정 개편에 대해 "찬반론이 있겠지만, 불문에 입문한 초심자들에게 가장 필요한 교육이 무엇이며, 현대사회에 적합한 교과목과 교육이 실시되어야 한다는 당위성에서 시도됐다"고 밝히면서 "시행착오로 부족한 부분들은 특강을 통해 보충할 계획이다"고 강조했다.[43]

이와 같이 봉녕사는 94년 개혁종단의 화두와도 같은 강원의 학제개편에 선구적인 역할을 담당하였음을 알 수 있다. 현재와 같은 학제는 2000년 전국 승가대학 교직자 회의에서 의결된 사항에 따라 개편된 것이다. 앞으로 승가대학의 학제개편 문제는 여전히 진행 중이며 해결되어야 할 중요한 과제라고 생각한다.

5. 정규대학 승격을 위한 모색

봉녕사승가대학은 수도권에 인접한 특성상 다양한 학문적 혜택을 경우에 따라 충분히 누릴 수 있는 조건을 안고 있다. 이러한

---

43) 〈불교신문〉 1992년 2월 5일자.

장점을 살려 일찍부터 묘엄 스님은 봉녕사승가대학을 정식 4년제 대학으로 인가받기 위해 다방면에 걸쳐 노력하고 있다. 이러한 근본적인 이유는 승가대학을 졸업하고 다시 동국대학이나 중앙승가대학에 들어가야 하는 비효율성 때문이다. 특히 근자에 출가 연령이 늦어지는 추세에 비추어 보면 전문적인 불교학자를 키우기 위한 시간이 그만큼 늦어지기 때문이다. 90년대 초반 기독교 장로 대통령이 집권하면서 전국의 신학대학이 정규대학으로 승격되는 상황에서 불교는 중앙승가대학만이 유일하게 정규대학으로 승격되었다.

역사적 전통으로 보나 학제로 보나 신학대학에 견주어 손색이 없는 지방 승가대학이 정규대학으로 인정을 받지 못한 것은 현행 교육법[44]의 한계에 부딪히기 때문이다. 현행법이 요구하는 조건 하에서 전통강원을 정규대학화 하는 것은 거의 불가능하다 할 수 있다. 가장 문제가 되는 부분은 지방 승가대학이 개별적인 법인화가 이루어져야 한다는 점이다. 이것은 조계종의 재산으로 등록되어 있는 봉녕사를 독립 법인화 한다는 의미가 되어 현실적으로 실현이 불가능한 문제이다. 다른 방안으로 기존의 대학과 연계해

---

44) 〈중앙일보〉 2005년 10월 17일자,「대학 설립요건 강화」;"재정이 열악한 소규모 영세 대학이 무분별하게 설립되는 것을 막기 위해 대학 설립요건이 대폭 강화된다. 정부는 17일 오전 정부중앙청사에서 이해찬 총리 주재로 국무회의를 열어 대학 설립요건 강화 등을 골자로 하는 대학설립·운영규정 개정안을 의결했다. 이 개정안은 늦어도 이 달 중 공포, 시행될 예정이다. 개정안은 대학설립 인가 기준에 설립자 육영의지와 교육과정 등 정상적 요소를 추가하고 대학 설립 때 갖춰야 할 시설여건의 기준이 되는 최소규모 학생 정원을 대학은 400명에서 1천명, 대학원 중심 대학은 100명에서 200명으로 각각 상향 조정 하도록 했다. 또 수익용 기본재산의 최소기준도 대학은 100억원, 전문대는 70억원, 대학원 40억원 이상으로 정하고 같은 지역 또는 같은 법인의 산업대와 전문대가 통·폐합한 뒤 일반대학으로 개편할 수 있도록 특례조항을 두도록 했다."

학점을 이수하는 방법인데, 이렇게 하면 졸업장이 봉녕사의 이름으로 나갈 수 없다는 한계에 부딪힌다. 결국 남는 방법은 교육법의 개정이다. 아직까지 신중하게 접근하는 부분이다. 묘엄 스님도 봉녕사승가대학을 정규대학으로 인가받는 문제에 있어서 여전히 의욕을 가지고 있으며 좋은 결과가 있을 것이라는 기대를 가지고 있다. 봉녕사가 정규대학으로 승격되면 자연스럽게 금강율원도 대학원급의 학제로 운영될 수 있을 것으로 전망해 본다.

VI. 맺음말

2007년 9월 교계의 큰스님들과 수많은 졸업생들이 모인 가운데 묘엄 스님의 주강 50년 기념 논문 봉정식이 봉녕사에서 성대하게 열렸다. 한 사람이 일생 동안 한 분야에서 50여 년의 세월을 올곧게 한 길을 걸어왔고 앞으로도 계속 걷는다는 것은 인류 역사에 있어서 희유한 일이라 할 수 있다. 봉녕사승가대학을 개원하고 현재까지 학장의 소임으로 학인들을 이끌어온 묘엄 스님은 그러한 인물 중의 한 분이다.

『봉녕』지 창간호에는 묘엄 스님이 봉녕사에 정착하던 당시의 도량을 그린 그림이 실려 있다. 38년의 세월 동안 우리나라가 경제발전을 통해 변화한 것처럼 봉녕사도 그만큼 변화하였다. 과거를 간직한 것은 대적광전 앞의 800년 된 향나무와 용화각에 모셔진 석조삼존불, 약사전의 탱화 몇 점뿐이다.

필자는 현대 한국 비구니 교육기관에 대한 연구의 일환인 봉녕사의 역사와 기원에 대한 자료를 살피면서 새롭고도 놀라운 사실들을 많이 접하게 되었다. 봉녕사는 고려시대 광교산을 중심으로 불국토가 형성되었던 화엄사찰 창성사의 89개 암자 가운데 하나일 것이다. 세월의 부침과 함께 조선시대 억불의 상황에서 본사인 창성사는 폐허가 되고 겨우 명맥만 남은 봉녕사의 옛터에 자복사라는 명분으로 다시 건립되었을 것으로 추정한다. 봉녕사의 역사 및 기원에 대해서는 아직도 충분한 보강 및 검증이 필요하다.

『수원지명총람』의 도입부에 실린 한 장의 사진은 많은 생각을 일으키게 한다. 봉녕사가 있는 우만동의 아랫마을인 인계동 비석거리를 찍은 것으로 즐비하게 놓인 비석들 사이로 아이들이 놀고 있는 모습을 담은 오래된 흑백사진이다. 일제시대 아니면 그 이전의 사진으로 그 비석들 중에 스님의 탑비가 있었으며 혹여 봉녕사를 기록한 내용이 들어 있지 않았을까라는 아쉬움이 남기 때문이다. 먹고살기 바빴던 옛날에 문화유산이란 인식이 얼마나 있었을까마는 지금이라도 제대로 된 역사를 조명하는 데 관심을 기울였으면 한다.

묘엄 스님이 1971년 봉녕사에 정착한 이래 봉녕사는 현대 한국 비구니 교육 도량으로서 인재양성과 수원지역의 포교활동에 중추적인 역할을 담당하여 왔다. 어려운 재정에도 불구하고 시작한 도서관 건립불사는 여타 강원의 모범이 되고 있으며 현대 불교학의 흐름과 보조를 맞추는 학과목 개편에도 봉녕사는 선구적인 역할을 담당했다. 세계 비구니 역사에 있어서 최초라 할 수 있는 금강율원의 개원은 한국 비구니의 위상을 높이는 전기가 되었다. 현재 800명 가까운 봉녕사승가대학의 동문들은 전국 곳곳에서 수행과 포교활동을 통해 묘엄 스님의 뜻을 잇고 있다.

봉녕사는 승가대학 설립 초기부터 지속적인 불사를 해오고 있으며 아직까지 끝나지 않고 있다. 승가의 인재를 양성하는 인재불사는 여전히 진행되고 있고 도량을 장엄하기 위한 소소한 불사는 끊임없이 이루어지고 있다. 일주문 근처에 신도회관을 짓고 유치원 및 어린이 법회를 재개해 지역포교를 활성화시킬 계획을 가지고 있다. 승가대학을 정규대학으로 승격시켜 학인들이 이중으로 공부하는 수고를 덜어주기 위해 다각도로 노력하고 있다.

봉녕사는 부처님의 가르침을 널리 펼칠 만한 산이라는 뜻의 광교산에 걸맞은 도량으로 발전했고 불국토를 이루었던 과거의 영광을 재현하기 위해 다시금 찬란한 도량으로 거듭나고 있다. 그 중심에 묘엄 스님과 봉녕사승가대학이 자리잡고 있는 것이다.

청암사승가대학의 변천사 및 앞으로의 발전 방향

불 림 (청암사승가대학 중강)

I. 연구 배경
II. 청암사의 역사
   1. 청암사 개요
   2. 창건 및 변천과정
   3. 역대 스님들의 행장
III. 청암사의 문화 유산
   1. 전각과 당우
   2. 성보
IV. 강원
   1. 비구니 강원의 설립과정
   2. 일반 현황
   3. 강원의 특징
   4. 주요 행사 및 특별활동
V. 율원
   1. 일반 현황
   2. 율원의 특징
VI. 청암사의 앞으로의 발전 방향
   1. 승가의 위기
   2. 강원의 대처 방안

I. 연구 배경

불령산 청암사는 859년(신라 헌안왕 3년) 도선국사에 의해 창건된 유서 깊은 천년 고찰로서, 조선 인조 때 대강백이며 선사인 회암 정혜晦庵定慧 스님 이후로 근대의 대강백인 퇴경 권상로退耕 權相老, 고봉태수高峰泰秀, 우룡종한雨龍鐘漢, 고산혜원杲山慧元 스님 등이 강석을 펼쳤던 유서 깊은 경학 도량이다. 일제시대 때에도 불교 강원으로 그 명성을 드날렸고, 특히 고봉태수 강백이 가르치던 1960년대까지만 해도 학인이 40여 명에 달했다고 한다.

그 당시의 신문에 '절 자랑'이라는 제목의 글을 보면 해인사, 청암사, 직지사와 통도사 스님이 우연히 모여 제각기 자기 절 자랑을 하게 되었는데 다른 절의 자랑을 다 들은 청암사 스님은 "세 절이 모두 굉장하기는 하지만 우리 청암사에다 비하면 어림도 없습니다. 우리 절에는 스님이 어떻게 많이 드나드는지 절의 문지방을 쇠로 만들었건만 하룻밤만 지나도 사람의 옷에 긁혀서 문지방 밑으로 떨어진 쇳가루가 서 말씩은 넉넉히 되지요"라고 하였다니[1] 우스갯소리긴 하지만 당시의 명성을 짐작할 수 있다.

그러나 1960년대 이후로 청암사는 쇠락과 더불어 강원이 20여 년 동안 중단되었으며, 1987년 3월 지금의 강주 지형志炯 스님이 비구니 승가대학을 설립한 이래 현재 100여 명의 대중이 공부하고 있는 명실상부한 교육 도량으로 자리매김하였다.

이와 같이 천년의 유구한 역사를 이어온 고찰이지만 창건 이

---

1) 〈조선일보〉 1938년 8월 14일자.

후 고려시대와 조선 중기까지의 연혁은 제대로 전해지지 않아 알 길이 없을 뿐 아니라, 여러 차례의 화재 등으로 인해 조선 중기 이후의 연혁 역시 전해 내려오는 문헌이나 기록의 보존이 제대로 되질 않아 당시 시대적 상황을 구체적으로 파악하기 어려운 실정이다.

일부에서는 한국불교의 현재와 미래에 대해 우려하는 목소리가 높은데 이런 현재의 위기와 미래에 대한 불안은 근·현대 불교사 연구가 너무 빈약함에 기인한다고도 한다. 각 사찰 역시 이러한 문제는 더욱 자명하다.[2] 그동안 이런 사찰의 창건과 변천사를 비롯하여 불교사 전반에 대한 중요성을 인식하지 못하여 이 분야에 대한 연구는 교계 내외를 막론하고 그다지 큰 관심을 끌지 못하였고 연구자료도 미흡한 실정이다.

다행히 이번에 교육원 산하 불학연구소의 불교사 연구위원회가 주관이 되어 불교사와 조계종 종단사 연구의 일환으로 이 조사를 하게 되었다. 이 기회에 각 강원의 역사와 역할을 종합 검토함으로써 새롭게 조명해 보고, 나아가 전통 승가교육의 발전을 도모한다는 점에서 매우 뜻 깊은 조사라고 할 수 있겠다.

본 자료에서는 청암사의 창건 이후 변천 과정과 더불어 역대 강백의 자취를, 흩어져 있는 참고문헌들을 종합하여 정리해 보는 한편, 오늘날 청암사의 전통강원으로서의 역할과 앞으로 나아가야 할 방향을 조명해 보고자 한다.

---

2) 김영태, 『한국불교사개설』, 경서원, 1986, pp.15~16.

II. 청암사의 역사

1. 청암사 개요

경상북도 김천시 증산면 평촌리 688번지에 위치한 불령산 청암사는 대한불교조계종 제8교구 직지사의 말사 가운데 수사격首寺格이며, 과거 불교정화 이전까지만 해도 해인사의 수말사首末寺로서 여러 해인사 말사들을 관장했었다. 현재 청암사에 소속된 산내 암자로는 백련암과 유명한 수도 도량인 수도암이 있다.3)
　청암사는 이웃한 쌍계사, 수도사와 함께 신라 헌안왕~헌강왕대에 걸쳐 창건된 사찰이며, 이들 모두 도선국사의 비보神補 사찰로서 전래되었다. 창건 이래 몇 차례의 화재와 중창 불사를 되풀이한 끝에 지금의 모습을 갖추게 되었다.
　훼손되지 않은 자연경관 속에 고찰의 신비로움을 그대로 간직한 채 전통강원의 맥을 면면이 이어 온 청암사승가대학은 벽암각성의 강맥을 이은 대화엄 종장 모운진언(暮雲震言, 1622년~170년)이 청암사를 전문강원으로 개설한 것이 효시다.4) 그 이후로 허정혜원虛靜慧遠이 1660년경 선원과 강원을 설립하여 강교講敎와 설선設禪의 꽃을 피웠으며, 1711년경 조선시대 벽암각성·모운진언·보광원민 조사의 법맥을 이은 화엄학의 대강백 회암정혜(晦庵定慧, 1685년~1741년) 조사는 청암사 강원을 융창 발전시킨 대강백이다. 이후로도 여러 강백들이 주석해 강풍을 진작했으며, 수많은 제자들로 면면히 유지되어 근래 고봉高峰 스님과 그의 제자 우룡 스님·고산

---

3) 오녹원, 『직지사』, 1994, pp.8~11.
4) 불교전서편찬위원회, 『한국불교전서 권10』, 동국대학교출판부, 1989, p.123.

스님으로 이어졌으나 1960년 이래 20여 년 동안 청암사는 쇠락과 더불어 간경 도량의 면모를 상실하였다.

그러다가 1987년 3월 25일 현 강주 의정지형義淨志炯, 주지 의진 상덕義眞相德 스님의 원력으로 청암사 최초의 사미니 승가대학을 설립한 이래[5] 꾸준하고도 내실 있는 발전을 거듭하여 명실상부한 비구니 교육 전문도량으로서 예전의 명성을 되찾고 있으며, 더욱이 2007년 4월에는 비구니 율원으로는 두 번째로 청암사 율원을 개원함으로써 앞으로 스님들의 수행 정진뿐만 아니라 한국불교의 승풍진작에 일조할 것으로 기대된다.

1987년 청암사 강원이 생긴 이래 2008년까지 22년 동안 총 393명의 졸업생을 배출하였으며, 현재 율원생을 포함하여 110여 명의 대중들이 계·정·혜 삼학의 기본정신을 바탕으로 상구보리 하화중생의 학훈 아래 경전 공부와 더불어 수행의 향기를 쌓아가고 있다.

2. 창건 및 변천과정[6]

해발 1,317m의 불령산에 위치한 청암사 가람은 858년(신라 헌안왕 2년) 연기도선이 창건했다고 한다.[7] 청암사 창건 당시에는 구산선문의 하나인 동리산문 개조인 혜철(惠哲 또는 慧徹, 786년~861년) 스님이 머물렀다고 한다. 이후 고려시대와 조선 중기까지의 연혁은 전해지지 않아 알 수 없고, 다만 사적비에는 조선시대의 상황을 기록하고 있을 뿐이다.

---

5) 불학연구소, 『한국 근현대 불교사 연표』, 2000, p.277.
6) 이정, 『한국불교사찰사전』, 불교시대사, 1996, pp.595~597; 오녹원, 위의 책.
7) 사찰문화연구원, 『전통사찰총서 17』, 2001.

면소재지에 위치한 쌍계사는 청암사, 수도암과 함께 도선국사가 창건한 것으로 알려진 웅장한 규모의 사찰이었으나, 6·25전쟁이 한창이던 1951년 7월 14일 청암사에 집결해 있던 북한군 패잔병들이 임시 면사무소로 사용했던 쌍계사를 방화한 탓에 대부분의 전각과 유물이 사라져 정확한 내력을 알 길이 없다. 현재의 우체국 자리에 일주문, 증산지서 자리에 천왕문이 있었다고 하며, 면사무소가 위치한 거대한 절터에는 대웅전 주춧돌·배례석·석조연화문 등 석물만이 남아 있다. 그곳에 있던 범종은 6·25전쟁 당시 파손되어 청암사로 옮겨졌으나 사용이 불가능하여 직지사 성보박물관으로 옮겨 보관하고 있으며, 이후 1992년 1월 800관의 범종을 새로 조성하였다.

지금의 청암사의 모습이 있기까지 모두 다섯 차례의 중창이 있었다.[8]

(1) 제1중창기

조선 중기에 율사 의룡義龍이 중창했다고 하며, 그 후 1647년(인조 25년) 화재로 모두 소실되자 벽암각성 화상(1575년~1660년)이 덕유산 구천동에서 문인 700명과 함께 주석하였는데, 이 소식을 전해 듣고 그 문도인 허정혜원과 반운지선 조사를 보냈다. 반운지선伴雲智僐 조사는 쌍계사 창신을 주관하였고, 허정혜원 조사는 청암사를 재건토록 했는데, 이것이 제1차 중창이다. 이후 1660년경에 명승明勝 선원과 강원을 설립한 후로부터 청암사 강원은 선장禪匠과

---

[8] 환우연찬 조사, 「1782년 火燒後 복구록·청암사 시주록」, 1786년 가을; 직지사, 위의 책, pp.8~11.

강백이 다투어 강교講教와 설선說禪의 꽃을 피웠으며, 그 후 장실丈室 등이 쇠락한 것을 벽암의 손자 보광원민 조사가 복원하기도 하였다.

(2) 제2중창기

1736년(영조 12년)에 문루門樓가 물 사태를 당한 것을 보광의 고족(高足: 높은 제자)인 회암정혜 조사가 중수하였으며, 그 당시 강설의 법석을 더욱 진작시켜 운집한 학인의 수가 3백명이 넘었다고 한다.

(3) 제3중창기

1761년(영조 37년) 회암의 제자인 모암체규 조사가 법당 및 장실을 중수하였고, 1781년(정조 5년)에 이르러 법당 지장존상이 물 사태에 상처를 입은 것을 회암정혜 조사의 4대 법손인 환우연찬喚愚演贊 조사가 시주 모연을 해서 중수하는 한편 주불 및 탱화를 일신一新하였다.

그 다음해인 1782년(정조 6년) 4월에 다시 화재를 입어 법당·영감影龕·장실丈室·중료衆寮인 육화료·문루·익랑翼廊 등이 모두 소실된 것을 환우 조사께서 모암 조사가 만든 권선문으로 모연하는 등 여러 대중과 인화단결하여 다음해 가을부터 복구작업을 시작하여 신궁보전新宮寶殿과 누당樓堂을 중선하고 육화료를 보수하였는데, 이를 제3차 중창이라 한다.

1852년 회암 조사의 5대 법손인 포봉일오 조사가 회암 진영을 봉안하기 위해 회당 영각晦堂 影閣을 지었으나 화재로 전소되고, 후에 대운병택(大雲丙澤, 1868년~1936년) 조사가 지금의 진영각을 신축하고 진영을 모시어 현재 22분의 진영이 봉안되어 있으며 원본 진영은 직지사 박물관에 보관되어 있다.

(4) 제4중창기

1876년 강화도조약의 체결과 함께 개항이 단행되면서 한반도에는 서구 사조와 외래 종교를 비롯해 소위 신문물이 들어오기 시작하면서 한반도는 격동기를 맞이한다. 그러나 개항을 전후한 불교계의 상황은 오랜 탄압과 침체로 피폐해져 있었고, 종단과 승려 등 제반 여건은 국가로부터 용인되지 못한 상태였다.[9]

사찰은 경제적으로 곤궁했으며, 승려들은 미천한 신분으로 천대받아 도성출입마저 허락되지 않는 어려운 상황이었다. 이렇게 어려운 시대적 상황에 청암사 역시 1897년 무렵부터 거의 폐사되어 대중이 흩어졌으나, 1905년(고종 9년)에 주지 용각 화상이 극락전을 중건하고 대운병택 조사가 극락전을 복원하면서 다시 절을 세웠다.

이듬해에 응운영호(應雲永護) 화상이 보광전을 건립하던 중 입적하자 대운 화상이 완공한 뒤, 가야산 동쪽의 성주 수륜면 용기사 터에서 42수 청동 관세음보살상[10]을 이운하여 보광전에 봉안하고, 만일회를 결성하여 극락전은 염불당으로서 염불 소리가 끊어지

---

9) 대한불교조계종 교육원, 『조계종사-근현대편』, 조계종출판사, 2001, p.21.
10) 그 당시 42수 청동관음보살상은 우리나라에 세 분이 계셨다. 북한 묘향산에 한 분 계시고, 한 분은 청도 대산사에 계셨는데 임진왜란 때 화재로 녹아서 소실되었다. 그래서 남한에서는 유일한 청동 42수 관음보살은 김천 청암사에 봉안된 한 분뿐이었다. 그러나 이마저도 1975년에 도난당하고, 1992년 6월에 새로 목조 42수 관음상을 조성하여 보광전에 봉안하였다.

지 않는 신행의 전법 불사를 진작시키었다.

강화도조약과 개항, 이후 청일전쟁·동학농민운동·러일전쟁 등 당시 한반도의 상황이 풍전등화와 같은 격변의 연속이었다. 한편 19세기 중반부터 만일염불회로 불려지는 염불계가 전국 각지에서 본격화되기 시작하여 급증하게 되는데, 이러한 시대적 상황과 무관하지 않다. 이후 1900년대에 결성된 염불결사도 확인된 것만 13개에 달한다고 한다.[11] 대운 스님께서 청암사 복구 불사를 할 당시 만일회를 결성하여 염불 소리가 끊어지지 않는 신행의 전법 불사를 진작시킨 것도 당시 염불결사가 활발했던 시대적 흐름에 따른 결과라고 보여진다.

또한 극락전이 창건되던 1906년 겨울, 비구니 유안사有安師가 발원하여 백련암을 창건하였다.

그러나 보수를 끝낸 지 6년 만인 1911년 9월 21일 밤, 청암사는 원인 모를 화재로 전각이 모두 소실되었다. 이에 대운 조사가 화주가 되어 대중을 위로하고 독려하여 그 다음 해 봄에 현존하는 전각 대웅전과 육화료·진영각을 신축하고, 1921년에는 중국 항주 영은사에서 목조 석가모니불상을 조성하여 대웅전에 봉안하는 제4차 중창을 이루었다.

사중에 보관 중인 「극락전만일회동참대시주록極樂殿萬日會同參大施主錄」의 현판을 보면, 이 중창 때 시주자 중 상궁이 무려 26명에 이르며 여타 시주록에도 17명의 상궁 이름이 보인다. 또한 불명佛名을 지닌 이들만의 별도 설판 시주록이 있는 것으로 보아 조선 말

---

11) 김필동, 「계조직의 구조적 특성과 역사적 변동」, 『한국사회조직사연구』, 일조각, 1992, p.247; 한보광, 「최근세의 만일염불결사」, 『신앙결사연구』, 여래장, 2000, pp.272~296.

기 궁전 내부에서의 불교에 대한 신앙심을 알 수 있을 뿐만 아니라, 이들이 청암사에 끼친 영향력을 가히 짐작케 한다. 이밖에 대시주자로는 김천 출신으로 영친왕의 보모상궁이었으며 청암사 불사를 위해 많은 토지를 헌납한 최송설당이 있는데, 절 입구 암벽에 이름이 새겨져 있으며 사천왕문 옆에는 그의 공덕비가 있다.12)

그 후 1926년에 청암사에 불교 전문강원이 설치되어 강원으로서의 명성을 날렸으며,13) 1960년경까지만 해도 강원 대중이 많았다고 한다.14) 당시의 신문기사에 의하면 1967년 11월 15일 청암사 제1회 강원 수료식이 거행되어 수료생 21명이 배출되었다.15)

(5) 제5중창기

이후 청암사는 많은 쇠락과 함께 주민마저 외면하는 쓸쓸한 사찰로 버려져 있다가, 1987년 3월 25일 현 강주인 비구니 의정지형 강백과 의진상덕 강백이 과거 경학 도량의 명성을 회복하고자 하는 원력으로 청암사 최초로 비구니 승가대학을 설립하는 한편 도난당한 청동 42수 관세음보살상을 대신하여 목조 42수 관세음

---

12) 「청암사 시주록」, 권상로, 『한국사찰전서』, 동국대학교출판부, 1979. 사찰문화연구원,『전통사찰총서 17』 2001; 오녹원, 위의 책.
13) 〈동아일보〉 1926년 12월 25일자.
14) 당시 청암사에서 동안거를 보낸 무위 스님(1946년~)의 회고담. 4.19혁명이 일어난 해(1960년) 삼동 결제를 청암사에서 나기로 하였는데, 그 당시 청암사는 강원으로 유명하였기에 강원 스님을 비롯한 대중이 많았다. 그리고 극락암은 비구니 스님의 수행처로 다섯 분 정도 주석했다고 한다.
15) 〈대한불교〉 1967년 12월 10일자.

보살상을 보광전에 조성 봉안하였으며, 대웅전·육화료·진영각·보광전·극락전·정법루 등을 보수하고, 사천왕문과 일주문 이전을 비롯하여 회암 비각과 대운당 비각 보수 및 부속건물인 중현당·선열당을 신축하였으며, 1993년에는 극락전 중수, 1997년 범종각 신축, 1999년 보광전 보수를 비롯하여 이후 백화당·자양전 신축 등 대대적인 불사를 거쳐 지금과 같은 교육 도량의 면모를 갖추게 되었으니, 이것이 제5차 중창으로 2005년에 완성되었다.

그리고 2007년 4월 18일에 전문교육기관인 청암사 율원을 개원하였다.

3. 역대 스님들의 행장

청암사를 창건한 도선 국사는 신라시대 스님으로 우리나라 풍수지리설의 시조다. 고려 태조 왕건의 출생을 예언해 유명해졌으며, 고려 왕실로부터 극진한 예우를 받았던 인물이다. 당시 불교계를 풍미했던 선종계의 선승으로 특히 토속신앙과 긴밀한 관계에 있던 밀교를 깊이 연구한 스님이다.

창건 당시 동리산문 개조인 혜철 스님이 주석했다고 한다. 시호는 적인寂忍으로 스님은 영주 부석사에서 화엄학을 익히고 813년(헌덕왕 5년)에 당나라에 가서 서당지장西堂地藏 선사 문하에서 선을 배운 후 839년(신무왕 원년) 봄에 귀국하였다. 서당지장은 남종선의 조사 육조혜능의 법손이 되는 마조도일馬祖道一 선사의 제자다. 이같은 남종의 돈오선법頓悟禪法을 이어받은 혜철 선사는 문성왕 원년에 신라로 돌아와 동리산 태안사에서 선문을 열고 제자들을 일깨우다가 경문왕 원년에 입적하였다. 선사는 경전 공부에도 열의를 보였을 뿐만 아니라 계율에도 정통하였다고 하니, 선·교·율을 모두 아우른 보기 드문 고승이다. 이 계통을 동리산 선문이라고 하며 나중에 구산선문의 하나를 이룬다.

〈청암사 역대 강주 강사〉
모운진언暮雲震言　　화운관진華雲觀眞
보광원민葆光圓閔　　금명오우錦溟五佑
회암정혜晦庵定慧　　대운병택大雲丙澤
용암채정龍巖彩晴　　고봉태수高峰泰秀
함월해원涵月海源　　우룡종한雨龍鐘漢
우암호경雨岩護敬　　고산혜원杲山慧元
포봉일오苞峰日午　　의정지형義淨志炯

(1) 허정혜원虛靜慧遠

1647년에 화재로 빈 터가 된 청암사를 재건하였으며, 1660년경 명승明勝선원과 강원을 설립하여 강교講敎와 설선設禪의 꽃을 피웠다. 「청암사시주록」을 보면 다음과 같은 내용이 있다.

1647년에 화재로 청암사가 폐허가 되자 청암사 승이 덕유산 구천동에 계신 벽암 존자께 청암사를 맡아주시길 간청하였는데 존자께서 문하의 웅걸雄傑 허정혜원虛靜慧遠과 반운지선伴雲智僊 조사를 보내었다. 허정 조사는 청암사 복원을 주관하였고 반운 조사는 쌍계사 창신創新을 주관하였다. 쌍계사는 이름난 대찰이요, 청암은 일국의 명승 강당이다. 이로부터 이후로 선장禪匠 강백이 선두를 다투었고 강교講敎와 설선說禪이 끊이지 않았다.

(2) 이곡효선梨谷曉善

허정혜원의 제자로서 1686년경에 청암사에서 주석하였다. 사람 됨됨이가 편안하고 자상하며 불경에 능통하고 시도 잘 지었다고 한다.16)

(3) 모운진언暮雲震言

벽암 각성의 강맥을 이은 대화엄 종장으로서 청암사를 전문강원으로 개설한 것이 효시이다.

(4) 보광원민葆光圓旻

벽암의 법손으로 1680년경 장실丈室 등이 쇠락한 것을 복원하였다.

(5) 회암정혜晦庵定慧

보광원민 스님의 의발을 전수받음으로써 부휴선수浮休善修-벽암각성碧嚴覺性-모운진언暮雲震言-보광원민葆光圓旻으로 이어지는 법맥을 계승하게 된다. 날마다 경을 외우되 한 번 읽어 500행을 외웠고, 특히 화엄학에 정통한 교학의 대가로서 이를 수십 편 강의하였으며 역易에도 밝았다. 경전을 연구하여 하나하나 철저히 소화하였고, 또한 사람들의 일상생활에 계합하게 하였으며 청암사 강원을 융창 발전시킨 대강백이다.

---

16) 정시한 저, 신대현 번역·주석, 『산중일기』, 도서출판 혜안, 2005, p.48, p.185.

그의 행장에서도 알 수 있듯이 청암사는 회암 스님과 인연이 깊은 사찰로 이 사찰의 강맥은 모운 스님을 시작으로 회암 스님을 거쳐 그의 문도들에 의해 계속 이어졌다. 회암 강백 당시 운집한 학인의 수만 해도 300여 명에 달하였다고 하며, 당시 스님들의 공부 도량으로 '좌청암 우백홍'이라 할 정도로 청암전문강원이 유명하여 다음과 같이 전해 내려오는 일화도 있다. 회암의 제자인 안변 석왕사의 함월涵月 강백이 세 번이나 청암사에 와서 회암 스님께 수학할 때의 일이다. 어느 날 회암 스님이 오후에 햇빛이 밝았다 어두워졌다 하는 것을 유심히 살펴보니 함월이 간경하다가 졸 때는 햇빛이 가려지고 경을 볼 때는 햇빛이 밝아지는 것을 보고 함월이라는 호를 지었다고 한다.

저서로『별행록사기주족別行錄私記畫足』, 『선원집도서착병禪源集都序著柄』, 『화엄경소은과華嚴經疏隱科』, 『제경론소구절諸經論疏句絶』 등이 있다.17) 정혜의『별행록사기주족』은 보조지눌 스님이 번잡한 내용을 간략히 줄이고 자신의 의견을 붙여 편찬한『법집별행록절요병입사기法集別行錄節要幷入私記』와 함께『법집별행록』에 대한 대표적 주석서에 해당한다고 하겠다.『선원집도서착병』은 당나라 규봉종밀 스님의 저서인『선원제전집도서』에 대한 주석서로,『선원집도서과기禪源集都序科記』라고도 한다. 회암 스님의 저술을 그의 문인들이 편록한 것이다. 회암 스님은『도서』의 내용을 도해하고 자신의 해석을 덧붙였는데, "종밀의 보배 자루에 짐짓 쓸모없는 자루를 붙였다"라는 의미에서 책 이름을 착병着柄이라 하였다.『선원집도

---

17) 불교전서편찬위원회, 위의 책, p.127.; 불교전서편찬위원회, 『한국불교전서 권9』, p.544.;『조선사찰사료 卷上』, 보련각, 1990, pp.384~386.; 이능화 저, 이병두 역주, 『조선불교통사(근대편)』, 도서출판 혜안, 2003, p.75.

서착병』과 함께 회암 스님의 또다른 저술인 『별행록사기주족』과 『법집별행록』을 합본하여 간행한 것으로 『도서절요주해都序節要註解』라고도 한다.

1736년(영조 12년) 하안거 때에 회암 스님이 청암실靑岩室에서 직접 쓴 『주도서절요서註都序節要序』가 있고, 이어 『선원집도서착병』 본문이 시작된다. 그 뒤에 하택신회의 저술 『법집별행록』에 대한 주석으로 『별행록사기주족』과 이어 간기가 실려 있다. 간기 내용에 의하면 1757년(영조 33년) 11월 경상좌도 안음현 덕유산 장수사長水寺에서 개간한 것을 성주 서불영산 청암사로 옮겨 간행했음을 알 수 있다. 맨 끝에는 1744년(영조 20년) 문인 용암채청龍巖彩晴이 회암 스님의 행적을 기록한 『회암대사행적晦巖大師行蹟』이 있다.

행적에 의하면 속성은 김씨로 창원 사람이다. 9세에 범어사 자수自守 선사에게 출가하여 보광 화상에게서 구족계를 받았으며, 운암雲巖·환성喚惺 등 당대의 고승들을 찾아가 배웠고, 방장산·덕유산·불영사·가야사·석왕사·오봉사·직지사 등 여러 사찰을 거쳐 만년에는 불영산의 청암에 오래 머물다 입적하였다.

(6) 용암채청龍巖彩晴

회암 스님의 법을 이은 제자로서 청암사에서 강을 하였으며, 1744년 『회암대사행적』을 저술하였다.18)

(7) 모암체규慕庵體규

청암사 강원에서 주석한 강백으로 회암정혜의 제자다. 1761년

---

18) 불교전서편찬위원회, 위의 책 권9, p.544. 권10, p.127.

(영조 37년)에 청암사의 법당과 장실을 중수하였다.19)

(8) 취봉진철翠峰振哲

용암채청의 제자로, 1765년경에 청암사에 주석하였다.20)

(9) 환우연찬喚愚演贊

회암 스님의 4대 법손으로 1781년부터 다음 해까지 청암사 제3차 중창을 하였다.

(10) 금명오우錦溟五佑

1809년경에 활약한 청암사 강백이다.21)

(11) 포봉일오苞峰日午

회암 스님의 5대 법손이자 환우연찬의 제자이며, 화운관진의 스승이기도 하다. 1844년경에 청암사에 주석한 강백이며, 회암 스님의 비명을 조성하였다. 그리고 1852년에 회암 스님의 진영을 봉안하기 위해 회당영각을 지었으나 후에 화재로 전소되었다.22)

---

19) 「청암사시주록」; 불교전서편찬위원회, 위의 책 권10.
청암사 소장 影幀, 청암사 소장 영정.
20) 불교전서편찬위원회, 위의 책 권10.
청암사 소장 影幀, 청암사 소장 영정, 청암사 소재 용암선사탑.
21) 청암사 소장 影幀, 청암사 소장 영정, 청암사 소장 불령산 쌍계사지 사적비문.
22) 보련각, 『조선사찰사료 권상』, 1990, p.386.

(12) 화운관진 華雲觀眞

1854년경에 활약한 청암사 강백이다.23)

(13) 세환 世煥

조선 말기의 고승으로 호는 혼원混元이며, 특히 학문을 좋아하여 불경은 물론 제자백가에도 두루 통하였다. 1887년에 초청을 받아 김천 청암사에서 강석講席을 열었는데 크게 명성을 얻었다. 저서로는 문집인『혼원집混元集』이 있으며, 천재적 재능을 지닌 강사로 평가받고 있다.

(14) 회응 晦應

회응 스님의 직접적인 행장은 알 수 없다. 다만 경학에 밝은 선지식이자 달변가이며 희대의 명필 대문장인 남전한규 스님이 1887년 청암사에서 세환 스님께 사집과『능엄경』등을 배웠으며, 1890년에 대구 동화사 내원암에서 회응 강백에게서 사교를 마치고, 25세 되던 1892년에 다시 청암사로 돌아와서 회응 스님께 대교인『화엄경』을 비롯한『선문염송』과『전등록』을 배웠다고 한다.24)

---

23) 보련각, 위의 책; 청암사 소장 影幀, 청암사 소장 영정.
24) 달마넷. 데이터뱅크: 남전 광언. Available from:
URL: http://www.dharmanet.net/search/

(15) 경허성우鏡虛惺牛

1899년 10월 청암사에서 『금강경』, 『법화경』을 강설하였다. 근대의 고승 한암漢岩 스님의 자전적 구도 만행기 『일생패궐一生敗闕』은 그가 입산한 지 2년만인 24세 때부터 37세 때까지 약 13년간의 구도과정을 기록한 것으로, 그 내용을 보면 1900년경 경허 스님이 청암사에 주석하신 것을 알 수 있다.

> 동행하는 스님에게 이끌려 범어사 안양암에서 동안거를 지낸 후 다음 해 봄에 다시 백운암으로 와서 하안거를 보내고 있었다.25) 당시 경허 화상께서는 청암사 조실로 계셨는데, 급히 편지를 보내 나를 부르셨다. 나는 행장을 꾸려 가지고 청암사로 가서 화상을 뵙고 거기서 하안 거를 지낸 다음 가을에 또 해인사 선원으로 왔다.26)

(16) 대운병택大雲丙澤

청암사 사하촌인 증산면 평촌리에서 출생하였으며, 16세에 불령산 쌍계사 보경寶鏡 화상에게 출가했다. 일제강점기에 청암사 주지를 네 차례나 역임하였으며, 청암사의 대중창주로서 강원을 계승 발전시켰으며 강백으로 활약하였다. 이때 많은 도제를 양성하였으며 함양 용추사 이남의 제일 강원으로서 명성을 드날렸다.27)
이즈음 불교계는 혼돈과 무질서의 상태로서 1900년대 당시 출가자의 자질에 대해 권상로는 승려들이 학식이 미천해서 시세의 흐름을 읽지 못하고 명리만을 추구하기 때문에 현실의 모순을 개

---

25) 24세 되던 1899년 7월~1903년 여름 사이로 추정된다.
26) 윤창화, 「한암의 자전적 구도기 일생패궐」, 『불교평론』, 17호, 2003.
27) 청암사 소장 影幀, 청암사 소장 영정, 청암사 소재 「朝鮮佛敎禪敎兩宗大敎師大雲堂碑銘幷序」, 청암사 소재 청암사사적비.

혁하지 못한다고 지적했으며, 용성 스님은 "청정한 도량이 음탕한 소굴로 변하였으며 개인의 이익에만 몰두하니 악마가 사문이 되어 불도를 스스로 멸망케 하는 것이다"라고 탄식했다고 한다.[28)]

이렇게 일제강점기 이래로 속화, 타락해 버린 교단을 개탄하며 1941년 2월, 청정수좌들이 규합해서 청정한 승풍을 다시 한번 드날려 보자는 취지로 유교법회가 열렸다. 유교법회 자료에 의하면[29)] 모두 34명의 청정비구들이 법회에 동참했다고 하는데, 그 가운데는 청암사 출신인 강영명·하정광 스님을 비롯해서 김상월·박한영·정금오 스님 등 청암사를 거쳐 간 스님들이 상당수다. 법회에 참석한 스님들이 당대에 걸출한 선사이거나, 강사 혹은 율사였으며 이들이 일제강점기 때는 물론이고, 광복 후 정화운동을 거쳐 대한불교조계종이 출범하고 발전함에 있어 중추적 역할을 담당하였다. 그 당시 암울했던 불교계의 상황에서도 부처님 법을 지키려고 노력했던 스님들을 통해서 청암사의 청정한 가풍을 엿볼 수 있다.

(17) 강영명 姜永明

청암사가 있는 증산면 평촌리에서 출생하여 1876년 청암사에서 득도·수계하였고, 1892년까지 김해응金海應 스님을 스승으로 청암사 강원에서 수학하였다. 1899년경 청암사에서 강사로 활약하였다.

---

28) 권상로, 「조선불교혁신론」, 『퇴경당전서 권8』, 1990.
　　용성·한종만 편. 「중앙행정에 대한 희망」, 『한국근대민중불교의 이념과 전개』, 한길사, 1983, p.141.
29) 법진, 「유교법회의 동참대중」, 『조계종 중흥의 당간-41년 유교법회를 조명하는 연찬회』, 대한불교조계종, 2008, pp.122~123.

(18) 퇴경 권상로 退耕 權相老

1950년대에 청암사에서 강사로 활약하였다. 일생을 한국불교학의 정립과 불교사상의 선양에 전념하였던 근대의 고승이며, 『조선불교사』 등 30여 종에 이르는 방대한 분량의 책을 펴낸 위대한 불교학자였다.

(19) 김상월 金霜月

상주 남장사로 출가 득도하였다. 이후 강원도 북부 지역에서 수행하였다. 1946년 가야총림에 동참하기 이전 수도암에 머물다가 빨치산의 활동으로 수도암을 떠나 청암사 극락전에 주석하였다. 그 후 해인사로 옮긴 것이 확실해 보인다. 그를 기억하는 이들은 모두 그를 한국 제일의 율사로 꼽는다.

(20) 하정광 河淨光

직지사 스님으로 1909년 청암사에서 사미계를 수지했으며, 청암사 강원에서 1913년에 사미과와 사집과를, 1917년에는 사교과를 수료했다. 이후 직지사 교구의 본말사 주요 소임을 맡았다.

(21) 박한영 朴漢永

일제강점기에 청암사에서 강사로 활약하였다. 조선불교계 근대교육의 선구자로 교학 발전에 크게 공헌하였으며, 금봉·진응 스님과 함께 근대 불교계의 3대 강백으로 불린다. 조선불교를 부흥시키기 위해 불교인에 대한 계몽과 교육에 힘쓰셨으며, 일제강점기 회광晦光이 한국불교를 일본 조동종에 예속시키려 하자 한용운 스님 등과 함께 반대운동을 하였다.

(22) 채서응蔡瑞應

옥천사 스님으로, 옥천사·통도사·해인사·청암사·범어사 등 강원의 강사로 평생을 지냈다.

(23) 정금오鄭金烏

전라남도 강진에서 출생하여, 16세에 마하연에서 득도한 이래 입적하기까지 선 수행을 근본으로 하는 엄격한 수행자의 삶을 살았다. 1923년 예산 보덕사에서 보월 스님에게 인가받았다. 40세 때부터 직지사, 법주사, 화엄사, 동화사, 청암사 등 제방 선원의 조실로 후학을 지도하였다.

(24) 혜옥慧玉

근대 한국불교에서 금룡·수옥 스님과 함께 비구니 3대 강백으로 추앙받는 인물이다. 청암사에서 사미과, 해인사 국일암에서 사집과, 법주사 수정암에서 대교과를 각각 수료하였다. 어려서부터 칡잎이나 모래 위에 글을 써가며 학업에 열중하였던 그는 15세의 나이에 법상에 올라 사부대중들 앞에서 「초발심자경문」을 설법하여 참석했던 모든 이들로부터 큰절을 받았다는 일화가 전한다. 1956년 청암사 주지로 부임한 이후에도 스님은 김천 수도사, 대구 부인사 등에서 자신의 공부와 불자들을 위한 포교에 힘썼다.[30]

(25) 고봉태수高峰泰秀

1960년경부터 청암사에 주석한 근세 선교를 겸비한 대강백으로, 해인사·은해사 등에서도 강의했다. 주고봉酒高峰으로도 불렸지만, 언제나 새벽 3시가 되면 일어나 경을 연구하고 선정에 들었다고 한다. 평생 강의에만 전념하고 종단이나 사찰의 행정 소임은 맡지 않았다. 1968년 청암사 극락전에서『화엄경』을 보면서 앉아 입적하였으며, 청암사에 부도탑이 있다.

그런데 청암사에서 주석했던 여러 강백 가운데는『화엄경』에 정통한 분들이 많은 것을 알 수 있다. 그런데 이들은 교학에만 치우친 것이 아니라 선교를 모두 갖춘 승려들이다. 이러한 사실은 김영태의『한국불교사개설』에서도 언급하고 있듯이 조선 말기에서 최근에 이르기까지 화엄종사 또는 화엄학장이라는 칭호를 들었던 인물이 적지 않게 배출되었는데, 이들 모두가 선종의 법맥에 속하는 선종 출신이었다.[31]

제자로 우룡종한雨龍鐘漢·고산혜원杲山慧元 강백 등이 배출되고, 그 뒤를 이어 일해덕민一海德旻·보광성주普光性柱 강백이 강맥을 이었다.[32]

(26) 우룡종한雨龍鐘漢

1947년 고봉 스님을 은사로 출가해서 그 문하에서 대교과를 마쳤다. 고봉 스님으로부터 전강을 받았으며, 1963년경에 청암사에서 강사로 활약하였다.

---

30) 〈법보신문〉1991년 8월 26일자; 대한불교조계종교육원,『강원총람』, 1997, pp.476~509.
31) 김영태,『한국불교사개설』, 경서원, 1986, p.321.
32) 청암사 소재 고봉비명, 청암사 소재 고봉탑.

(27) 고산혜원杲山慧元

1946년 동산 스님을 은사로 범어사에서 출가하여 18년 동안 제방 선원에서 안거하였으며, 1961년 직지사 강원 대교과를 수료하였다. 깊은 불교학문의 섭렵으로 당대의 대강백인 고봉 스님으로부터 전강을 받고,[33] 석암 스님으로부터 계를 받아 선·교·율을 겸비한 선지식이자 대강백·대율사이다.[34] 1961년~1969년에는 청암사·범어사에서 강사를 했으며, 현재 지리산 쌍계사 조실이다.

(28) 일해덕민一海德閔

우룡 스님의 제자로 1965년 청암사 강원을 졸업하였다. 현재 불국사 강주로 있으면서 매년 청암사에서 사산비명·동양고전 특강을 하고 있다.

(29) 의정지형義淨志炯

가산지관伽山智冠 강백의 제자로서, 의진상덕 스님과 함께 청암사 창건 이래 최초로 1987년 비구니 강원으로 개설하여 20여 년간 중단되었던 강원의 맥을 다시 이었다. 또한 여러 모로 열악한 여건임에도 불구하고 몇 차례의 불사를 추진하여 도량을 정비하고 시설을 확충함으로써 현재와 같은 도량의 면모를 갖추게 한

---

33) 고산 스님, 「스님의 언행일치 정신을 실천하고 있습니다」, 『범어사와 불교정화운동』, 영광도서, 2008, pp.167~197.
34) 고산 스님, 「우주의 주인공이 되다」, 『지리산의 무쇠소, 고산 큰스님 회고록』, 조계종출판사, 2009, pp.246~295.

장본인이다. 2007년에는 비구니 전문교육기관인 청암사 율원을 개설하였다. 1987년부터 2003년까지 주지를 겸직하였으며, 현재는 청암사승가대학 학장 및 율원장으로 있다. 정보화시대에 맞게 강원으로서는 선두로 청암사 홈페이지를 개설하였으며, 컴퓨터실을 두어 학인들이 컴퓨터 교육을 받을 수 있도록 하였다.

(30) 의진상덕 義眞相德

청암사 강사로서 가산지관 강백으로부터 전강을 받았다. 천년 고찰인 청암사의 명성을 되찾겠다는 원력 하나로 어려운 환경에도 굴하지 않고 의정지형 스님과 함께 청암사 최초의 비구니 강원을 개설하여 외호하는 한편, 쇠락하고 황폐해진 가람을 무려 20여 년에 걸쳐 신축·보수하는 제 5차 중창에 혼신의 노력을 다하여 청암사가 지금과 같이 훌륭한 교육 도량으로 거듭 나게 한 주역이다. 2003년부터 주지를 겸직하고 있으며 한글 금강경 독송과 부분적이나마 재 의식의 우리말 진행을 처음 시도하였다.

III. 청암사의 문화 유산

1. 전각과 당우[35]

대웅전을 위시하여 정법루, 육화료, 진영각, 중현당, 선열당, 사천왕문, 극락전, 보광전 그리고 요사 등 모두 21동이다.

---

35) 오녹원, 위의 책, pp.11~13.

(1) 대웅전

경상북도 문화재 자료 제 120호이다. 청암사 창건 당시인 신라 헌안왕 3년(859년) 도선국사에 의해 건립되었고, 1647년 허정스님이 중창하였다. 지금의 건물은 일제강점기 1911년에 화재로 전소된 것을 대운 화상에 의해 1912년부터 3년에 걸쳐 제4차로 중창한 것이다.

총 23평의 건물로 1970년 초 전 주지 진기 스님 당시 기와 번와가 이뤄졌으며, 2005년 주지 의진상덕 화상에 의해 평방위로 해체 보수되었다.

대웅전 주불은 1912년 중창하고 난 뒤 1921년에 대운 스님이 중국 강소성 항주 영은사에서 조성하여 모셔온 목조 석가모니좌상이다. 불상에 붉은 색상을 사용하였고 표정도 통상 보는 것과는 다소 이색적이며 좌우 협시불이 없다. 연화대좌에 결가부좌한 선정인의 자세를 하고 있으며, 육계가 없고 은색 계주만 크게 박혀 있는 머리며 기름진 얼굴 모습과 진홍빛 가사 안자락 등 청나라 말기 불상의 특징을 갖추고 있다.[36] 법당 내에는 그 외 소종과 수번이 있다.

(2) 정법루

대웅전 전방에 위치한 일종의 누각 건물로서 1940년대 전 주지 이덕진 화상에 의해 신축되었으며, 1992년 전 주지 외정지형 화상에 의해 보수되었다. 과거 불교강원 시절에는 이곳을 강당으로 사용하였으며, 그 후 일종의 범종루로 사용되었다. 현재는 법

---

36) 최완수, 『명찰순례 2』, 대원사, 1994, p.19.

당으로 사용하며, 일요 찻집(적정다원)·어린이 법회 등에도 활용된다. 건물은 정면 5칸, 측면 2칸의 맞배집이다.

(3) 육화료

청암사 내 최대 건물로 옛날에 강원으로 사용되었으며 현재는 청암사승가대학의 중심인 대방채로 사용된다. 건물 형태는 乙자형에 귀틀을 지녔으며 총 108평이다. 2005년 주지 의진상덕 화상에 의해 해체 보수되었다.

육화료 안에 모셔진 높이 57cm의 석가여래좌상은 조선 정조 때 조성된 것으로 추정된다. 몇 차례의 화재에도 이 불상만 타지 않고 그대로 남아있었다고 한다. 아마도 환우 스님이 1782년에 불타 버린 청암사를 중창하면서 함께 이 불상을 조성한 것이 아닌가 짐작된다. 갸름한 얼굴과 양 손을 무릎 아래로 짚어 내린 표현 등이 모두 이 시기의 특징을 보이는 양식기법이다.[37]

(4) 진영각

조사들의 공덕을 기리기 위하여 고승의 영정과 조사상 등을 봉안하는 전각으로서 화재로 전소된 것을 1912년 대운 화상에 의해 신축되었다. 1989년에는 전 주지 의정지형 화상에 의해 해체 보수되었다.

회암 선사 등 청암사 역대 선사 22위 영탱(허정당, 회암정혜, 취봉당, 용암채청, 모암당, 환우당, 오봉당, 사송당, 설악당, 금파당, 포봉당, 몽암당, 봉암석홍, 화운당, 오송당, 금명오우, 영송

---

37) 최완수, 위의 책, p.35.

당, 취산당, 낙하당, 고암태순, 귀암당, 대운금운)이 모셔져 있었는데, 진품은 직지사 박물관으로 이전되어 보존되고 있다.38) 이 가운데 귀암 선사와 고암 선사의 영정에는 경허 선사의 친필 영찬서影讚書가 있다. 경허 선사가 51세 되던 1899년에 청암사와 산내 말사인 수도암에서 잠시 주석하면서 쓴 것이다. 두 스님의 선사로서의 뛰어난 면모를 칭송하는 내용이며 영정의 왼편 여백 부분에 초서체를 사용하여 특유의 달필로 쓰여져 있다.39)

(5) 중현당

1992년 전 주지 의정지형 화상에 의해 신축되었으며, 2006년 현 주지 의진상덕 화상에 의해 보강공사가 이루어졌다. 총 106평의 건물로서 현재 2층은 율원, 1층은 도서관과 세면장으로 사용된다.

(6) 선열당

1992년 전 주지 의정지형 화상에 의해 신축되었다. 2층 건물로 1층은 정재소로 사용되며, 2층은 요사로서 총 90평이다.

(7) 범종각

1997년 전 주지 의정지형 화상에 의해 신축되었으며 내부에는 사물인 범종, 법고, 목어, 운판을 봉안하고 있다.

---

38) 『조계종 제8교구 직지사 본말사 성보 목록』, 청암사편; 오녹원, 위의 책; 직지성보박물관, 『직지성보박물관의 유물』, 2003, pp.302~331.
39) 〈법보신문〉 1988년 8월 22일자.

(8) 극락전과 보광전

① 극락전

지금의 건물은 1905년 대운 화상에 의해 건립되었고, 1993년 전 주지 의정지형 화상에 의해 해체 보수가 이루어졌다. 법당은 인법당이며, 내부에는 석조아미타여래좌상·후불탱화·신중탱화를 봉안하였고, 현재 화엄반 학인스님들의 대방채로 쓰고 있다.

극락전 바로 서쪽에는 남별당40)이 있다. 1689년 인현왕후가 서인의 몸으로 청암사에 와서 복위를 빌었으며, 인현왕후를 배려하고자 거처인 남별당과 극락전을 왕실 건축양식으로 지었다는 일화가 구전으로 내려온다. 또한 극락전 서쪽에 인현왕후의 복위 원당으로 보광전을 건립했다는 설도 있다.

② 보광전

경상북도 문화재 자료 제 288호이다. 극락전 서편에 위치한 작은 법당으로, 목조 42수 관세음보살상과 후불탱·신중탱·칠성탱·산신탱·독성탱을 봉안하였다. 창건은 미상이나 1782년에 화재를 입고 환우 스님이 다시 신보광전을 중건한 기록으로 보아 그 이전부터 있었던 것으로 보인다. 지금의 건물은 신축된 것으로 1906년 응운영호應雲永護 화상이 보광전을 건립하던 중 입적하자 대운 화상이 완공하였으며, 1999년 전 주지 의정지형 화상이 보수하였다.

인현왕후는 조선 제 19대 임금 숙종의 계비로 남인과 서인의 권력투쟁 과정에서 남인의 후원을 받은 장희빈의 간계에 의해

---

40) 현재는 새로 건립하여 백화당이라 한다.

1689년 기사환국 때 폐위된 후 1694년 갑술옥사가 일어나 복위되기까지 4년 간을 서인으로 지낸 시기에 한때 청암사의 극락전에 기거하며 기도를 올렸다고 전한다. 당시 서인으로 강등된 신분이었지만 옛 상전을 모시기 위해 궁인들이 드나들었고, 또 훗날 복위한 인현왕후가 자신의 복위를 위해 축각을 짓고 기도를 드렸던 스님에게 "큰스님이 기도해주신 덕분에 기도 영험으로 복권되었다"는 내용의 감사 편지와 함께 신표로 비녀 등 몇 가지 물건을 보내왔다고 한다.[41] 이러한 인연으로 불령산 적송산림은 국가 보호림으로 지정되어 궁중에서 무기가 하사되었고, 이렇게 사찰에 보답을 하는 과정에서 자연스레 왕실과의 관계가 구한말까지 지속되어 왔던 것으로 보인다.

(9) 사천왕문

1976년 비구니 진기 스님에 의해 신축되었다. 청암사 사천왕문의 원래 위치는 중현당 뒤쪽이었는데 지리적으로 보아 소의 목에 해당된다고 하여 지금의 위치로 이전하였다.

(10) 일주문

일주문의 편액에 '청암사일주문'이라는 글씨는 성당 김돈희의 작품이다.

---

41) 인현왕후가 청암사 스님께 보낸 서신은 검은색 바탕의 종이에 금색 글씨이며, 서신의 원본은 현재 직지사 성보박물관에 보관되어 있다.

2. 성보

청암사에는 상당수의 성보聖寶가 있었을 것으로 추정되나, 현존하는 것은 대부분 탱화에 제한되어 있다.

(1) 탱화

① 대웅전 후불탱화

중국에서 부처님을 모셔온 뒤인 1914년에 제작된 것으로, 금어金魚로는 당대의 불화가들인 이혜고 봉감李慧杲 奉鑑·김계은 봉법金繼恩 鳳法·홍한곡 돈법洪漢谷 頓法 등이 그렸다. 산신탱화·칠성탱화 및 독성탱화도 모두 같은 불화가들의 작품이다.42)

② 대웅전 신중탱화

밝은 홍색과 청색의 적절한 조화로 각 존상의 구분이 분명하고, 배치가 질서정연하다. 신중탱화기에 주실主室로 기록된 환우 시눌喚愚時訥과 입승인 설악민현雪岳愍玹은 진영이 현존한다.43)

③ 육화료 후불탱화

흑견은니黑絹銀泥의 미타탱화로서 탱화에 쓰인 글의 내용으로 보아 1791년(정조 15년)에 직지사 대원암에 봉안하기 위해 그려졌다고 하는데, 어떤 연유로 청암사에 모셔졌는지는 알 수 없다.44) 흑색

---

42) 최완수, 위의 책, pp.23~25. 신중탱의 조성에 대해 최완수는 신중탱·신신탱·독성탱 등이 모두 같은 불화가들의 작품이라고 하였는데, 직지사에서 간행된『직지성보박물관의 유물』(2003년)에는 정조 5년에 화사인 유봉스님이 청암사 신중탱을 조성했다고 기술되어 있다.
43) 직지성보박물관, 위의 책, p.252.

바탕에 금선으로 그려진 흔치 않은 탱화로서 아미타삼존으로 판단된다. 좌우 협시보살은 관음과 지장보살을 등장시켰고, 그 뒷면에는 가섭과 아난을 시립시켰다.

④ **진영각 영탱**45)

1978년 〈불교신문〉에 의하면46) 청암사는 서산·사명대사 등 1백여 역대 조사의 영정을 봉안하고 있다고 한다. 그런데 어떤 연유인지는 알 수 없으나 현재는 21위만 남아 있으며, 원본은 모두 직지사 성보박물관에 보관되어 있다.

취봉당, 화운당, 용암 채청, 봉암석홍, 포봉당, 귀암당, 설악당, 오봉당, 사송당, 모암당, 금파당, 화우당, 오송당, 금명오우, 고암태순, 낙하당, 허정당, 취산당, 몽암당, 영송당, 회암정혜, 대운병택47) 등이 그 대상이다.

• 회암정혜晦庵定慧 진영

『회암대사행적晦庵大師行蹟』에서는 스님이 입적한 후 청암사, 벽송사, 석왕사 등에 영당을 세우고 진영을 그려 모셨다고 전한다. 현재 청암사에는 회암 스님의 부도와 비, 그리고 진영이 남아 있으며, 그의 법을 이은 용암채청·모암·포봉·취봉 스님 등의 진영도 함께 전하고 있다. 그러나 현존하는 회암 스님의 진영은 입적 당시에 제작된 진영이 아니다. 「청암사중수기」에는 19세기 중엽 청암사에 영각이 다시 세워지고 회암 스님의 진영을 이모해 봉안했다는 기록이 있다. 이를 근거해서 보면 이 진영은 19세기

---

44) 최완수, 위의 책.
45) 직지성보박물관, 위의 책. pp.302~331.
46) 〈불교신문〉 1978년 10월 26일자.
47) 대운병택 화상의 영정은 생전에 찍은 사진이다.

중엽에 이모해 그린 작품이다. 화법이 뛰어나 초상화 기법이 절정에 올라 있던 진경시대의 특징을 모두 갖추고 있는 듯하다.48)

제찬은 영조 때 영의정을 지냈던 조현명趙顯命이 지은 것으로, 이모할 때 그대로 옮겨 적은 듯하다. 조현명은 제찬 외에도 회암 스님의 행장을 기록한 회암선사비문의 글을 짓기도 하였다. 제찬 題贊은 다음과 같다.

> 볼 수 있는 것은 이목耳目의 형상이요
> 볼 수 없는 것은 기호耆好의 정情이로다
> 내가 일찍이 그대를 징청각 연회장에서 보았으니
> 또한 이와 같을 따름이라
> 이것이 여래의 자리에서 크게 마음을 일으킨 자이기 때문인가?
>
> 영의정 조현명 찬하다

찬문을 지은 조현명은 1728년 이인좌의 난을 진압한 공으로 공신에 녹훈되고 풍원군豊原君에 책봉된 인물로, 1730년에는 경상도 관찰사가 되었다. 회암 스님과의 만남은 관찰사로 부임하고 있을 때 이루어진 것으로 보인다. 비문을 보면 그 뒤 회암 스님이 입적하자 그 법맥을 이은 채청彩晴 스님이 스승의 행장을 들고 와서 비명碑銘 짓기를 청하였다고 한다.

• 용암채청龍巖彩晴

회암정혜 스님의 직계 제자로서 영조 20년(1744년)에 『회암대사 행적』을 정리하였고, 스승을 이어 청암사에서 강경 활동을 하였다. 현재 불령산 기슭에는 회암 스님 부도 아래로 용암 스님의 부도와 부도비가 자리하고 있다.

---

48) 최완수, 위의 책.

진영에 그려진 용암 스님은 스승인 회암 스님만큼 젊은 모습이다. 왼편에는 철종 때 대사간과 공조판서를 지낸 이원조李源祚가 지은 제찬이 적혀 있다.

이원조는 청암사에서 가까운 성주의 성산 이씨 집성촌인 한개마을 출신으로, 용암 스님의 진영을 포함해 모암·사송·설악·취봉 스님의 진영에도 제찬을 남겼으며, 철종 5년(1854년)에는 「청암사중수기」를 짓기도 하였다. 이 글에는 "영각을 건립하고 회암 정혜 이하의 모든 스님의 진영을 불사르고 다시 그려 봉안하였다"라는 기록이 남아있다. 이를 통해 청암사 진영 가운데 회암 스님과 여러 스님의 진영들을 19세기 중반에 새로 고쳐 그렸음을 알 수 있다. 이원조의 제찬이 있는 진영은 이 당시에 제작되었을 가능성이 매우 높다.

• 설악당雪岳堂

「청암사신중탱화기」에 설악당은 1718년에 입승으로 청암사에 주석한 것으로 기록되어 있다. 화면의 오른쪽에는 '설악당대선사지진상雪岳堂大禪師之眞相'이라는 영제가 있고, 왼쪽에는 이원조가 지은 제찬이 실려 있다.

• 금파당金坡堂

관련 기록은 전하지 않는다. 다만 『동사열전東師列傳』에 나오는 '금파응신金坡應信'과 '금파긍성金坡兢晟'과 같은 호를 사용하고 있지만 동일인인지는 알 수 없다. 화면 오른쪽에는 '금파당대선사지진상金坡堂大禪師之眞相'이라는 영제가, 화면 왼쪽에는 이인설의 세찬이 적혀 있다.

• 포봉당苞峰堂

일대기는 정확히 알 수 없으나 「청암사중수기」에 회암 스님의

5세손이자 화운관진華雲觀眞의 스승으로 언급되고 있는 것으로 보아 19세기 중반 이후에 입적했을 것으로 추정된다. 스님은 19세기 중반 청암사에 영각을 짓고 선사들의 진영을 다시 제작해 봉안한 인물이기도 하다. 영제에는 '선교양종정사禪敎兩宗正事'라는 승직이 적혀 있으며 오른쪽에는 김동선金東選이 쓴 제찬이 있다.

• 몽암당夢庵堂

행적에 관해 전해지는 것은 거의 없다. 화면의 오른쪽에는 '몽암당대선사지진夢庵堂大禪師之眞'이라는 영제가 있고, 왼쪽에는 이인설이 쓴 제찬이 있다.

• 오송당五松堂

기록은 전하지 않는다. 그의 진영은 조선 후기 진영에서 흔히 사용되는 좌안칠분 가부좌형의 모습으로 그려졌다. 신체 표현은 어색하지만 얼굴 묘사만은 매우 사실적이다. 왼쪽을 직시하는 눈, 육색肉色에 가까운 입술색, 각도가 적당한 콧등의 선, 과장되지 않은 두상 등으로 보아 이 진영은 오송당 생존 당시의 모습을 기초로 하여 그렸을 가능성이 높다. 화면 오른쪽에 '오송당대선사진영五松堂大禪師眞影'이라는 영제가 적혀 있고, 제찬은 없다.

• 화운당華雲堂

19세기 후반 청암사 강백이었던 화운관진華雲觀眞으로 추정된다. 『동사열전』에서는 화운 스님이 청허휴정의 9세 법손으로 호암체정虎巖體淨-청봉거애靑峰巨崖-율봉청고栗峰靑果-금허법첩錦虛法帖의 계보를 잇고 있다고 설명하고 있다. 그러나 「청암사중수기」에서는 포봉 스님의 문도로서 퇴락하는 사찰의 모습을 보고 개탄하는 스승의 뜻을 받들어 청암사를 중수했다고 적고 있다. 중수기 내용대로 화운 스님이 포봉 스님의 제자라면 그는 청허휴정의 법손이 아니라 부휴선수의 10세 법손에 해당된다. 화운 스님의 법맥은 여러 자료를 통해 보다 정확한 정리가 필요할 듯하다.

진영 속의 화운 스님은 젊은 승려의 모습이며, 제찬은 이인설이 썼다.

• 영송당影松堂

행적은 전하는 것이 없다. 화면 왼쪽에 있는 영제는 '영송당대선사지진影松堂大禪師之眞'이며, 오른쪽에는 이인설이 쓴 제찬이 있다.

• 금명오우金溟五祐

정확한 행적은 알 수 없으나, 1809년 청암사의 강사로 주석한 것으로 보아 18세기 후반~19세기 전반에 활동한 인물로 짐작된다. 화면 왼쪽에는 '선교양종금명당대선사오우지진영禪教兩宗金溟堂大禪師五祐之眞影'이라는 영제가 있고, 제찬은 없다.

• 취산당翠山堂

행적은 알려진 것이 없다. 그의 진영은 청암사의 고암태순, 귀암대흔의 진영과 비교할 때 채색, 방석의 표현, 벽면의 문양 등 표현이 다를 뿐 동일한 화가가 제작한 진영이다. 영제는 '선사취산당대선사지진영先師翠山堂大禪師之眞影'이고, 그 옆에 김인길金寅吉의 제찬이 있다. 제찬은 다음과 같다.

浮空白雲 是師法身之眞也. 印潭寒月 乃師道貌之眞也.
捨雲月眞, 莫眞之眞, 取粉墨眞, 不眞之眞, 吾未知其可也.
然而 雲無常於起滅, 月有甞而盈虛, 又曷若揭䨥爭於幀幅, 寓羹墻於朝暮,
由是言之, 像亦不爲無助歟!
進士 金寅吉 贊.

허공에 뜬 흰 구름은 스님의 법신의 참모습이요,

못에 잠긴 찬 달은 도 닦은 스님의 참모습이다.
구름과 달을 떠난 참된 것은 참되지 않은 참이요,
희고 검은 물감으로 얻은 참됨도 참되지 않은 참이라 하나,
나는 그것이 옳은지 알지 못하겠노라.
구름은 일어나고 없어짐이 무상하고 달은 때에 따라 차고 이지러지니,
어찌 스님과 방불한 모습을 화폭으로 걸어두고 아침저녁으로 추모하는 것과 같겠는가.
이로써 말하건대, 상 또한 도움이 없다고 못하리라.
진사 김인길이 찬하다.

• 고암태순古庵太順

행장은 전해지는 것이 없다. 다만 진영 오른쪽에 쓰여진 경허성우의 제찬을 통해 19세기 후반에 활동했던 분으로 추정할 따름이다. 경허 스님은 근대불교의 선을 중흥시킨 대선사로, 서산 개심사·영주 부석사·범어사·해인사 등 여러 사찰에 주석하였다. 청암사에는 1899년에 잠시 머물렀는데, 이때 경허 스님에게 고암 스님과 귀암 스님의 진영에 제찬을 받은 것으로 추정된다. 따라서 고암 스님은 그 이전에 입적하였으며 진영 역시 1899년 이전에 제작됐을 것으로 짐작된다.

• 귀암대흔歸庵大昕

행장이 알려진 바가 없다. 고암태순 스님의 진영과 같은 화풍으로 제작되었으며 제찬자도 경허성우인 점으로 보아 19세기 후반에 활동한 인물로 추정된다. 화면 왼쪽에는 '귀암당대선사대흔진영歸庵堂大禪師大昕眞影'이라는 영제와 제찬이 있다. 제찬은 다음과 같다.

裵公問黃蘗老, 高僧眞儀在此, 高僧安在 老人召公, 公諾, 老云 卽今在甚麽處 此是古人底, 如今看來, 却不恁麽.

歸庵老師平居, 護佛法僧, 至心無二.
其心淸, 其貌古, 一幅寫照祇這, 卽是不必更問在甚麽處.
無第二人.
小衲鏡虛惺牛拜手 謹讚.

배휴가 황벽 스님에게 묻기를, "고승의 진영은 여기 있는데 고승은 어디 있습니까?" 하자, 스님이 배휴를 불렀다. 공이 "네" 하자 노인이 이르기를 "지금 어딨소?"라고 하였다.
이것은 옛 사람의 이야기이고, 지금 보자면 도리어 그렇지 않다. 귀암 노스님은 평상시에 지내면서 불·법·승 삼보를 보호하기를 지극히 하여 두 마음이 없었다.
그 마음은 맑고 그 모습은 고풍스러워서 이 한 폭의 초상화처럼 다만 이러할 뿐이니 다시 어디 있느냐고 물을 필요가 없으리라.
제 2인은 없는 법이니.
소납 경허성우 두 손 모아 공손히 절하고 삼가 찬하다.

• 대운금운大雲金雲

조선 말기 쇠퇴한 청암사를 재건한 대운병택 스님이다. 청암사에는 그의 행적을 기리는 비가 세워져 있다. 대운의 진영은 조선 후기의 진영 표현 형식과 20세기 초반의 사실적 기법이 결합되어 새로운 사진기법의 영향을 보여준다. 화면 왼쪽에는 영제인 '선교양종대운당대선사금운지진禪敎兩宗大雲堂大禪師金雲之眞'이, 오른쪽에는 제찬이 있다.

이상의 내용에 의하면 영찬을 쓴 인물은 대체로 4, 5인으로 압축된다. 1914년 지방 군·면이 폐합되기 이전에 청암사는 성주목 관내에 속하였는데, 당시 이곳 출신으로 승지를 지낸 응와 이원조와 성주목 목사를 지낸 서암 이인설, 그리고 근대 한국선의

중흥조라고 할 수 있는 경허 선사 등이다.49)

허정·오봉·영송·금파·낙하·몽암 등 여러 스님들의 진영에 제찬을 남긴 이인설은, 청암사 입구의 여산폭포 앞에 솟은 바위에도 그의 이름이 크게 새겨진 것으로 보아 청암사와 긴밀한 관계를 맺고 있었던 것 같다.

(2) 석조물

① 대웅전 앞 다층석탑

경북 문화재자료 제 121호이다. 총 높이 453cm이며, 1938년 제작된 것이다. 1912년 주지 대운 스님이 청암사 중건 시 성주의 한 논에 있던 것을 옮겨 왔다고 전해진다. 신라 헌안왕 3년(859년) 도선국사가 부처님의 진신사리 봉안을 위해 건립했다고도 한다.50)

② 불영산 청암사 사적비명(1914년)

비문은 근세의 학승으로 동국대학교 초대 총장을 지낸 퇴경당退耕堂이 지었으며, 글씨는 남천진수南泉珍粹가 썼다. 비문에는 다음과 같은 내용이 차례로 서술되어 있다.

청암사는 신라 헌안왕 3년(859년) 도선국사가 창건하였고, 혜철惠哲이 머물기도 한 절이다. 조선 중기에 의룡義龍 율사가 중창하였다가 인조 25년(1647년) 화재로 전소되자 벽암碧巖이 허정虛靜을 보내 중건하였다. 정조 6년(1782년) 4월 다시 불타자 환우喚愚 스님과 대운大運 스님이 20여 년 후에 중건하였다. 그 뒤 고종 34년(1897년)경에 폐사되었다가 1900년대 초에 극락전을 건립하였으며, 이어서

---

49) 최완수, 위의 책.
50) 이정, 위의 책.

응운應雲 스님이 보광전을 건립하다가 입적하자 대운大雲 스님이 이를 받아서 완성하고 42수의 관세음보살상을 봉안하였다. 1911년 다시 원인 모를 화재로 인하여 전각이 불타자 대운 스님이 1912년에 다시 일으켜 이듬해 봄에 복구를 마무리하였다.

③ 회암정혜대사비(1744년)

18세기 화엄학에 정통한 강백으로 활동했고 청암사에서 입적한 회암정혜 대사의 행적을 기록한 것이다. 비문은 영조 때 우의정을 지낸 조현명趙顯命이 지었고, 글씨는 숙종 때 우의정·좌의정을 지내고 글씨로도 유명한 서명균徐命均이 정갈하고 부드러운 해서체로 썼다.

비문에 의하면 대사는 숙종 11년(1685년) 창원에서 태어나 9세에 범어사의 자수自守 스님을 은사로 출가했으며, 충허沖虛·원민圓旻·추붕秋鵬 스님에게 배우고, 일암一庵·환성喚醒 등의 고승을 두루 방문하여 수업하고 금강산으로 들어가 좌선 정진하였다. 많은 사람들의 청으로 석왕사·명봉사·청암사·벽송사 등의 사찰에서 강석을 열었으며, 만년에 청암사에서 주석하다가 영조 17년 입적했다.

비의 서문에 회암 스님과 친했다고 나오는 동계거사東鷄居士 조귀명趙龜命은 당대의 명문장가였다. 경서·사서를 비롯하여 제자백가의 서적에 이르기까지 두루 섭렵하였으며, 각종 불서에도 상당한 조예를 갖고 있었다. 이런 조귀명의 지식 편력은 자연스럽게 같은 시대를 살았던 불교계의 대강백 회암 스님과의 학문적 교류로 이어졌을 것이다. 이 사실로 볼 때 스님의 비명은 당연히 조귀명이 지었어야 할 것이지만, 그는 병약한 체질이어서 비교적 이른 57세에 돌아가신 스님보나도 먼지 세상을 떴다.

스님의 법맥을 이은 채청 스님은 죽은 조귀명 대신 그의 사촌 형이자 당대의 대표적 지식인이었던 조현명에게 회암 스님의 비명을 부탁한 것으로 보인다.

비문을 쓴 서명균은 아버지 서종태徐宗泰의 단정한 필체를 본받아 정갈하면서도 시원스런 글씨를 썼는데, 힘 있고 활달한 필체를 구사했던 장인 김구의 영향도 받은 듯하다. 김구의 글씨로 김주신도비金澍神道碑가 있는데, 이 비를 보면 서명균이 쓴 정혜대사비의 글씨와 상당히 흡사하다.

한편 서명균의 아들인 서지수徐志修는 정조가 왕위에 오르는 데 절대적인 공헌을 하였던 인물로 1766년에는 영의정까지 올랐다. 그 역시 글씨에 일가를 이루었는데 아버지와 친했던 조선 후기의 명필 백하白下 윤순尹淳에게서 필법을 배웠다고 한다. 윤순은 우리 고유의 필법인 동국진체東國眞體를 완성한 원교圓嶠 이광사李匡師의 스승이기도 하다. 우리나라 서예사에서 18세기에 가장 위대한 업적을 남길 수 있었던 것은 이렇듯 당시의 뛰어난 문인들과 서예가들이 서로 교유하면서 많은 영향들을 주고받았기 때문일 것이다.

당대의 명필인 김구, 윤순 등과 밀접한 관계가 있던 서명균의 필적을 볼 수 있는 회암정혜대사비는 18세기 조선조 서예사 연구에도 중요한 자료가 된다.[51]

④ 대운대사비명

청암사의 대부분의 편액을 쓴 성당 김돈희의 글씨이다.[52]

---

51) 이정, 위의 책; 직지사, 위의 책.
52) 대한불교진흥원, 『한국사찰의 편액과 주련 下』, 대한불교진흥원출판부, 2006, pp. 336~340.

⑤ 고봉당태수대화상비명

덕민당 풍수豊水 찬, 황악사문 현산顯山 서로 되어 있다.

그 외 사천왕문 옆에 공덕비 5점이 있다.

(3) 부도군

① 극락전 앞 부도

모두 5기인데 팔각 원당형의 모습이 고봉 스님의 부도이다. 나머지 4기는 모두 석종형으로 이 가운데 3기는 명문이 남아있어 주인을 알 수 있다. 제일 왼쪽에 있는 부도가 이곡당莉谷堂의 것이고, 두 번째가 백심당白心堂, 세 번째가 신곡당薪谷堂의 것이다.

② 절 입구 부도

절 입구의 불령산 기슭에는 회암정혜 스님 부도 아래로 회암 스님의 제자인 용암 스님의 부도와 부도비가 자리하고 있다.

③ 쌍계사 터 부도군

벽암각성 스님의 사리탑과 태감泰鑑, 지성智性의 공덕비가 남아있다. 일주문 근처에 '南無阿彌陀佛'이라고 새겨진 큰 바위가 있는데, 추사 김정희의 친필로 전해진다.

④ 편액

대웅전 편액을 비롯하여 일주문, 정법루, 진영각, 육화료 등 청암사에 남아있는 대부분의 편액이 근세 명필인 성당惺堂 김돈희金敦熙의 글씨인데, 대부분 대운 스님이 절을 중창하던 1912년경에 쓴 것이다. 일주문에 걸린 '불영산청암사' 편액은 근대 이후의 산문사액에 더러 보이는 형태이며, 북위北魏 해서의 필의와 행기行氣를 섞은 횡일橫逸한 예서로 성당의 글씨 가운데 수작에 속한다.

　성당 김돈희는 법부 주사와 검사를 거쳐 중추원 촉탁의 소임을 지낸 근대 서예가로서, 1919년 서화협회 창립 때 13인의 발기인으로 참여했으며, 서법 연구기관인 상서회尙書會를 만들어 후진을 양성하는 등 근대 한국 서단에 지대한 영향을 미쳤다. 또 근대 직업 서예가의 길을 연 장본인이기도 하다.53)

IV. 강원

1. 비구니 강원의 설립과정

　위의 개요에서 잠깐 언급된 것과 같이 청암사 강원은 조선시대 대강백이며 선사이신 회암정혜 스님 이후로 근대의 대강백인 퇴경 권상로, 고봉태수 스님 등이 강석을 펼쳤던 유서 깊은 경학도량이다. 고봉태수 스님이 가르쳤던 1960년대까지만 해도 학인이 40여 명에 이를 정도로 불교강원으로 명성을 드날렸다. 그 뒤를 이어 고봉 스님의 제자인 우룡종한·고산혜원 스님 등이 강사로 활약하였으나 이후 청암사는 쇠락과 더불어 간경 도량의 면모를 상실하였다.

　이런 유서 깊은 경학 도량이 폐허가 되어 버려진 것을 안타깝게 여기고 다시 예전의 불교강원으로서의 명성을 되찾고자 하는 원력으로, 1987년 음력 1월 30일 폐허가 된 지 거의 20여 년 만

---

53) 대한불교진흥원, 위의 책; 〈현대불교〉 2000년 6월 21일자.

에 학장 겸 주지인 의정지형 스님과 강사 의진상덕 스님에 의해 청암사 최초로 비구니 승가대학이 설립되었다. 설립 당시 전각들은 비가 새고 쇠락할 대로 쇠락한 상태였으며 첫 학인 수는 16명이었다. 그 해 3월 25일 승가대학 설립 인가를 받고 첫 학인 모집 공고를 하여 4명의 학인이 입방하였다. 이렇듯 새로 설립된 강원으로서 낡은 전각들을 보수·신축하는 등의 당면 문제를 해결하는 것도 어려운 일이었지만 무엇보다도 가장 난제難題는 학인 모집이었으니, 한때는 졸업생이 2명밖에 없을 정도로 힘든 때도 있었다.

그러나 이렇게 모든 것이 열악한 상황에도 굴하지 않고 의정지형 스님과 의진상덕 스님의 원력으로 이런 어려운 시기를 슬기롭게 극복하여, 쇠락했던 청암사는 제 5차 중창 불사를 통해 지금과 같은 모습으로 거듭났다. 뿐만 아니라 과거 학인 모집에 어려움을 겪던 강원은, 현재 율원까지 신설된 비구니 승가대학으로서 명실상부한 궤도에 올라 지금까지 22회에 걸쳐 400여 명의 졸업생이 배출되었으며 현 대중의 수는 100여 명에 이르고 있다.

2. 일반 현황

1987년 처음 사미니 강원으로 첫발을 내디딘 이래로 현재 청암사는 100여 명의 학인들이 학장 의정지형, 강사 의진상덕 스님 및 중강 원광·불림 스님들로부터 부처님의 가르침을 이어 받아 계율을 지키며 학업에 열중하고 있다. 믿음을 바탕으로 한 공부와 그에 따른 실천의 생활이 수행체제로 이루어져 있다는 점이 강원의 특성이다. 오염되지 않은 자연환경 속에서 예불과 기도로 공경과 하심을 배우고 간경과 독송으로 보리심의 종자를 심으며, 밭 갈고 씨 뿌리는 자급자족의 일상생활을 통해 감사와 절약과 인욕 행을 실현하고 있는 청암사는 그야말로 더할 나위 없는 배움의 실천 수행의 장이다.

교육방향은 계·정·혜 삼학의 기본정신을 바탕으로 면면히 이어온 전통강원으로서 철저한 내전 중심의 경학 연마를 통하여 신심과 원력을 지닌 참수행인을 양성하는 데 목적이 있다. 강원은 지혜와 원력을 함양케 하기 위해 승려의 기본 자질을 갖추는 의무교육기관이다. 승가의 가풍과 법도에 젖어 들고 육화정신에 의해 공동생활을 영위하면서 자질을 향상시키는 중요한 역할을 담당한다. 즉 공양, 예불, 소임 등 출가자들이 갖춰야 할 기본 소양 및 위의, 부처님 경전을 습득하는 데 중점을 둔다.

교육과정은 4년제 과정으로서 사미과·사집과·사교과·대교과로 편성되고, 각 학년별로 정해진 기본 교과목을 배우며 더불어 공동체 생활을 통하여 화합과 질서, 참여의식 등을 익히고 전통적 수행과 아울러 현대사회에 필요한 수행자로서의 자질을 연마하고 있다. 그동안 교육과정의 변천사에 대해서는 알 수 없으나 『조선불교통사』를 보면, 조선 후기 승가교육제도에서 강원의 학제가 사미, 사집, 사교, 대교로 이루어지며 그 외에도 수의과가 있었다고 하니[54] 당시의 학제가 지금까지 거의 그대로 이어져 온 것 같다.

교과과정은 기본교과 이외에 불교사, 아함경, 육조단경, 중론, 선학사상, 사산비명, 불상 연구, 논어 및 노자 도덕경 등의 특강을 개설하고 있다. 또한 간경과 좌선을 매일 실시함으로써 선교

---

54) 이능화 저, 이병두 역주, 위의 책.

겸수를 추구하고 있으며, 서예·꽃꽂이·영어회화·염불·사경·태극권 등 다양한 외전 수업을 통해 현대적인 감각을 심어주는 데도 소홀하지 않는다. 그리고 개학기도와 특별기도 등으로 신심을 돈독히 하고 있으며, 도서관 확충을 통해 학인스님들의 자율적인 학문연구 기반을 마련하고 있다.

강원의 하루 일과는 새벽 3시 도량석과 함께 시작된다. 새벽 예불을 마치면 아침공양 전까지 간경을 하며, 아침공양을 마치면 간단히 도량 청소를 하고 상강례 후 수업에 들어간다. 수업을 마치면 오전에는 사시예불 전까지 울력 또는 개인적으로 자습을 한다. 사시예불과 공양이 끝나면 오후 2시까지 자유시간이다. 오후 2시부터 4시까지 간경 및 학습시간이며, 4시부터 소임별 구역청소를 하고 저녁 공양을 한다. 저녁 예불을 모신 후 저녁 8시 40분까지 학습시간이며, 이때 각 반별로 논강을 하게 된다. 저녁 9시 삼경쇠를 친다.

학인 가운데 대중생활에 수순하지 않거나 청규를 어기는 일이 지적되면 즉시 참회 또는 대중공사를 통해 벌칙을 주어, 하심과 대중 화합을 하게 한다. 이렇듯 철저한 내규에 의해 생활하므로 승려로서 갖춰야 하는 위의가 육화되도록 하는 것이다.

3. 강원의 특징

강원의 기본적인 현황은 어디나 거의 비슷하겠지만 그 가운데 청암사에서 특별히 강조되는 점이나 조금 남다른 점을 몇 가지 꼽는다면 다음과 같다.

(1) 자연친화적 환경 조성에 적극 힘쓴다.

요즘 도량 주변을 관광지로 조성하여 많은 사람들의 발길을 유도하는 사찰들이 많다. 그러나 청암사는 자연 그대로의 환경을 고집하면서 자연보호를 적극 실천하고, 일반인에게 관광료 징수를 하지 않는다. 이로 인해 자연의 훼손을 방지하고 학인스님들의 수행 환경이 유지되도록 힘쓰고 있으며, 더불어 소욕지족하는 검소한 생활을 통해 청빈한 마음을 기를 수 있다.

(2) 학인 개개인의 자율성을 강조한다.

학인의 자율성을 중시하여 동아리 운영, 홈페이지 관리, 회보 발간, 어린이 여름불교학교 운영 등 거의 모든 행사 방침과 규정을 학인들이 대중공사를 통해 스스로 결정하도록 하고 있다. 부처님 법을 배우는 것이 작은 지식을 얻기 위함이 아니라 자신을 다스리고 대중과 균형을 유지하는 것이 목적이라는 강주스님의 가르침 때문이다.

(3) 전 대중이 태극권 수련으로 심신의 건강을 다진다.

1998년부터 태극권 수련을 시작하여 지도자 양성과정도 이수하고 있으며, 매년 열리는 전국우슈대회에 참여해 좋은 성적을 거두고 있다. 단순히 배우는 데서 그치는 것이 아니라 학인스님 대다수가 태극권 유단자이니 그야말로 명실 공히 태극 종찰이라 할 수 있겠다.

(4) 한글 금강경 독송 및 의식의 한글화를 위해 노력한다.

매일 『금강경』 독송할 때 한글로 된 경전을 사용하고, 재 의식 일부를 우리말로 행함으로써 쉽고 올바른 이해를 도모한다.

2001년 9월 5일은 불교 전래 1600년, 고려대장경이 완성된 지 700년 만에 드디어 우리말로 번역된 한글대장경을 완간하고 기념법회를 가진 뜻 깊은 날로서, 한글대장경의 완역이 갖는 최대 성과는 누구나 쉽게 불교 경전을 읽을 수 있게 되었다는 점일 것이다. 그런데 아직도 대부분의 사찰에서 한문 경전을 독송하고, 의식 역시 한문 위주라 불자들은 읽고 있는 경전과 행하고 있는 의식을 제대로 이해하지 못하는 형편이다.[55]

청암사승가대학에서는 한글 경전을 독송하고, 부분적이긴 하지만 우리말로 된 의식을 행함으로써 스님과 불자 모두에게 쉽고 정확한 이해와 신심을 고취시키는 데 도움을 주고자 한다.

(5) 정보화 시대에 따른 홈페이지 관리를 내실화 하고 영문 홈페이지를 개설하였다.

인터넷에 대한 인식이 그리 보편화되지 않았던 2000년 7월에 강원 가운데 처음으로 홈페이지 운영을 시도하였다. 컴퓨터실은 현대인의 필수품인 컴퓨터 교육을 실시하며, 알찬 내용의 홈페이지 운영을 통해 청암사를 홍보하며 포교의 한 역할을 톡톡히 하고 있다. 2008년에는 홈페이지를 새로 단장하면서 율원 코너 등을 신설하였으며, 또한 국제화 시대에 맞춰 영문 홈페이지를 개설하였다.

---

55) 홍사성, 「한글불교를 제창하며」, 『불교평론』 8호, 2001.

(6) 지역주민 포교 및 봉사활동에 힘쓴다.

청암사는 화엄학의 대가인 회암정혜 스님을 거쳐 그의 문도들에 의해 계속 강맥이 이어진 화엄도량으로서, 이러한 맥을 이어 원융사상에 따라 지역과의 상생을 도모한다. 곧 일체 중생을 향한 동체대비심의 실현이다.

매월 첫째 일요일 재가신도들을 위한 법회와, 매주 어린이·학생법회를 통한 포교에 앞장서고 있다. 92년부터는 학인들이 '금강회'를 만들어 지역 독거노인들에게 공양미를 보시하고, 불우학생들에게 장학금을 지급하는 등 다양한 봉사활동도 펼치고 있다. 또한 최근에 개관한 직지사 부설 노인복지관을 올해부터 매주 1회 학인들이 방문하여 봉사활동을 하고 있다.

이 외에 또 한 가지 청암사의 자랑거리가 있다면 바로 가마솥에 끓인 죽과 밥을 매일 먹는다는 것이다. 예전 같으면 당연한 일이겠지만 요즈음은 거의 사라져 버린 가마솥에 장작불로 지은 밥과 누룽지, 특히 아침의 죽공양은 초기불교 교단의 전통을 소중히 여기고 지키고자 하는 청암인들의 자부심 가운데 하나이기도 하다.

4. 주요 행사 및 특별활동

(1) 주요 행사

① 포살

포살의식을 통해 수행생활을 반성하고 참회하는 시간을 갖게 하여 승단이라는 공동체의 기반이 되는 청정성과 성스러움을 유지해 나가는 힘을 기른다.

② 다례제

모든 대중 스님들이 명절을 맞이하여 불보살님의 가피와 청암의 강맥을 현전케 하신 역대 강사스님들을 기리며 다례를 올린다. 고봉태수 스님 다례제와 더불어 2008년부터는 청암사를 창건하신 도선국사의 다례제도 올리며, 2007년부터는 과거 청암사 중창불사에 동참 보시하신 약 450명의 사부대중께 다례제를 올리고 있다.

③ 단오절 체육대회

청암사는 이 날 각 반이 한 팀이 되어 피구, 탁구 등 체육대회를 한다. 신심 단련과 함께 화합되고 단결된 승가의 일원임을 재확인하는 좋은 기회이다.

④ 동문회

청암사를 졸업하고 각처에서 수행 정진하고 있는 선배님들이 매년 함께 모이는 자리이다. 2008년 현재 제 15회를 맞이하며, 따뜻한 마음으로 후배를, 반가운 마음으로 선배를 맞이하는 이 날 행사에서 청암사 선후배간에 서로를 아끼고 위하는 가풍을 엿볼 수 있다.

⑤ 산사마당

2007년 가을부터 시작되었으며 일 년에 한 차례 실시한다. 재가불자님들에게 불교문화와 한층 가까워지게 하고, 청정하고 소박한 절집 생활의 일부를 체험하며 스님들과 흥겹게 어울릴 수 있는 기회를 제공하고자 마련된 축제이다.

행사 내용은 스님들이 정성껏 준비한 산사음식 시식, 염주 만들기, 다도 시연, 윷놀이 등 다양한 프로그램이 준비되어 있다. 산사마당 참여를 계기로 사찰에서의 체험을 바탕으로 일상생활에서도 응용하고 더불어 생활의 활력소가 되기를 기대한다.

⑥ 청암사 회보 발간

청암사 회보는 세간과 출세간을 오가는 튼튼한 교량이 되어 부처님의 감로 법음을 널리 전파하기 위해 1994년 4월 1일 창간호 발행을 시작으로 연 4회 계간지로 발행하고 있다.

(2) 특별활동

학인 자치의 특별활동을 통해 정서 함양과 사회 참여의식을 고양시킨다.

① **동아리 활동** : 영어회화, 꽃꽂이, 사경, 태극권, 탁구 등.

② **일요 적정다원** : 수입의 일부를 청암지 발간과 여름불교학교 운영비를 보조한다.

③ **각종 법회**

산중사찰이라는 지리적 한계에도 불구하고 인근 지역 포교에도 열심이다.

- 재가 신도를 위한 정기법회
  매월 첫째 일요일에 열리며, 법회가 끝나면 108배를 통해 참회의 시간을 갖는다.

- 중고등부 법회 및 어린이 법회

  1993년부터 시작하였으며 매주 토요일에 실시한다. 또한 2008년부터는 학인스님들이 일주일에 한 번 증산초등학교를 방문하여 학생들과 선생님들을 대상으로 영어를 곁들여 태극권을 가르쳐주어, 영어 습득과 더불어 체력 증진에도 도움을 주고 있다.

- 교도소 법회

  지역 내의 교도소를 정기적으로 방문하여 재소자들에게 불교를 알리고 마음의 위안을 심어주고 있다.

④ 어린이 여름불교학교

어린이 포교의 일환으로 1993년부터 매년 여름방학에 맞춰 열리는 여름불교학교에는 한때 아이들 400명에 학부모 및 자원봉사자 200명까지, 도합 600명이 몰려와 며칠을 살기도 했다. 2008년 여름까지 19회의 여름불교학교를 개최하였다.

⑤ 법화산림 7일 주야기도

1992년에 시작되어 2008년 현재 제 17회를 맞이하였으며, 매년 여름방학 전 7월 첫째 주에 학인들의 신심을 고취시키기 위해 7일 간 『묘법연화경』을 기도하는 전통을 지금까지 이어오고 있다. 전 대중이 4개 조로 나누어 24시간 내내 『법화경』을 독송하는 법회로, 일주일 동안 독경 소리가 한시도 끊어지지 않는 장관이 연출된다.

강원 문을 연 지 얼마 되지 않던 어려운 시기에 불사를 앞두고 학인 대중들을 중심으로 시작한 것이 요즘은 일반 재가불자들도 소문을 듣고 찾아와 동참할 정도로 유명해졌다. 평균 50명 정도의 재가불자가 기도 동참하고 있으며 매년 증가하는 추세이다.

그런데 1912년 청암사 대웅전을 중건할 당시에 진사 김인길56)이 쓴 대웅전 중건 상량문의 찬문 내용에 의하면, 당시에도 청암사에서 『법화경』 기도를 독려하고 열심히 했을 것으로 여겨진다. 이로 보아 1912년 당시에 청암사 도량에 울려 퍼진 『법화경』 기도가 80년이 지난 1992년에 우연히 다시 시작되어 해마다 끊이지 않고 지금까지 이어지고 있다는 것이 결코 우연만은 아닌 것 같다.

대웅전 중건 상량문(명치 45 임자년, 1912년)
大韓應製進士 金寅吉 謹撰
伏願上梁之後
慈雲不滅 度一切衆生普濟以迷津覺筏
慧月長明 歐三災八難都消了點雪春泳
頭頭戴蓮花法經 折慢幢而至地可知法寺見聞
□□誦貝葉眞諦 向禮磬而占星不墜丈室傳授

엎드려 바라건대 상량 후에
자비의 구름이 멸하지 않고 일체 중생을 제도하여
널리 미혹의 나루터에서 깨달음의 뗏목으로 건지시고
지혜의 달이 길이 밝으사 삼재팔난을 빼내서
한 점의 눈까지 모두 녹여 봄에 놀듯 하시며
머리마다 연화법경 이어서 아만의 깃발을 꺾고
땅에 이르러 가히 법사法寺의 견문을 알게 하시고
입마다 패엽의 진제를 외우고 향하여 예경해서
占星동량이 떨어지지 않고 장실이 전수되기를 원하옵니다.

---

56) 찬문을 쓴 시기로 보아 취산당 영정의 제찬을 쓴 김인길과 같은 인물로 추정된다.

⑥ 금강회

1991년 12월 당시 청암사 스님 13명에 의한 불우이웃 돕기를 위한 탁발 모금이 시초이다. 장기적으로 경학과 함께 보살행을 실천하자는 의견에 의해 1992년 12월 정식으로 발족되어 현재 모든 학인들이 회원으로 활동하는 봉사활동 모임이다.

활동 내용으로는 어린이 법회 참석 아동 중 불우한 학생들의 병원비와 생활비 지원, 재학 중인 학인의 입원비 지원, 김천소년원 교도소에 대중공양 및 교도소 내 검정고시생에 교과서 지급, 불교단체에서 운영하는 복지관 봉사활동, 증산면 내 무의탁 노인 돕기 활동 및 소년·소녀가장 돕기, 김천 무료급식 공양방의 봉사활동, 심장병 어린이 돕기 등 다양한 자원봉사활동을 펼치고 있다. 이를 통해 부처님이 몸소 보이셨던 보시바라밀을 묵묵히 실천하고 있을 뿐 아니라 지역 포교에도 일익을 담당하고 있다.

또한 그 이전에는 한 번도 장학금 혜택을 받은 적이 없었던 증산중학교 학생들에게 처음으로 금강회가 장학금을 지급하기 시작하여 지금까지 계속되고 있다.

지난 2004년 스리랑카에 재해(쓰나미)가 덮쳤을 때는 금강회에서 회비를 모아 스리랑카 남부 피해지역 이재민들을 직접 방문하여 구호품을 전달하고 위로해주었으며, 최근에는 인근지역 대학병원과 자매결연하여 환자뿐만 아니라 병원에서 근무하는 의료진들을 대상으로 부처님의 법음을 전하는 계기를 만들었다.

V. 율원

율원은 신라시대 자장 율사가 통도사에 세운 금강계단이 우리나라 최초이며 주로 총림급 사찰에서 설립되었다. 중국 명나라의 우익지욱(藕益智旭)[57] 대사가 "선은 부처님 마음이며 교는 부처님 말씀이고 율은 부처님의 행이며, 이 세 가지가 구비되어야만 비로소 완전한 불교가 된다"고 주장한 것과 같이 율(律)은 바로 부처님의 행함을 의미하면서 동시에 불교의 근본을 세우는 기둥으로 인식되어 왔다. 그러나 최근 들어 교단 일부에서 행해와 위의가 부처님의 가르침에 부합하지 않는 측면이 나타나고 있다. 이러한 시대적 필요성에 부응하여 2007년 비구니 율원으로는 두 번째로 청암사에서 율원을 개원하였다.

부처님은 『대반열반경』에서 "비구들이여! 비구들이 예전에 정해지지 않은 것을 정하거나, 반대로 정해진 것을 깨뜨리지 않고 정해진 배워야 할 바에 따라 행동하는 동안은, 비구들이여! 비구들에게는 번영이 기대될 뿐 쇠망은 없을 것이니라"라고 말하셨는데 이것은 일곱 가지 쇠망하지 않는 법(七不退法) 가운데 하나다. 『유교경』에서도 부처님께서는 열반에 들기 전에 마지막으로 제자들에게 계율, 인욕, 정진, 수행 등 여러 가지를 자상하고 간절하게 유촉하고 있다.

계는 바로 출가의 정신임에도 불구하고 오늘날 계율을 어렵게만 생각하는 현실을 감안할 때 비구니 율원이 또 하나 탄생한 것

---

57) 우익지욱(藕益智旭)대사는 『선관책진』・『죽창수필』 등을 저술한 운서주굉, 『감산어록』・『노자해』 등을 저술한 감산덕청과 같은 명나라 때 스님으로, 정토종을 종으로 하여 선・교・율의 사상 실천을 융합한 신불교의 제창자로서 명대 불교의 귀결을 대표하는 인물이다.

은 율장정신의 회복과 전승, 그리고 한국승가의 미래를 위해 고무적이라 하겠다.

1. 일반 현황

율원은 종단 기본교육과정을 이수한 비구(니)가 율장을 전문적으로 연구하고 청정지계의 가풍을 확립토록 하는 교육기관으로서, 율장의 전문적 연구·습의와 예참의 올바른 전승·율학을 전승할 율사 양성을 목표로 하고 있다.[58] 청암사 율원은 비구니 스님들이 계율정신을 오롯하게 세우고 지계의 풍토가 널리 확산되기를 바라는 원력으로 초대 율원장 의정지형 스님을 모시고 100여 평 규모로 2007년 4월에 개원하였다.

입학 자격은 구족계를 수지한 비구니라야 하며, 타 강원 또는 교육기관 졸업생에게도 입학의 문을 열어 놓고 있다. 교육과정은 2년으로 사분율·범망경·사미니율의 등 율장에 대해 공부하며 그 외에도 다양한 부교재를 선정하여 공부하고 있다. 또한 포살 등 각종 습의를 통해 행해를 익히는 한편, 종단 행자교육 습의산림과 구족계 습의산림에 습의사로 참여한다.

수업은 주로 자율적인 학습 위주로 진행하되, 논강과 토론을 통해 서로의 지식을 점검한다. 매일 입선 시간에 계본을 아침저녁으로 독송하며 신심을 고취시키며, 항상 공부에만 전념할 수 있는 면학 분위기가 조성되어 있다.

부처님의 가르침을 잘 배우고 실천하여, 주위에 부처님의 사상에 입각한 계율정신을 일깨워 승가의 청정 승풍을 진작시키는

---

58) 〈불교신문〉 2002년 12월 16일자.

데 보탬이 되겠다는 뜻을 가지고 비구니 스님들이 열심히 공부하고 있다.

(1) 율원 교과과정

1학년 주교재 : 계율론, 계율학 개론, 율장, 사미니 율의, 갈마법과 참회법, 비구니 교단사, 사분비구니 율장
        부교재 : 초기불교의 연구, 초기불교 교단과 계율, 사미니율의 요약 증주, 사미니율의 요약 술의
2학년 주교재 : 사분율, 비구니 계율 연구, 대애도비구니경, 범망경, 선원청규, 수계의식
        부교재 : 남북전육부율장 비교연구, 비구니 승가·비구니계본 보충강표(사분율), 쁘라띠목차(개정판, 틱낫한 스님)

(2) 하루 일과

새벽 예불과 108참회, 계본 독송(범망경, 비구니계본)으로 하루를 시작하며 아침공양 후에 상강례를 한 후 교재 독송 또는 강의가 있다. 오후에는 강독과 논강 준비를 하며 저녁 예불 후 계본 독송 및 논강을 하고 있다.

2. 율원의 특징

(1) 율원 입학 자격을 다른 교육기관 졸업생에게까지 개방하였다.

청암사 출신뿐만 아니라 타 강원 졸업생들에게도 입학의 기회

를 주어, 폭 넓은 지식 교류와 선의의 경쟁으로 율원의 질적 향상을 기대할 수 있다.

(2) 매일 계본 독송, 좌선, 108참회를 끊이지 않도록 한다.

여건상 당분간 특강을 위주로 수업이 이루어지기 때문에 대부분 자율적으로 공부하므로 자칫 해이해질 수도 있지만, 매일 입선과 계본 독송, 논강을 함으로써 항상 공부가 이어지도록 한다.

(3) 율원 홈페이지 관리를 보조한다.

2008년부터 청암사 홈페이지에 율원 코너를 신설 운영하여, 지금껏 어렵게만 생각했던 계율을 스님들뿐만 아니라 일반인들까지도 쉽게 이해하고 보다 가까이 할 수 있도록 노력하고 있다. 단순히 자료 제공에만 그치지 않고 율원생들이 swish 등으로 영상물을 직접 제작하여 올린다.

(4) 강원 학인들의 습의를 담당한다.

치문반 학인은 물론이고 모든 학인들을 대상으로 매년 첫 철에 발우·착복·예불 등 전반에 걸친 습의를 하며, 그 외에도 수시로 학인들의 습의를 지도하여 항상 위의를 잃지 않고 여법한 모습을 지키도록 노력한다.

(5) 포살 및 각종 수계식에 직접 동참하여 행해를 익힌다.

포살, 여름 법화경 기도 회향식, 어린이 여름불교학교 수계식 등에 직접 참여함으로써 행해를 익힐 뿐만 아니라, 수계에 참여한 일반인들에게는 여법한 수계식을 통해 신심을 고취시키는 데 보탬이 된다.

VI. 청암사의 앞으로의 발전 방향

사회의 모든 현상은 변화한다. 종교도 사회를 떠나 홀로 존재할 수 없다. 그러나 이러한 시대적 흐름이 과연 바람직한 방향으로 가고 있는지 한번 생각해 보아야겠다. 세계의 모든 사람들이 물질적 가치를 중시하고 그것을 향해 돌진해 간다면, 불교는 그것을 배격하고 정신적 가치를 드높이기 위해 노력해야만 할 것이다. 이와 같이 세속적인 측면에서 보면 사회의 제반 분야는 변화에 적응해야 살아남을 수 있지만, 불교는 오히려 세속적인 흐름에 흔들리지 않고 자기의 정체성을 갖고 있어야만 제 기능을 다하게 되는 것이다. 세간적 가치와 출세간적 가치가 다르기 때문이다.

출가자들도 세속적 흐름에 따라 새로운 지식과 정보를 받아들여야 한다. 그러면서도 다른 한편으로는 출세간적 지계생활로 자신을 지켜나가야 한다. 다시 말해서 현대의 출가자들은 이와 같은 이율배반적 삶을 지혜롭게 병행하지 않으면 안 된다는 것이다.[59]

지금까지 승가교육의 문제점들을 여러 각도에서 되짚어 보고, 앞으로 전통강원이 어떤 방향으로 나아가는 것이 바람직할 것인가를 살펴보았다.

---

59) 석림회, 「한국불교의 문제점과 그 개선 방안」, 『석림』 35집, 2001, pp.25~47.

1. 승가의 위기

구한말의 불교를 살펴보면 혼돈과 무질서를 극복하고 자신의 정체성을 회복하기 위해 변화를 모색하던 시기로 볼 수 있는데, 이런 계기를 가져온 것은 개항 이후 새롭게 전개되는 역사적 흐름과 기독교를 비롯한 외래 종교와 서구 신문물의 전래였다.[60] 이와 같이 일제강점기와 광복 이후 정화의 격동기를 거치면서 한국불교는 그 모습을 일신해 오늘날 조계종으로 자리매김하면서 종단의 체계를 갖추었다.

한편 지금의 사회는 그야말로 급속도로 발전하여 인터넷으로 대변되는 정보화시대 통신수단의 눈부신 발전은 바야흐로 온 세계를 실시간으로 연결해 놓았다. 이처럼 급변하는 시대에 과연 불교가 어떻게 대처할 수 있을 것인가?

이에 대한 대안으로 각 분야에서 여러 가지가 논의되고 있는데, 한 예로 이제 산중의 사찰은 넓은 땅을 활용하여 사람들을 불러들여 그들을 상대로 포교를 해야 한다는 것이다. 이제 사찰은 단순히 참배만 하는 곳이 아니라 휴일에 사찰에 찾아와서 법회도 참가하고 사찰이 제공하는 다양한 문화를 내용으로 하는 프로그램에 따라 하루를 즐겁게 보낼 수 있도록 한다는 것이다.[61] 또 다른 대안으로 인터넷을 이용한 포교를 들 수 있다. 인터넷은 전화 등 예전의 어떠한 통신수단보다도 훨씬 큰 위력을 떨치고 있다. 각자가 필요하거나 편한 때에 어디서든 접속하거나 그만둘

---

[60] 이능화 저, 이병두 역주, 위의 책, p.75.
김경집, 『한국근대불교사』, 경서원, 2008, p.19.
[61] 효림, 「불교와 정보화시대-디지털 시대를 바라보며」, 『실천불교승가회』 제17호~18호, 2000.

수 있다는 것이 인터넷의 장점 가운데 하나다.

 그러나 다른 한편으로 생각해 본다면 변화하고 발전하는 것만이 무조건 최고는 아닌 것 같다. 변화할 것은 과감히 변해야겠지만, 그보다 더 중요한 것은 지켜야 할 것을 더욱 소중히 지키는 것이라 여겨진다. 현재 한국불교는 외향적 발전과 물질적 풍요로 인해 지금이 엄청난 위기다. 한국불교가 수선修禪 위주의 선종에 뿌리를 두고 있다는 연유로 계율이 등한시되고 있는 실정이다. 그러나 선종 역시 율종으로부터 출발하였고, 선정과 지혜 또한 철저한 계율의 준수 없이는 이루어질 수 없다.[62]

 승가의 위상은 그 사회에서 올바른 역할이 선행될 때 높아질 것이다. 수행은 승가가 세속적 욕망을 버리고 출세간적인 성스러운 길을 가는 청정승가로서 깨어나는, 그래서 사회를 정화시키는 본연의 역할이 가장 중요한 역할이고 사회가 가장 본질적으로 바라는 원일 것이다. 그러기 위해서는 세속적 생각에 의한 승가의 정체성을 잃지 말아야 한다. 도덕적으로 세속화를 막아야 하겠지만 제도적으로도 승가 본연의 계율정신으로 청정승가를 만들어 나가지 않으면 세속을 설득할 수 있는 힘을 잃게 될 것이다.[63]

 무분별한 공원화 시책과 개발정책 등으로 오랜 역사와 아름다움을 간직한 사찰 주변의 환경이 송두리째 망가지고 있는 사례가 비일비재하다. 도로가 개발되면서 사찰과 사찰 주변의 자연경관을 즐기기 위해 찾아드는 관광객이 폭발적으로 증가하고 있으며, 그로 인해 수백 년 동안 유지되어 온 사찰 주변의 자연림과 야생

---

62) 유교법회 연찬회 자료집, pp.163~164.
63) 진옥, 「승가 존재 본질 깨달음의 사회화. 열린마당 : 21세기 승가상 정립과 강원의 위상 역할」, 〈현대불교〉 1998년 7월 29일자.

동식물의 서식지가 훼손되거나 파괴될 가능성이 높아지고 있는 것이다.

환경문제에 대해 불교와 불교사상이 던지는 메시지는 우리에게 매우 소중하다. 불살생계의 생명존중사상을 기반으로 하는 채식문화, 음식물 찌꺼기 하나 남기지 않고 씻어서 먹는 발우공양의 전통, 생태적 순환을 말해주는 전통양식의 해우소解憂所, 무분별하게 진행되는 과정에서 비판받고 있는 지금의 방생이 아니라 생명살림의 원력을 세우는 방생법회 등 다양한 생활문화 속에서 우리들은 환경문제 해결을 위한 실천지침들을 제공받을 수 있다.64)

2. 강원의 대처 방안

한국불교의 미래는 승가교육에 달렸다고 해도 과언이 아니다. 승가의 교육이 제대로 잘 이루어져 승려의 자질이 향상된다면 오늘날 거론되는 승가의 문제들은 자연스럽게 해결될 것이다. 올바른 출가정신을 가진 자라면 바른 길이 아닌 잘못된 길로 나아갈 까닭이 없기 때문이다. 이런 점에서 볼 때 강원은 바로 미래불교의 대안이다. 젊은 수행자들을 올바로 교육시켜 미래불교를 선도해 나가게 해야 한다.65)

그런데 강원도 전통만 고집할 것이 아니라 현대적으로 바뀌어야 한다고들 한다. 현대의 시대적 배경에 걸맞게 영어·일어 등

---

64) 박석통, 「생명살림·생태적 삶을 위한 불교의 역할」, 『불교평론』 6호, 2001.
65) 석림회, 「한국불교의 문제점과 그 개선 방안」, 『식림』 35집, 2001, pp.25~47.

의 외국어도 교양과목으로서 필요하며, 이러한 외국어 실력 배양은 다른 나라의 불교교학을 비교 분석하고 연구하는 데 큰 도움이 될 수 있을 것이다. 그밖에 비구니 강원에서 흔히 볼 수 있는 컴퓨터, 서예, 다도, 꽃꽂이 등의 배움터를 마련하는 것도 좋은 예라고 하였다.66)

그러나 전통강원 교육을 무시하고 현대적인 측면만 강조할 경우 일본처럼 학문적 성과는 있을지 몰라도 수행은 퇴색하는 문제에 봉착하게 될 것이라는 지적도 있다.67) 공부와 생활이 이분화되어 있어 믿음 없이도 공부할 수 있는 대학체제와는 달리 강원은 믿음이 전제되지 않고는 공부와 생활이 일치되어야 하는 수행이 불가능해지는 것이다. 이것이 학교체제와 구별되는 승가 고유의 체제를 가지고 있는 강원의 특성이다.

다시 말하면 신행활동에 큰 비중을 두고 예불, 강의, 간경, 공양, 울력 등 모든 활동이 대중의 동참으로 이루어진다. 그래서 절집의 전통도 많이 사라져 현대화된 이즈음에 그나마 승가의 공동체정신을 습득하기에 좋은 것이다. 지운 스님은 "강원이란 전통교육과 수행, 사원생활 등의 공동체가 이루어지는 장으로서의 사원이 하나로 어우러져 있는 가운데 존재하는 것이며, 단순한 지식교육이 아닌 지혜와 수행을 쌓아가는 전통 교육기관임을 간과해서는 안 된다"면서 한국불교의 토대에 맞는 강원 교육의 중요성을 역설했다.68)

또 강원이란 자체가 천혜의 자연환경과 전통문화가 살아 숨쉬

---

66) 효산, 「강원 교육, 변화해야 한다」, 『월간 해인』 170호, 1996.
67) 진옥, 위의 자료.
68) 지운, 「강원은 수행·교육공동체 기틀」, 〈현대불교〉 1998년 7월 29일자.

는 공간, 그리고 어른스님들과의 공동체생활 등 교육과 삶이 하나 되는 참교육 운동의 실현에 필요한 자원을 이미 갖추고 있으므로, 교과목의 고른 분포라든가 다양한 정보의 취득과 같은 현대적 관점의 문제에 비중을 두어 강원의 교육체계를 조정하는 것보다는 강원 나름의 특성을 극대화시켜 대중생활 습의나 법문, 참선과 염불, 울력 등을 체계화하고 보완해 나가는 것이 더 절실하다고 하였다.69) 최근 한 설문조사에서도 향후 승가교육 문제 중 우선 중점 사항으로 다뤄야 할 문제로 수행 중심의 교육이 가장 높았고, 그 다음이 질 향상을 위한 교육 모색, 사회 다양화에 따른 전문성 교육의 순이었다.70)

더욱이 어떤 이는 우리나라 교육 역시 위기이며 이에 대한 방안으로 승가교육의 전통을 학교에서 일부라도 되살리는 문제를 제안하면서, 다음과 같이 전통 승가교육을 예찬하였다.

> 공부 방법이자 과정인 삼학三學을 전제로 해서 강원과 율원, 선원 같은 총림체제叢林體制를 지탱해 온 승가교육의 전통은 스승과 도반을 필수적인 구성 요소로 삼아 왔고 현재도 굳건히 살아있다. 전통에 대한 경멸과 파괴의 과정이기도 했던 급속한 근대화 과정을 생각하면 기적과도 같은 일이다.71)

이상을 종합해 본다면 변화와 개혁만이 승가교육의 발전을 위한 능사는 아닌 것 같다. 훌륭한 전통을 잘 보존하고 재창출할 때

---

69) 월호,「전통강원 교육과 현대식 대학교육에 대한 비교 고찰」,『승가교육』4집, 대한불교조계종교육원, 2002, pp.159~163.
70) 대한불교조계종 승가교육제도개선 추진위원회,『승가교육제도 개선방안을 위한 설문조사 보고서』, 2005.
71) 박병기,「교육의 위기와 전통 승가교육」,〈불교신문〉2007년 9월 19일자.

불교는 살아남고 전통이 사라질 때 불교는 죽는다는 사실을 인식한다면, 오히려 승가 고유의 체제를 가지고 있는 강원의 특성을 최대한 살리는 것이 무엇보다도 가장 중요하다고 본다. 그러나 전통만 고집해서도 안 될 일이다. 각 강원이 안고 있는 여건을 고려해서 보완할 부분을 잘 파악한 다음 점차적으로 하나씩 시정해 나가는 것이 바람직할 것이다.

청암사는 그동안 많은 노력과 발전을 거듭한 끝에 예전 전통강원으로서의 명성을 되찾았을 뿐만 아니라 율원의 개원으로 더욱 내실 있는 교육 도량으로 자리매김하였으며, 한편으로는 지역 내의 포교활동에서도 없어서는 안 될 중요한 위치를 차지하고 있다.

강원의 특성으로 꼽는 실천 수행하는 배움터로서 평가한다면, 천혜의 자연환경 속에서 부처님의 가르침대로 수행하며 자급자족하는 생활을 실천하고 있는 청암사는 최적의 교육 도량이라고 할 수 있다. 그러므로 이런 자연환경과 전통강원의 특성은 최대한 살리되 미비한 부분은 위에서 검토된 사항을 참고로 하여 현대적 감각에 맞게 조금씩 보완해 간다면, 훌륭한 스님을 배출해 내는 강원으로서뿐만 아니라 주위에 부처님의 가르침인 계율정신을 일깨워 승가의 청정승풍을 진작시키는 역할에서도 큰 몫을 차지함으로써 미래의 한국불교를 이끌어 나갈 주역이 되리라 믿는다.

다음은 앞으로 여건이 허락하는 범위 내에서 보완되었으면 하는 몇 가지 문제를 제시하는 것으로 글을 끝맺고자 한다.

(1) 인재양성 기관으로서의 기능 강화

① 내전에 충실하면서 학인들이 희망하는 다양한 분야의 외전을 접할 기회를 제공한다.

학인을 대상으로 오늘날 강원에서 필요한 외전과목 개설에 대해 설문조사한 한 자료에 의하면 종교학개론·서양철학사·컴퓨터·외국어·동서양 철학(사서삼경 등) 등을 희망하는 것으로 나타났으며, 강원 교육의 문제점으로 불교사상 전반에 대한 고찰이 부족하다는 의견도 있었다.72) 따라서 여건이 허락한다면 특강을 계획할 때 이러한 의견을 반영하는 것도 바람직할 것 같다.

그 외에 승가의 규범인 계율·중관·유식 등과 함께 외국어 및 컴퓨터 교육·태극권·꽃꽂이 같은 교양수업도 계속 제공되어야 할 것이다.

② 외국인 수행자들을 대상으로 하는 사업을 개발하여 한국불교의 국제화를 도모한다.

외국인 수행자가 날로 증가하는 시대적 상황에 맞추어 먼저 국내의 외국인 스님들을 대상으로 습의와 기초교육을 전담하는 역할을 담당한다. 또한 한국불교에 관심 있는 국외 비구니 수행처와의 네트워크 형성으로 상호 교류 및 지원 사업을 시도해 볼 수도 있겠다.

종단과 협의하여 국내외 외국인 수행자들의 강원 교육을 전담히는 기구를 운영함으로써, 이들에 대한 체계적인 교육의 성과로 세계에 한국불교를 제대로 알리는 효과를 기대할 수 있을 것이

---

72) 법장, 「강원 교과과정 전반에 대한 문제점 및 개선안」, 『승가교육』 4집, 2002, p.147.
선우도량, 「한국불교 승가교육 개혁안」, 『월간 해인』 170호, 1996.

다. 이를 위해서 그동안 청암사에서 외국인 스님들이 공부한 사례와 경험을 토대로 하여 지도 강사를 양성하고 영문 교육자료를 체계화하는 작업이 이루어져야 할 것이다.

(2) 지역과의 유대를 통한 포교의 강화

① 더욱 내실 있는 홈페이지의 운영으로 포교의 효과를 한층 높인다.

불교 포교가 타 종교에 비해 뒤처지는 이유를 보면 사찰이 대부분 산중에 있고, 불교계가 사회 변동의 흐름에 둔감하다는 것이다. 이에 대한 해결방법의 하나로 인터넷 포교를 제시하고 있다.[73]

청암사는 다른 강원보다 훨씬 앞서 홈페이지를 운영하고 있고 두 명의 학인이 전담해서 관리하기 때문에 항상 신속하게 정보를 공유할 수 있다. 앞으로 인터넷 포교의 효과를 더욱 높이기 위해서는 구체적인 목표와 대상 선정을 신중히 고려할 필요가 있다. 예를 들어 대상 선정의 경우에 연령별로 나누어 그들이 필요로 하는 정보나 서비스를 제공하여 관심을 가지게 하는 것이다.

한편 홈페이지의 율원 코너 등을 잘 활용하여 딱딱하게만 여겼던 계율을 쉽게 다가갈 수 있도록 도와주고, 나아가 생활에서 실천할 수 있도록 유도하는 것도 좋은 방법이라고 하겠다.

② 교육 효과가 높은 어린이 포교를 더욱 활성화한다.

종단 등록 사찰 중 어린이 법회를 하는 사찰이 10%도 안 된다

---

73) 이덕진, 「정보화시대 선종사찰의 사회적 역할」, 『성역화 중창불사 10년 사자산 법흥사 21세기 지평과 전망』, 법흥사, 2007, pp.173~179.

는 통계 결과도 있듯이, 청암사 인근 사찰 가운데 어린이 법회를 하는 곳은 거의 없다. 어린 시절 절을 가까이 한 아이들이 어른이 되어서도 불법의 인연이 계속되는 것을 생각한다면 어린이들은 다른 어떤 포교 대상보다 중요하다. 이 어린이들에게 가장 좋은 포교방법은 아이들이 좋아하고 즐거워하며, 쉽게 따라할 수 있는 것이어야 한다. 딱딱한 교리보다는 스님을 만나고 절에서 친구들과 어울리면서 지혜롭게 사는 법을 자연스럽게 익히는 것이 바로 포교다.74) 이런 점에서 청암사 홈페이지에 어린이를 대상으로 하는 인터넷 카페를 개설하여 정보를 공유하고, e-메일을 통해 서로 대화하는 것도 효과적인 방법이 될 것이다.

올해 처음 증산초등학교 전교생과 교직원을 대상으로 시행하고 있는 태극권 수업은 학생들은 물론이고 학교 측에서도 크게 호응해주고 있다. 이에 힘입어 지역 내 초등학교와 중학교 학생들을 대상으로 스님들이 방과후활동 지도(인성 지도, 영어 수업, 피아노 교습, 태극권 교습 등)를 해준다면 농촌지역 여건상 큰 도움이 될 것 같다.

③ 육화사상·발우공양 등을 불교문화 컨텐츠로 개발, 보급함으로써 일반인들이 불교문화를 직·간접적으로 체험할 수 있는 기회를 제공한다.

예비부부 또는 결혼을 앞둔 젊은 여성들을 대상으로 교육 프로그램을 개발하여 가족생활의 이상적인 모델을 제시해준다. 즉 청암사의 지리적 특수성과 인적 인프라를 활용하여 지역사회와

---

74) 부다피아, 「좌담: 어린이 포교 활성화의 과제」 Available from :URL: http://www.buddhapia.com/.
최미선, 「만남·인터뷰 : 20년 어린이포교 경험, 한국불교의 자산으로 만들어야죠」, 『월간 불광』, 2008년 2월호.

사찰을 상호 연계하는 것으로, 교육생들이 며칠 동안의 사찰 생활과 교육을 통해 육화사상·청정식 문화·환경보호·존경과 예절 등을 체험하고 각자 가정에서도 실천하도록 지도한다.

또한 발우공양과 환경보호 등을 주제로 한 홍보자료를 제작·배포하여 채식의 생활화, 음식물 낭비의 예방 등을 유도한다.

④ 행정기관과 연계하여 지역사회 봉사 프로그램을 개발함으로써 보다 효과적인 봉사활동이 되도록 한다.

앞으로는 면이나 시 단위의 복지업무 부서와 협의해서 지역사회 실정에 맞고 그들이 꼭 필요로 하는 봉사활동이 이루어지도록 하고, 이를 통해 더욱 효과적인 포교를 기대할 수 있을 것이다.

삼선강원의 발달사

수 경(대한불교조계종 총무원 문화부장)

I. 머리말
II. 비구니 강원의 성립과 변천
   1. 최초의 비구니 강원 성립
   2. 비구니 강원의 변천
   3. 통학강원 개설과 의의
III. 삼선강원의 교육체제
   1. 운영 및 시설 현황
   2. 학제 및 교과 과정
   3. 학사일정과 대중 습의
   4. 역대 강사와 강맥
   5. 학인청규 및 소임
   6. 학인 현황 및 활동
IV. 개혁종단 이후 삼선강원의 변천
   1. 승가교육체계 정비의 시기(1995년~1998년)
   2. 승가교육 내실화의 시기(1999년~2003년)
   3. 승가교육체계 재정립의 시기(2004년~현재)
V. 졸업 후 삼선인의 동향
   1. 졸업생 명단
   2. 졸업생들의 활동 분야
VI. 삼선강원의 향후 과제
VII. 맺음말

I. 머리말

　강원은 한국불교에 있어 승가교육의 기본 모태가 되어온 전통 승가교육기관이다. 그동안 여러 시대 상황과 여건 속에서 다소의 변천과정을 겪어 오기는 했으나, 여전히 전통강원의 체제를 그대로 유지하고 있으며 승가교육의 중추적 역할을 해오고 있다. 오히려 1994년 개혁종단 출범 이후 승려가 되기 위해서는 필수적으로 거쳐야 하는 기본교육기관으로 정해짐에 따라 강원의 위상은 더욱 높아졌다.

　현재 사미 강원 14곳, 사미니 강원 6곳이 교육원의 인가를 받아 통일된 교과과정으로 학인들을 교육시키고 있다. 이 가운데 사미니 강원은 동학사·봉녕사·삼선승가대학·운문사·청암사·유마사이며, 이들 사미니 강원 중 삼선승가대학(이하 삼선강원)은 유일한 통학강원이다. 통학강원이란 일반 학교와 같이 피교육자가 통학을 하면서 공부를 배우는 강원이다. 지금까지의 전통강원은 대중이 함께 상주하면서 공부하는 것을 원칙으로 해왔다. 그에 반해 삼선강원은 처음부터 통학강원으로 출발하였다. 통학강원이 생기게 된 배경은 교육에 대한 갈망과 염원은 있었지만, 전통강원에서 공부할 수 없는 여건에 처한 승려들에 의해 이루어진 시절인연이자, 시대적 요청이었다고 할 수 있다.

　그러나 승가는 공동체로서 대중 수순과 대중 화합을 매우 중요시한다. 수순과 화합을 배우고 익히는 가장 기본적 교육 도량이 강원이라는 점에서 강원을 소위 '중 물들이는 곳'이라 하기도 한다. 따라서 대중생활을 하지 않는 통학강원에 대해 우려의 목소리도 없지 않았다.

　1994년 개혁종단이 출범하면서 교육원과 포교원을 별원으로 설립하여 승가교육과 포교의 전문성과 자율성을 제도적으로 보장하였고, 그 성과의 하나로서 기초-기본-전문-특수-재교육의 승가교육 체계가 정비되었다. 개혁 이전까지는 출가하여 사미·사미니계를 수지하면 본인의 의사에 따라 강원·선원·포교 등을 자유롭게 선택하여 활동하던 것을, 1995년 이후 출가자부터 기본교육 4년을 의무화시켰다. 그리고 승가대학령을 만들어 그 령에 준하여 사미·사미니 강원을 지정하고 인가하는 등 엄격한 교육행정의 원칙을 견지하고자 하였다.

　이러한 때 삼선강원을 전통강원과 대등하게 기본교육기관으로 인가할 것인가에 대한 논란이 있었다. 동등한 자격으로 인가할 수 없다는 많은 반대에 부딪혀 한때 강원 측에서는 폐교를 발표하기도 하였다. 그러나 졸업생들과 재학생들은 종단에 통학강원이 존립해야 할 당위성을 주장하고, 강원에 대해서는 폐교를 받아들일 수 없다는 강한 의지를 표명했다. 마침내 조건부 인가라는 결정이 내려졌다. 조건부 인가란 1년에 3주 정도 학인들에게 대중 습의를 익히게 해야 한다는 것이었다. 그리고 1996년 12월 19일 기본교육기관으로서의 인가[1]가 내려졌다. 그 후 삼선강원은 이러한 조건을 충족하기 위해 고심하고 실행하려는 일련의 노력을 보여왔다. 그 결과 이제는 6대 사미니 강원의 하나로서 당당히 자리매김하고 있으며, 타 강원들과 마찬가지로 기본교육기관으로서의 정체성을 정립하고 있다.

---

1) 『승가교육』 제2집, 대한불교조계종 교육원, 1998, p.56.

이에 본고는 '삼선강원의 발달사'라는 주제를 가지고, 올해로 30주년을 맞이하는 삼선강원의 역사를 고찰해 보고자 한다. 본론으로 들어가 2장에서는 비구니 강원의 성립과 변천과정을 통해 통학강원이 개설된 배경과 의의를 살펴본다. 3장에서는 삼선강원의 운영 및 시설, 학제와 교과과정, 학사일정과 대중 습의, 역대 강사와 강맥, 학인청규 및 소임, 학인 현황 및 활동 등을 통해서 현재의 교육체제를 밝히되 필요한 대목에 있어서는 강원 개원 이래 현재까지의 변천도 함께 고찰하였다. 4장에서는 개혁종단 이후 삼선강원이 교육원의 행보에 발맞추어 어떻게 변화 발전되어 갔는지를 살펴본다. 5장에서는 삼선강원 학인들의 졸업 후 동향을 살펴보며 어떠한 활동을 하면서 종단과 이 사회에 기여하고 있는지를 알아보고자 한다. 6장에서는 한국불교는 전통에만 얽매여 있기보다는 전통을 계승하면서도 현재를 담을 수 있는 새로운 승가상을 요청받고 있다는 측면에서 삼선강원의 새로운 도약의 길도 모색해 보고자 한다.

II. 비구니 강원의 성립과 변천

1. 최초의 비구니 강원 성립

강원은 '부처님의 교법을 강설하고 연찬하는 수행 도량'이며, 전문적인 승려 양성을 위한 사원의 독특한 교육제도다. 승가교육의 모태가 되어 온 강원은 불교가 전래된 삼국시대에서부터 비롯되었다고 할 수 있다. 하지만 돈오점수, 사교입선의 교육방침에 따라 강원 교육이 중점적으로 실시되고 강원이 기초학교로서의 기능을 갖게 된 것은 근대2) 이후다.

근대 사원교육은 선교겸학의 학통을 잇고 있으며, 이를 정통으로 하여 삼학을 교육목표로 하는 강원제가 그 특징이다. 이는 고려시대 보조지눌이 정혜결사를 조직하여 돈오점수를 시작한 데서 찾을 수 있다. 또 조선 중기 서산휴정이 선교의 갈등으로 침체되어 있던 상황에서 간화선을 중시하면서 선교를 겸수하는 선풍을 확립시켰으며, 서산계와 함께 조선 후기 양대 계파를 형성한 부휴계도 보조지눌의 선교겸수의 선풍을 진작시킨 영향이라고 하겠다.

조선 후기 오랜 억불의 흐름 속에서 수행과 포교를 근간으로 하는 불교의 기능은 원활하지 못했다. 다만 조선 중기에 정비된 수행 및 수학체계에 따라 후학 양성과 교학의 발전, 그리고 청허휴정과 부휴선수의 양대 법맥의 조계가풍이 근대로 연결되어 대한불교조계종을 탄생시키는 데 지대한 역할을 하였을 뿐이다.

그러나 19세기 말 열강의 도전이 본격화되고 일본불교가 적극적으로 활동을 전개하면서 개항기의 한국불교는 새로운 국면에 직면하였다. 일제가 한국을 지배하기 시작하고 1911년 일제의 사찰령이 발표되기에 이른 상황에서 한국불교는 새로운 시대상황에 적응하면서 변화와 발전을 모색하게 되는데, 특히 불교개혁의 가장 시급한 과제는 교육제도의 근대적 개혁이었다. 불교계에서는 재래식 강원 교육으로는 새로운 시대에 걸맞은 인재를 양성할

---

2) 한국불교사에서 근대불교는 국호를 대한제국으로 고친 광무 원년(1897년)부터 1945년까지를 말한다. 그러나 이는 정치체제의 변동에 따른 구분이며, 불교사의 전개와 연관을 가지는 측면에서 본다면 근대불교의 시작은 승려의 도성출입 금지가 해금된 1895년으로 이해하기도 한다.

수 없다고 생각하고 교육제도의 근대적 개혁을 주장하였다.

1906년 설립한 최초의 근대식 불교학교인 명진학교, 1910년에 개교한 불교사범학교, 1912년 이능화가 설립한 능인보통학교, 1914년 전문학교로서 불교고등강숙 설립 등은 모두 불교계의 이러한 인식에서 출발한 것이다. 마침내 1915년에 중앙의 불교고등강숙을 불교중앙학림으로 개편하면서 보통학교, 지방학림, 중앙학림에 이르는 근대 승가교육체계를 완성하게 된다. 그리고 각 사찰에서도 소수이긴 하지만 학승을 선발하여 선진 학문을 익히기 위해 일본, 중국, 독일, 프랑스 등으로 유학을 보냈다. 한편 지방학림의 설립과 신교육 강화정책으로 1910년대 당시의 전통강원은 지방강원으로 전환되거나 점차 문을 닫기 시작했으며, 1920년에 들어서는 대다수 전통강원이 자취를 감추었다.

1920년대 중반에 이르러 불교계 내에서 강원 교육을 다시 중시하는 분위기가 조성되었다. 1925년부터 전통강원 복구운동이 시작되면서 서서히 강원 부흥의 시대가 도래했다. 그리고 광복 전 1943년까지 꾸준히 졸업생을 배출시켰다. 이러한 저변에는 근대 교육기관의 교육효과에 대한 불신과 근대학문을 익힌 일본 유학생들의 친일과 대처 및 환속에 따른 세속화로 인해 전통강원 교육에 대한 신뢰가 다시금 되살아나고 있었다. 이밖에도 1925년 진하 스님이 입적하자 스님 같은 대강백을 육성하기 위해서는 전문강원이 필요하다는 여론도 작용하였던 것이다.[3]

이처럼 개화기를 맞이하여 비구들은 신학문과 사상을 받아들이고자 열의에 차 있었고, 반면 비구니들 중에서는 강원 교육을 희망하는 사람들이 점차 생겨나기 시작했다. 이때까지만 해도 강

---

3) 대한불교조계종 교육원, 『조계종사—근현대편』, 조계종출판사, 2001, p.105.

원 교육의 대상은 오로지 비구였으며, 비구니는 교육대상에서 제외되어 있었다. 하지만 이러한 환경 속에서도 강원 교육을 받은 비구니들이 있었다. 보문종 초대 종정을 지낸 설월긍탄(1885~1980년)4) 스님, 만공 스님으로부터 법을 인가받아 최초로 비구니 선맥을 일으킨 묘리법희(1887년~1975년)5) 스님, 혜월성문(1893~1974년)6) 스님, 또 1960년대에 비구니 3대 강백으로 인정받았던 월광금룡(1892년~1965년)7) 스님·정암혜옥(1901년~1969년)8) 스님·화산수옥(1902년~1966년)9) 스님 등이다. 이들은 모두 1910년~1920년대에 비구 강원에서 청강을 하며 열악한 교육환경 속에서도 강원 교육을 받은 비구니 선각자들이다.

당시 비구니들은 암자에서 큰절로 다니며 청강을 하는 수준이긴 하였지만 그나마 비구 강원에서 공부할 수 있었던 것만으로도 승가의 대단한 변화가 아닐 수 없다. 비구니들의 교육에 대한 열정과 성실함 그리고 비구 강사들의 미래를 내다보는 배려와 혜안이 승가의 변화를 이끌어내는 원동력이 되었다고 본다. 그러나 현실적으로는 일제강점기 하에서 젊은 비구들이 징병을 나가거나 또는 신학문에 대한 관심으로 전통강원 교육을 소홀히 여겼던

---

4) 설월긍탄 스님은 1913년 동학사에서 대교과를 수료했다.
5) 묘리법희 스님은 동학사에서 만우상경 스님에게 경전과 어록을 배웠다.
6) 혜월성문 스님은 국일암에서 대교과를 수료하였다.
7) 월광금룡 스님은 1911년 사미니계를 수지한 후 통도사에서 대교과를 수료하였다.
8) 정암혜옥 스님은 청암사, 해인사, 법주사 등에서 대교과까지 이력 과정을 마쳤다.
9) 화산수옥 스님은 1920년 해인사에서 사미과와 사집과를, 1929년 응선암에서 사교과, 대교과를 수료하였다. 그리고 다시 1934년 일본 묘심사파 종립학교에서 3년 간 수학하고 귀국하여 일생을 비구니 강사로서 비구니 교육에 헌신하였다.

것이 오히려 비구니들에게는 교육의 기회가 주어지는 실질적인 계기가 되었다고 하겠다. 또 비구 강사들이 전통강원의 맥이 끊어질까 염려해서 비구니들을 적극적으로 교육시키고, 전강을 통해 비구니 강사를 배출했던 점도 오늘날 비구니 강원[10]이 자립할 수 있게 된 가장 큰 배경이라고 할 수 있다. 비구들이 징병을 나가 선원과 강원이 텅 비게 되자, 남장사 조실이신 보명혜봉 스님이 주지스님에게 비구니 강당을 만들어야 한다고 제의했다는 이야기에서도 이런 상황을 엿볼 수 있다. 이러한 시대적 배경은 마침내 비구니 강원이 성립되는 계기를 마련하였다고 하겠다.

『한국근현대불교사연표』에 의하면, 통도사 옥련암에서 해담 율사를 강사로 모시고 니생강당이 설립되었는데, 이곳이 비구니 강원의 효시[11]라고 기록하고 있으며, 그 해가 1918년이다. 또 혜월성문(1893~1974년) 스님이 20세에 구족계를 수지하고 국일암에서 타불 스님에게 대교과를 마쳤다고 하였는데, 『운문회보』에는 해인사 국일암을 최초의 비구니 강원[12]이라고 표기하고 있다. 그후 1936년 은영 스님이 비구니 정영명 강사를 모시고 보문사 불교강원을 개설[13]하였으며, 광우 스님의 증언에 의하면 1943년 상주 남장사 조실인 혜봉 스님이 비구니 강백 화산수옥 스님을

---

10) 개혁종단이 출범하면서 '先교육 後득도'의 방침에 따라 강원 교육이 구족계 수계 이전의 교육과정으로 정비되면서 비구(니) 강원이라는 명칭도 자연스럽게 사미(니) 강원으로 바뀌었지만, 여성 출가자의 의미에 비중을 두어 이 논문에서는 '비구니 강원'이라 표기하였다.
11) 불학연구소 편, 『한국근현대불교사연표』, 대한불교조계종 교육원, 2000, pp.227~228; 정광호, 『近代日佛敎關係史硏究』, 경희대학교 박사학위 논문, 1989, p.132.
12) 『운문회보』 20호, 1987.
13) 「비구니원로를 찾아 25」 『운문회보』 29호; 불학연구소 편, 『강원총람』, p.573.

강사로 모시고 관음강원을 개원하였는데, 한국 최초의 비구니 강원이라고 하였다. 광우 스님이 남장사에 비구니 강원을 개설한다는 수옥 스님의 연락을 받고 찾아간 해가 1943년이며, 사집반에 입학하였다고 한다. 1943년 그 해 사미과·사집과 수료식이 있었고,14) 광우 스님이 대교과를 졸업한 1944년 관음강원은 서둘러 문을 닫게 되었는데, 그 이유는 당시 전쟁 말기에 접어든 일본이 우리나라 처녀들을 정신대로 잡아가려고 혈안이 되어 있어 정신대의 공포가 컸기 때문이었다.

이처럼 광복 이전 비구니 강원으로는 통도사 옥련암·해인사 국일암·보문사 보문강원·남장사 관음강원 네 곳을 들 수 있으며, 이들 강원 중 비구니 강원의 효시를 어디로 정할 것인지에 대해서는 정확하지 않다. 다만 보문강원은 현재 보문종에 속하며 전통강원과는 그 체제가 조금 달랐다는 점에서 제외한다고 하더라도, 옥련암·국일암·남장사 관음강원의 경우 모두 기록상으로는 최초의 강원으로 전하고 있다. 기록에 의하면 이 중에 옥련암과 국일암이 비구 강사스님을 모신 최초의 비구니 강원이긴 하지만 그 연대가 1910년대라는 점을 중시하지 않을 수 없으며, 또 이보다 20여 년 뒤에 개설된 남장사 관음강원의 경우는 비구니 강사가 강원을 개설했다는 점에서 나름대로의 특징이 있어 보인다.

그러므로 비구니 강원의 효시를 어디로 볼 것인지 또 그 기준을 어디에 둘 것인지에 대해서는 더 깊은 연구가 필요하다고 생각된다.

---

14) 불학연구소 편, 『한국근현대불교사연표』, p.253; 불학연구소 편, 『강원총람』, p.547. "1943년 비구니 강백 화산수옥 스님 지도 하에 비구니 강원생 제1회 사미과 사집과 수료식이 있었다."

2. 비구니 강원의 변천

1945년 광복과 더불어 불교계의 갈등과 정화운동, 6·25전쟁 등으로 인한 사회적 혼란으로 1950년대 중반 모든 강원은 문을 닫게 되었다. 이후 1955년 해인사 법보강원이 복원되고, 이때부터 용주사·통도사 강원 등에서 전통강원이 새롭게 문을 열기까지 다만 일부 강사들에 의해 개별적으로 전통강원이 이루어졌을 뿐이다.

비구니 강원도 예외가 아니어서 전통 전에 옥련암·국일암·남장사 세 곳이 문을 닫게 되었는데, 남장사는 폐교의 이유를 "정신대 소집으로 인하여 모여 있으면 위험했기 때문"[15]이라고 밝히고 있다. 보문사는 1936년에 개설된 뒤 "무술년(1958년) 7월 28일 홍영진 강사가 주석하고 있을 때는 학인들만 하여도 50여 명이 넘었다. 또 무술년에서 정미년(1967년) 사이에 세 차례에 걸쳐 박송암 스님을 모시고 범음 공부를 하였다"[16]라고 하여 시대를 반영한 교과목과 훌륭한 강사진 등으로 학인들에게 좋은 반응을 얻어 오랫동안 강원이 운영되었음을 알 수 있다. 그리고 광복 후 옥수동 미타사(1945년~1950년 설립), 전주 정혜사(1957년)에 비구니 강원이 개설되었는데, 이는 광복과 6·25전쟁으로 인한 혼란의 시기에 비구 강원은 전반적으로 침체되어 있었던 반면 비구니 교육은 문중을 중심으로 그 맥을 이어가고 있었음을 알 수 있다.

그러나 비구니 교육에 한 획을 그을 수 있었던 역사적 사건은, 1956년 동학사에 경봉 스님을 모시고 최초로 비구니 전문강원을

---

15) 불학연구소 편, 『강원총람』, pp.547~548.
16) 불학연구소 편, 『강원총람』, p.573.

개설한 일이다. 현존하는 비구니 강원 중 최초가 되는 동학사 강원은 1864년 만화보선 스님이 비구 강원을 개설한 이후 제 10대 운허용하 스님까지 그 맥을 이어오다가 비구니 강원으로 전환한 것이다. 동학사에 비구니 강원이 성립된 것은 비구니 교육이 정착될 수 있는 여건이 마련됨으로써 비구니 교육의 확대를 가져왔고, 이러한 비구니 교육의 확대는 교육의 보편화를 가져와 종단을 질적으로 향상시켰으며, 나아가 비구니들이 종단 구성원의 한 축으로서 그 역할을 할 수 있게 하였다고[17] 하겠다.

동학사 강원이 설립된 후 1958년 오해련 스님이 운문사 강원을 개설하였으며, 그 후 많은 비구니 강원이 문을 열었다. 대략 전주 정혜사(1957년~1993년, 지현), 청룡사(1961년), 산청 대원사(1968년), 개심사(1968년~1979년),[18] 화운승가학원(1957년~1985년),[19] 봉녕사(1974년), 백양사 천진암(1976년), 삼선강원(1978년), 청암사(1987년), 성라암승가대학(1987년, 홍륜), 영은승가학원(1990년, 현주), 유마사(2007년) 등에 비구니 강원이 차례로 개설되었다. 그러나 이들 강원 중에는 몇 년을 지탱하지 못하고 폐교된 곳도 있으며, 개심사·화운사·정혜사처럼 비구니 인재양성을 위해 오랫동안 진력해 온 강원도 있다. 지금까지 현존하는 비구니 강원은 동학사·봉녕사·삼선강원·운문사·청암사이며, 2007년도에 새로 개설된 유마사를 합하여 모두 여섯 곳이다. 이 중 삼선승가대학은 한국불교의 유일

---

17) 졸고,「한국 비구니 강원 발달사」,『한국 비구니의 수행과 삶』, 예문서원, 2007, p.33.
18) 개심사 강원은 1930년대에 향덕 강백을 모시고 강원을 개설하였으며, 1968년 성능 강백을 모시고 비구니 강원을 개설하였다.
19) 1977년 종정 서옹 스님으로부터 김지명 비구니를 주지로 임명하였다. 1978년 비구니 강원으로 전환, 강사는 경옥 스님이며, 그 당시 학인은 40명이었다고 한다.

한 통학강원으로 불교의 사회화·포교의 다양화라는 시대적 배경이 낳은 또 다른 특징을 지닌 교육 도량이다.

이 당시 즉 개혁종단 출범 이전 강원 교육체계는 일정하게 정해져 있지 않았다. 학제 또한 편성된 반의 역량에 따라서 자유롭게 편성되었다. 그래서 강원 교육에서 대교과까지 수료하는 학인들이 드물었으며 학제도 2년에서 6년까지 편차가 매우 심했다. 1955년 전문강원이 복구된 이후 1980년 초까지 강원 교육의 학제 및 교과과정이 각 강원마다 다르고 학인들의 학적부마저 제대로 관리되지 않았다. 1982년 석남사 인홍 스님의 제안으로 비구니 강원의 강사모임인 '대한불교조계종 비구니교우회'를 발족하게 되었다. 교우회는 매년 학기 초에 모여 강원의 여러 현안들을 논의하였는데, 1984년 8월 '전국비구니강원 교직자 회의'에서 교과과정 및 교육이수 기간에 대한 통일안을 제시하였다. 이뿐만 아니라 강원의 명칭을 '승가학원'[20]으로 통일, 학인의 이동질서 확립, 개학과 방학 날짜 통일 등도 논의되었다. 강원을 '승가학원'으로 통일시키고자 했던 비구니교우회는 이 당시 이미 강원이라는 명칭이 대사회적으로 인식되지 못한다는 점에서 함께 고민했음을 알 수 있다. 뿐만 아니라 동년 9월 29일 법주사에서 강원 교육의 정상화 방안을 모색하기 위한 전국 강원의 강사 연석회의가 열렸을 때 전국비구니강원 교직자 회의의 토의사항을 이어받아 강원 이수 연한을 사미·사집·사교·대교과를 각 1년씩 총 4년으로 정하고, 각 과별로 이수해야 할 교과목도 정하기로 하였다. 이는 비구니 강원이 비록 늦게 시작했지만, 비구 강원보다 훨

---

20) 승가학원이라는 명칭은 1982년 삼선강원이 총무원으로부터 '주림승가학원'으로 등록승인서를 받은 사실로 미루어 이러한 명칭이 참작된 듯하다.

씬 먼저 교육의 통일성과 질서를 유지하려고 노력한 결과 사미강원의 교육체제에까지 영향을 준 사례라고 하겠다.

교과과정에도 서서히 변화가 일어나 1985년부터 처음으로 운문사에서 전통 이력과목 외에 교양과목을 가르치기 시작했고, 그 밖의 강원들도 불교학개론·인도불교사·중국불교사·한국불교사·선학개론·외국어, 그밖에 꽃꽂이·서예·사군자·피아노·컴퓨터 등을 강원의 형편과 학인들의 기호에 따라 선택해서 가르쳤다. 수업 연한도 1970년 전후까지만 해도 10년제와 11년제가 양립하다가 그 후 5, 6년으로 단축되었으나, 1984년 비구니교우회에서 교과과정 및 교육이수 기간을 통일한 뒤로 교육이수 기간을 운문사가 1985년, 봉녕사는 1987년, 삼선승가대학은 1991년 입학생들부터 4년으로 시행하고 있다.

전통강원의 맥을 계승하는 데 가장 중요한 것 중의 하나가 전문강사를 양성하는 일이다. 그동안 강원이 제대로 체제를 갖추지 못했던 것도 강사 확보가 안 된 상태에서는 모든 것이 불가능했기 때문이다. 그런데 1981년 직지사에서 '황악불교전문학림'을 개설하고 대교과를 이수한 학인을 대상으로 3년 결사를 해서 1984년 10명의 학인들에게 전강을 했다. 이 전강식은 전통강원 교육의 부흥과 강맥 전수의 기틀을 마련하는 데 기여하였다.[21]

전강제도는 교육의 맥을 계속 이어갈 수 있다는 점에서 매우 중요한 제도다. 비구니 강원도 예외가 아니어서 봉녕사 학장인 묘엄 스님과 운문사 학장인 명성 스님이 전강을 받은 것을 계기로 전강의 맥이 이어지고 있다. 현재까지 존립하고 있는 5대 강원, 즉 동학사·봉녕사·삼선사·운문사·청암사 학장스님들은

---

21) 대한불교조계종 교육원, 『조계종사-근현대편』, 조계종출판사, 2001, p.281.

모두 비구 강백스님으로부터 전강을 받은 분들이지만 운문사 학장인 명성 스님이 비구니 강원에서는 최초로 1985년 흥륜 스님과 일진 스님에게 전강을 하면서 비구니 강사가 비구니에게 전강할 수 있는 풍토가 이루어졌다. 그 후 각 강원에서 배출된 강사가 총 30여 명에 달한다. 비구니의 전강제도는 비구니 강원을 오늘날까지 존속시키는 데 일조하고 있으며, 또 강사들은 출신 강원에서 전강을 받고 강의해 오고 있다.

3. 통학강원 개설과 의의

삼선강원의 이전 명칭은 '주림승가학원珠林僧家學院'이다. 주림승가학원이 설립된 해는 1978년이다. 1970년대 종단의 상황을 살펴보면, 종정 중심제와 총무원장 중심제를 두고 잠재되어 있었던 종단 내부의 여러 문제점들이 서서히 가시화되는 갈등과 대립의 시대였다. 반면 도심 속에서 불교단체 및 사찰들이 다양하게 포교와 신행활동을 하던 시기였다. 특히 한국선의 해외포교가 본격적으로 이루어지기도 하였는데, 가장 대표적인 분이었던 숭산 스님은 1972년에 미국에 홍법원을 개원하여 5만여 명의 외국인 제자들을 두었다. 구산 스님은 1973년 송광사에 한국 최초의 불일국제선원을 개원하여 한국의 전통 선 수행을 체험하고자 오는 외국인들이 수행 정진하도록 하였다. 지방에는 많은 선원이 개원되어 수선납자들의 수행 정진이 이어졌으며, 해인총림과 조계총림의 발족으로 종단의 청정승가 구현과 수행정신 강화를 실현하려는 전기를 마련하게 되었다. 한편 승려들의 자질 향상, 정체성 부여 등이 중요한 과제로 대두되면서 종단이 교육사업에 매진해야 한다는 여론을 불러일으켰다. 1960년부터 시작된 전통강원의 복원이 대략 1979년에는 18개로 늘어났으나 불교계의 일반적인 분위기가 강원보다 선원을 선호하는 경향인데다 교육체계도 제대로 갖추고 있지 않아 강원이 종단 교육기관으로서의 올바른 위상을 갖지 못했다. 뿐만 아니라 강원 교육이 의무화되어 있지도 않은 상태에서 대다수의 학인들이 강원의 교육과정을 전부 이수하는 경우가 드물었다.

이러한 시대적 배경 속에서 통학강원이 개설되었다. 통학강원이 성립된 직접적 동기는 의정부에 거주하고 있는 비구니 스님들의 모임인 '자비회'에서 시작되었다. 어느 날 자비회 회원 중에 상좌를 강원에 보내고 나면 사찰 운영이 어렵기 때문에 강원에 보내지 않고도 간경할 수 있으면 좋겠다는 이야기가 나왔다. 마침 화운사 강사를 지내던 묘순 스님이 1977년 건강상의 이유로 화운사에서 나와 쉬고 있었다. 자비회 회원이던 지광 스님이 묘순 스님에게 통학강원 설립을 제의함으로써 이 뜻이 이루어졌다.

1978년 9월 7일 의정부 호원동 약수선원에 '주림승가학원'이 개원되었다. 무공[22] 스님을 명예학장으로, 지광 스님을 원장으로, 묘순 스님을 강사로 초빙했다. 입학 학인은 모두 10명이었다. 설립 취지는 "강원에 갈 시기를 놓친 스님, 전통강원에서 이력과정을 다 이수하지 못한 스님, 동국대학교 등 일반대학에 다니면서 내전의 습득을 필요로 하는 스님들에게 두루 간경의 기회를 주기 위해서"라고 밝혔다. 개강한 지 한 철(5개월)이 지나자 학인들은 이구동성으로 통학강원을 희망하는 학인들에게 보다 많은

---

22) 무공 스님은 이범석 장군이 총리를 지낼 때 승복을 입고 총리실에 근무하였으며, 1979년 11월 8일 입적하였다.

기회와 편의를 제공하기 위해 장소를 서울 시내로 옮기는 것이 어떠냐고 제의했다.

이에 추진력과 적극적인 성품을 지닌 지광 원장스님은 곧 행동으로 옮겼다. 다음 해인 1979년 3월 1일 서울 성북구 동소문동 2가에 법당을 마련하여, 삼선포교원을 개원하였다. 그때만 해도 시내에 포교원이 없던 시절이어서 많은 사람들을 놀라게 했다. 아침에는 학인들이 강원으로 활용하고 오후에는 지역포교를 위한 포교원으로서 활용하면서 신도도 학인도 늘어갔다. 원장인 지광 스님은 "'一擧四得 五得'으로도 족할 길이 없는 현세에 맞춰 목적을 두고 작은 통학강원을 개설한 지도 15개월이 됩니다. 절일을 보면서 경을 보고 외전도 보면서 예기를 배우고 늦게 입산하여 강원 갈 용기가 없는 이까지 배울 수 있게 되니 4, 5년간의 대중생활도 물론 좋지만 강원에 갈 수 없는 비구니들에게는 더할 수 없이 좋다"[23]라고 하였다. 지광 스님과 묘순 스님은 당시 도심포교의 개척자로서, 또 강원 교육의 새로운 장을 연 분으로서 시대를 앞서가는 선각자였다.

신도가 500여 명으로 늘어나자 법당이 너무 협소하여 다음 해인 1980년 9월 9일 다시 성북구 동소문동 3가에 전보다 4배나 큰 법당과 상담실, 강의실을 마련하고 강원 개원 2주년 기념 및 법당 이전 기념 법요식을 가졌다. 개원 1년 6개월 만의 일이었으며, 통학강원에서는 30여 명의 학인들이 사교·사집·사미과 강의를 수강하였다.[24]

1981년 9월 9일 개원 3주년을 맞이하였으며 사미·사집·사

---

23) 불학연구소 편, 『강원총람』, 대한불교조계종 교육원, 1997, p.439.
24) 〈불교신문〉 1980년 9월 21일자.

교·대교과에 총 39명의 학인이 간경을 하였다. 혁신적이면서도 체계 있는 교육을 주장하며 펜글씨·꽃꽂이·합창 등을 익히고, 대학에 가고자 하는 학인을 위해 대입 준비, 교양강좌 등의 외전 특강도 실시하였다. 앞으로 대 사회사업에 동참할 수 있는 인재 양성을 위해 일반 정규대학의 교과목을 강의하고, 불교문화사업에도 전력할 방침[25]이라고 원장스님은 밝혔다. 같은 해 강원 학인들의 예술제를 마련하기로 하고 11월 1일에 학인 합창단을 조직하였으며, 11월 16일 제 2대 명예원장으로 혜정 큰스님을 추대하였다. 그리고 12월 29일 제1회 '주림강원축제'를 동국대 중강당에서 1천여 명의 신도들이 참석한 가운데 성대히 열었다. 이를 계기로 주림강원이 세상에 더욱 알려지는 계기가 되었다. 또 강원 배지와 강원가도 만들었다. 배지의 전체 모양은 종을 본떠 만들었으며, 둘레의 선은 시방十方을 상징하고, 3점三點은 불·법·승 삼보를 의미한다. 종소리가 퍼지듯이 불·법·승 삼보가 영원하라는 의미를 담고 있다. 강원가[26]는 지광 스님과 묘순 스님이 작사하고 신귀복 선생이 곡을 붙였다.

1982년 6월 19일 제 1회 대교과 졸업생 7명을 배출하면서 종단으로부터 최초의 통학승가학원 승인을 받았다. 총무원장 진경 스님은 17일 원장 집무실에서 주림승가학원장 지광 스님에게 '주림승가학원' 등록승인서를 수여했다. 19일 졸업식에는 원장 혜정 스님을 비롯하여 총무원 교무국장 지원 스님과 인환 스님, 운경 스님 및 5백여 신도들이 참석했다. 식은 총무원장 훈시(교무국장 대독), 혜정 스님의 졸업식사, 묘순 스님 훈화, 지광 스님의 격려사,

---

25) 〈불교신문〉 1981년 9월 20일자.
26) 〈첨부 1〉 참조.

운경 스님과 인환 스님의 축사 순으로 진행됐다.[27]

1983년 한국에서 제일 가는 비구니 불교회관을 건립하려는 큰 뜻을 실현하기 위해 성북구 동선동 3가 255번지에 대지 350평을 마련하였다. 연건평 407평의 3층 건물은 신라시대의 성보 분황사탑을 재현한 20세기 불교문화재로서 고건축 전문위원인 신영훈 거사의 자문을 받았다. 도량에는 칠곡 송림사 전탑을 모본으로 탑을 조성하였다

1984년 3월 1일 지금의 장소로 이전, 삼선포교원과 주림강원은 비로소 서울에서 정착하게 되었다. 원력과 땀의 결실이었다. 그리고 1986년 10월 15일 '주림강원'을 '삼선강원'으로 개명하였다.

삼선강원은 한국불교의 유일한 통학강원이다. 승가에 있어서 통학강원이 갖는 의의는 여러 측면에서 고려해 볼 수 있겠지만, 무엇보다도 우선 전통강원에 대한 새로운 시도였다는 점에서 한국불교 강원 역사상 획기적인 일이라고 할 수 있을 것이다. 그밖에 전통강원에서 교육을 이수하지 못한 학인에게 통학하며 간경할 수 있는 기회를 제공함으로써 그 효과는 교육의 대중화 내지 평준화에 일조하고, 또 도심이라는 장점을 살려 현대사회와의 소통과 접목을 용이하게 함으로써 포교의 중요성을 깨닫고 현실화에 일조했다는 점도 간과해서는 안 될 것이다.

이상은 삼선강원이 개원한 1978년부터의 연혁을 대강 정리한 것이며, 위의 내용과 함께 교육원이 공식적으로 출범한 1995년까지 삼선강원의 연혁을 도표로 정리하면 다음과 같다.

---

27) 〈불교신문〉 1982년 6월 27일자.

연 월 일	삼선강원 연혁
1978년 9월 7일	의정부시 호원동 약수선원에서 '주림강원' 개원 초대 명예원장 무공, 원장 지광, 강사 묘순
1979년 3월 1일	서울시 성북구 동소문동 2가 229 '삼선포교원' 개원, '주림강원' 이전
1979년 5월 5일	삼선포교원에서 비구니 불교회관 건립을 위한 대은 큰스님 선서전, 고승 및 서화가 초대전
1980년 10월 6일	서울시 성북구 동소문동 3가 31번지로 이전 강원 개원 2주년 기념 및 법당 이전 기념 법요식
1981년 11월 1일	학인 합창단 창립
1981년 11월 3일	강원 배지와 강원가 만듦.
1981년 11월 16일	2대 명예원장 혜정 큰스님 추대
1981년 12월 29일	제1회 주림강원 축제(동국대학교 중강당)
1982년 6월 19일	제1회 졸업식 / 총무원으로부터 '주림승가학원' 등록승인서 받음.
1983년 10월 15일	성북구 동선동 3가에 마련한 신축회관 상량식 거행
1984년 3월 1일	성북구 동선동 3가 255번지로 이전(현 위치)
1984년 11월 30일	제2회 졸업식
1985년 10월 10일	제3회 졸업식
1986년 10월 15일	'주림강원'을 '삼선강원'으로 개명
1986년 10월 30일	제4회 졸업식
1988년 3월 20일	제5회 졸업식
1989년 2월 28일	제6회 졸업식
1989년 12월 22일	세종문화회관 별관에서 법당불사 회향 및 10주년 기념 〈피어라 만다라〉 문화행사
1989년 3월 28일	일홍 스님 전강식
1990년 2월 28일	제7회 졸업식
1992년 2월 28일	제8회 졸업식
1993년 2월 28일	제9회 졸업식
1994년 3월 15일	제10회 졸업식

Ⅲ. 삼선강원의 교육체제

　삼선강원은 통학강원이지만 교육체제는 전통강원과 그 맥을 같이 한다고 하겠다. 우선 삼선강원을 개설한 학장스님이 전통강원 교육을 받은 분이며, 상주강원에 가지 못하는 학인들을 위해 개설된 강원이기 때문이다. 삼선강원의 교육목표는 "사미니들에게 경·율·론 삼장을 전문 교육하여 비구니의 자질을 갖추게 하고 정법을 수호하여 인천의 사표로서 지혜와 원력을 함양하게 함을 목적으로 한다"고 되어 있다. 교육방향은 "삼보에 대한 신심을 견고히 하여 보살도의 실천자로서 거듭나게 하며, 전법교화로써 부처님의 혜명을 잇도록 한다"이며, 교육지침이기도 한 교훈은 '신심견고信心堅固, 교해홍포敎海弘布, 전법도생傳法度生'[28)]이다.

　이러한 삼선강원이 현재 어떠한 교육체제에서 운영되고 있는지 1) 운영 및 시설 현황 2) 학제 및 교과과정 3) 학사일정과 대중습의 4) 역대 강사와 강맥 5) 학인청규 및 소임 6) 학인 현황 및 활동 등으로 분류하여 고찰해 보기로 한다.

1. 운영 및 시설 현황

　삼선강원은 삼선포교원 안에 있고, 삼선강원의 재원은 삼선포교원이다. 현재 학장인 묘순 스님이 삼선포교원 주지를 겸직하고 있다. 삼선강원은 대중생활을 하지 않으므로 학인들을 위한 운영비가 특별히 필요하지 않은 가운데 삼선강원의 세출항목은 매우

---

28)『승가교육』제3집, 대한불교조계종 교육원, 2000, p.67.

단순하다. 가장 지출이 많은 강사료를 제외하고 매해 초 성지순례 겸 신입생 환영법회를 할 때 차량을 빌리거나 졸업여행을 떠나는 학인들에게 여행 보조금, 졸업선물, 학인들에게 공동으로 필요한 물품 구입 등의 지출이 있을 뿐이다. 그 외 외부강사의 강사료나 교직자 연구비는 교육원에서 지원받고 있다. 학인들은 입학할 때 입학금으로 30만원을 강원에 내는 것이 전부이다.

1998년 교육원에서 조사한 삼선강원의 세출 항목별 내역[29]을 살펴보면 다음과 같다.

급여	시설 보수비	일반 관리비	운영비	연구비	학인 경비	총액
1200만원	-	340만원	260만원	-	-	1800만원

다음은 2007년도 세출 항목별 내역을 대략 산정해 보면 다음과 같다.

급여	시설 보수비	일반 관리비	운영비	연구비	학인 경비	총액
3560만원	-	500만원	-	-	500만원	4560만원

교육환경에 해당되는 시설 설비현황으로는 현재 강의실로 이용하고 있는 장소가 대강당·제1강의실(미타전)·제2강의실(큰방)·지하방 등 모두 네 곳이며, 학인들이 논강 내지 지대방으로 이용하는 방이 한 곳 있을 뿐이다. 칠판은 각 강의실에 1개씩 3개가 있으며, 컴퓨터는 2대로 사무실용과 학인용이 있고, 프린터기 1대, 복사기 1대, FAX 1대, 피아노 2대가 있다. 그 외 제1강의실

---

29) 『승가교육』 제3집, 대한불교조계종 교육원, 2000, p.78.

에는 책걸상 50개가 마련되어 있어 학인들이 의자에 앉아 수업을 받으며, 다른 강의실은 방으로 되어 있다. 도서관 시설은 따로 없으며, 제1강의실 벽면을 도서 소장대로 활용하여 대략 5000여 권의 장서를 소장하고 있다. 정식 도서관 형태는 아니지만 사교반의 장주 소임이 열람과 대여 등 도서를 관리하고 있으며, 도서는 구입과 기증의 방법으로 소장되어 왔다.

삼선강원의 이러한 시설은 삼선포교원이 지금의 장소인 성북구 동선동으로 이전한 날부터 현재까지 거의 변함없이 그대로인 셈이다. 학인들이 강원을 이용하는 시간은 주로 강의가 이루어지는 아침 6시 30분부터 9시 30분까지다. 상주강원과 달리 수업 후에는 제각기 각 사찰로 돌아가기 때문에 그동안 교육시설의 문제점에 대해서는 크게 관심두지 않았던 것이 사실이다. 그러나 교육원 출범 후 강원 교육의 비중이 커짐에 따라 학인들은 도서관 시설이나 수업 후 강원에 남아 함께 공부하고 논강할 장소를 필요로 하게 되었다. 또한 입승·찰중·총무 삼직이 학인 대중을 이끌고 가는 체제로 바뀌면서 학인들은 수업 외에도 따로 모이는 시간이 많아졌고, 따라서 강원 시설에 대한 요구가 생겨나기 시작했다.

오늘날 교육환경과 시설이 학인들에게 학습의욕을 고취시키는 데 교육방법이나 교육내용 못지않게 중요한 요인이 되고 있다는 점에서 현재 삼선강원의 교육환경이나 시설은 아쉬운 점이 많다. 시설 확충이나 시설 보완이 이루어지지 않는 이상 교육효과나 강원의 발전을 기대하는 것은 쉽지 않을 것으로 보인다.

2. 학제 및 교과 과정

　삼선강원 개설 당시에는 학제가 정해져 있지 않았다. 치문이 끝나는 대로 사집을 보고 사집이 끝나면 사교를 보고 사교가 끝나면『화엄경』을 보았고 졸업을 시켰다. 그래서 교육 연한도 일정하지 않았으며, 대략 5년에서 5년 5개월 정도 걸렸고, 졸업식도 수업이 끝나는 대로 여름이 되기도 하고 겨울이 되기도 하였다. 그러나 1991년 입학생부터는 학제가 4년으로 정착되었으며, 1983년·1987년·1991년에는 졸업생을 배출시키지 못했던 반면 1992년 이후에는 매해 졸업생을 배출하고 있다. 교과과정은 치문·사집·사교·대교의 전통 이력 과정을 필수로 하고 있으나, 다만 초창기에는『기신론』은『현수소』,『원각경』은『규봉소』를 보았고, 지금은 각각『원효소』와『함허소』를 보고 있는 것이 달라졌을 뿐이다. 필수과목인 내전 외 필수 교양과목으로는 인도불교사·중국불교사·한국불교사·불교학개론·일어·포교론 등을 돌아가며 가르쳤고, 특별활동에 있어서는 꽃꽂이·찬불가·서예 등도 가르쳐 왔다. 수업은 오전 7시에서 9시까지이고, 휴일은 전통강원과 같이 한 달에 두 번 초하루와 보름날만 쉬며, 방학 날짜 및 일수도 전통강원과 같다.

　그러나 개혁종단 출범 후 많은 변화를 가져왔다. 학인들은 새벽 6시 50분(겨울에는 7시)에 등교하여 상강례를 하고, 수업 전 또는 수업 후에 있는 논강시간은 반드시 지키며 9시 30분에 다 같이 하교한다.

　또 강원 교육이 제도화됨으로써 강원 학칙[30]을 만들어 교육에 관한 제반사항을 성문화시켰다. 강원 학칙은 1997년도에 정리된 내용이며, 제1장 〈총칙〉, 제2장 〈수업 연한과 재학 연한〉, 제3장 〈학년도와 학기〉, 제4장 〈수업일수와 휴강일〉, 제5장 〈입학〉, 제6장 〈교과의 이수 및 졸업〉, 제7장 〈휴학·복학·전학·퇴학〉, 제8장 〈규율·포상·징계〉, 제9장 〈조직〉, 제10장 〈부칙〉으로 분류하고 있다. 이를 통해 삼선강원의 교육체제를 간략히 살펴보면 다음과 같다.

제1장 〈총칙〉에서는 본 승가대학은 대한불교조계종 교육법 제47조에 명시하고 있는 본종의 기본교육기관이며, 본 승가대학의 명칭을 삼선승가대학이라고 밝히고 있다.

제2장 〈수업 연한과 재학 연한〉에서는 수업 연한은 4년이며, 재학 연한은 7년을 초과할 수 없다고 하였고, 제3장 학년도와 학기에는 학년도는 음력 1월 21일부터 다음해의 1월 20일까지로 하며, 두 학기로 나눈다. 제1학기는 음력 1월 21일부터 다음해의 1월 20일까지이며, 제2학기는 음력 7월 21일부터 음력 1월 20일까지라 하였다. 제4장 〈수업일수와 휴강일〉에서는 수업일수는 매 학기 16주 이상 매 학년 32주 이상을 원칙으로 한다 하였고, 휴강일[31]에 대해서는 춘계방학(30일) 음력 3월 16일~4월 16일, 하계방학(30일) 음력 6월 20일~7월 20일, 동계방학(40일) 음력 12월 7일~1월 16일, 그 외 교무회의에서 정하는 날로 되어 있다. 제5장 〈입학〉에서는 신입생 선발은 서류전형 및 필기시험·면접시험으로 학장이 행하며, 입학 자격은 사미니계를 수지한 예비

---

30) 강원 학칙은 1997년도에 정리되어 교육원에 제출한 것이며 자세한 내용은 이 논문 〈첨부 2〉에 실었다.
31) 2004년부터 비구니교우회에서 휴강일을 초파일 방학(30일)은 음력 3월 25일~4월 25일, 백중 방학(30일)은 음력 6월 29일~8월 1일, 정월 방학(40일)은 음력 12월 17일~2월 2일로 다시 조정하였다.

승려 이상으로 한다. 편입은 제 2학년 이상에 편입학할 수 있는 자는 편입학하는 학년의 이전 학년까지의 과정을 수료한 자와 동등 이상의 학력이 있다고 인정된 자이며, 휴학한 학인은 2년 내에 타 승가대학에 편입할 수 없다32)고 하였다. 제6장 〈교과의 이수 및 졸업〉에서는 본 승가대학의 교과목은 치문, 사집, 사교, 대교의 전통 이력과목과 교무회의에서 정하는 교양과목으로 한다. 제7장 〈휴학·복학·전학·퇴학〉에서는 재학 중인 학인은 타 승가대학으로 전학할 수 없는 것을 원칙으로 하되, 소속된 승가대학의 학장의 추천과 본 승가대학의 교무회의의 심의 의결을 통한 경우에는 전학도 가능하다고 하였다.

다음으로 교과과정에 있어서는 내전 필수인 전통 교과목의 경우는 강원 개설 이후 지금까지 그대로이지만, 2001년 이후에는 교육원의 방침에 따라 『범망경』과 『사미니율의』가 첨가되었다. 외전의 경우는 1999년에는 비교종교학·여성과 불교·중국선종사·계율론·조계종사, 2000년도에는 중국선종사·중국불교사·계율론·조계종사·유식·불교학개론 등을 가르쳤으나 2001년 이후에는 교육원의 방침에 따라 필수과목으로 치문반은 인도불교사와 불교학개론, 사집반은 중국불교사와 중관, 사교반은 한국불교사와 유식을 가르치고 있다. 그 외 특강은 꽃꽂이, 수화, 염불, 호스피스개론, 찬불가, 한지공예 등 학인들의 희망에 따라 또는 강원 교육의 방침에 따라 선택되고 있다. 내전의 교과과정에 대한 교육목표는 다음과 같다.33)

---

32) 타 승가대학에 편입할 경우 2년이 지난 뒤에 갈 수 있었던 것을 몇 년 전부터 1년으로 소성되었다.
33) 『승가교육』 제4집, 대한불교조계종 교육원, 2002, p.74.

반	치문반	사집반	사교반	대교반
교육 목표	수행 목적과 가치관 확립	교선불이와 간화선법의 이해를 통한 올바른 수행관 확립	사교를 통한 경전의 바른 안목과 실천적 수행 증장	현실참여를 위한 대승보살행의 함양

2008년도 교과과정을 보다 구체적으로 살펴보면 다음과 같다.

학년	학과	인원	과목				당우
			내전 필수	외전 필수	특강	수행력	
1	치문반	10	치문, 사미니율의	인도불교사, 불교학개론	찬불가 선 체조	상강례 간경 복식 출석 연행 소임 울력	대강당
2	사집반	7	도서, 서장, 절요, 선요, 대총상	중국불교사, 중관			제2 강의실
3	사교반	3	능엄경, 금강경 기신론, 원각경	한국불교사, 유식			제1 강의실 (미타전)
4	대교반	5	80화엄경, 범망경				〃

3. 학사일정과 대중 습의

학사일정이란 학교교육과 관계되는 모든 행사를 계획하는 것이다. 삼선강원은 2000년부터 이 '학사일정표'를 1년에 두 번 매 학기 초에 학인들에게 배부하여 학사일정을 실행함에 차질이 없도록 하고 있다. 학사일정표에는 입학식, 개학식, 방학식, 대중기도, 본과 개강, 외전 개강, 시험, 포살, 습의, 특강, 회의, 대중공사, 휴강 등에 대해 안내하고 있다. 학사일정표를 통해 삼선강원의 교육 대강을 분석해 보면 다음과 같다.

우선 학기는 두 학기로 나누고 있으나 실질적으로 1학기에는 봄방학에 해당하는 초파일 방학과 여름방학에 해당하는 백중 방학이 있고, 2학기에 겨울방학에 해당하는 정월 방학이 있다. 2003년도까지 '강원 학칙'에 준하여 춘계방학은 음력 3월 16일~4월 16일, 하계방학은 음력 6월 20일~7월 20일, 동계방학은 음력 12월 7일~1월 16일이던 것이 2004년부터 초파일 방학은 음력 3월 25일~4월 25일, 백중 방학은 음력 6월 29일~8월 1일, 정월 방학은 음력 12월 17일~2월 2일로 정해졌다. 이는 비구니 교우회에서 결정한 사항이며, 날짜를 변경한 이유는 초파일, 백중, 정월 등의 행사가 끝난 뒤 강원에 입방하기 전까지 시간적 여유가 있는 것이 방학을 십분 활용할 수 있다는 대다수의 의견이 있었기 때문이다.

개학을 하면 먼저 학인들에게 대중기도를 시작으로 학기를 맞이하게 하고 있다. 기도는 주로 보현행원품 독송기도·자비도량참법기도·관음기도를 해왔으며, 몇 년 전부터는 봄학기에는 자비도량참법기도를, 여름과 가을학기에는 관음기도를 주로 3일내지 5일 간 한다. 회의는 소임자회의·대중공사·편집회의 등이 정기적으로 열리며, 매월 소임자회의를 통해 대중적 사항을 논의 결정한다. 매월 둘째·넷째 수요일 상강례 시간의 대중공사는 입승이 주도히는 공사로서 대중의 의견을 수렴하고, 청규에 관련된 문제 등이 발생했을 때 이루어진다. 대중공사는 학감이 주도하는 공사도 있다. 편집회의는 1년에 한 번 발간되는 『삼선』을 위해 매월 첫째 수요일에 모인다. 포살은 한 달에 한 번 하는 것을 원칙으로 한다.

습의는 기본교육과정에서 익혀야 할 가장 중요한 덕목으로 일일 습의와 전통사찰 습의로 나눈다. 일일 습의란 주로 포살 뒤 1시간 정도 간단히 익히는 습의와 하루 동안 대중이 함께 하며 습의를 익히는 두 종류가 있다. 포살 뒤 습의에는 가사 장삼을 수하고 탈하는 법, 장삼 개는 법, 걸망 싸는 법, 호궤, 장궤, 합장 저두, 예불 시 절하는 법 등을 익힌다. 대중이 하루를 함께하며 익히는 일일 습의에는 6시 30분에 강원에 도착한 뒤, 상강례·사미니율의 독송·소임공사·사물 정리·청소·사시마지·법공양·가사와 발건에 이름 새기기·삭발·차례법문·대중공사·저녁 예불을 마치고 각자 사찰로 귀가한다. 이러한 일일 습의는 2004년~2006년까지 실시했으며, 2007년부터는 포살 뒤 습의를 강화하고 있다.

가을 학기에는 보탑사에 가서 2박 3일 간 대중이 함께 머무르며 소임을 통해 대중생활을 익힌다. 전통사찰에서의 대중생활은 삼선강원의 인가 조건이기도 하다. 교육원은 통학강원이기 때문에 습의에 관한 별도의 보완이 필요하며, 1년에 3주 정도 전통사찰에서 습의를 익힐 것을 요청하였으나 상주강원에 가지 못하는 학인들의 특수환경과 수업일수 등을 고려할 때 3주의 시간을 내는 것이 쉽지 않다. 현재 2박 3일 정도로 해서 1년에 한 차례 실시하고 있으며, 학인들에게는 매우 유익하고 소중한 시간이다. 아침 예불을 시작으로 해서 108대예참, 참선, 법공양, 특강, 대중 울력, 차례법문, 산행, 습의 등을 실시한다. 삼선포교원에서 불사한 보탑사가 건립되기 전까지는 1997년 제1차 대중 습의산림을 오대산 지장암에서 실시했으며, 그 뒤 대구 달성군의 보림사, 경기도 화성군의 신흥사 등에서 대중 습의를 익히기도 하였다. 1999년 처음으로 보탑사 지장전에서 습의산림을 한 뒤로 현재까지 보탑사에서 전통사찰 습의산림을 진행하고 있다.

다음은 참고로 2006년도 전통사찰 습의산림 일정표와 2008년도 1, 2학기 학사일정을 소개한다.

2006년도 보탑사 습의산림 계획표

시간	1일차(9/28)	2일차(9/29)	3일차(9/30)
03:00~03:30		도량석 대종, 종성	도량석 대종, 종성
03:30~05:00		예불 108배	예불 108배
05:00~06:00		참선, 경행	참선, 경행
06:00~07:00		조공(법공양)	조공(법공양)
07:00~08:30	출발 보탑사 도착	습의	특강(사원 건축) 통도사 우진 학장스님
08:30~09:00		간식	
09:00~10:00	소임공사 어른스님 훈화	백일장 (자유 주제)	선 체조
10:00~11:30	사물 정리 사시마지	사시마지	사시마지
11:30~13:00	오공(발우공양)	오공(법공양)	오공
13:30~16:30	습의 간식	산행	대중공사(평가)
16:30~17:30	청소 세면	청소 세면	청소 사물 정리
17:30~19:00	석공(법공양)	석공(발우공양)	자유 시간 출발
19:00~20:30	저녁 예불 사례입문	저녁 예불 차례법문	
20:30~21:00	취침 준비	취침 준비	
21:00~03:00	취침	취침	

학사일정 _2008학년도 1학기 삼선승가대학

월	일			내용
	양력	음력		
3	10(월)	2	3	2008학년도 입학식 및 개학식
	11(화)~15(토)	2/4~8		자비도량참법 5일 기도
	13(목)	2	6	소임자 회의
	17(월)	2	10	본과 개강
	21(금)	2	14	신입생 환영
	29(토)~31(월)	2/22~24		식차마나니 수계산림 / 직지사
4	4(금)	2	28	소임자 회의
	5(토)	2	29	찬불가 및 오금희 개강
	18(월)	3	13	포살 & 일일 습의
	30(수)	3	25	초파일 방학식
5	30(금)	4	26	개강식
6	5/31(토)~6/2(월)	4/27~29		3일 관음기도
	5(목)	5	2	본과 개강
	7(토)	4	21	찬불가 및 오금희 개강
	9(월)~17(화)	4	26	한국불교사 / 이기운 교수
	20(금)	4	29	중간고사
	30(월)	5	13	포살 및 일일 습의
7	1(화)~10(목)	5	14	중국불교사 / 혜명 스님(사집반)
	2(수)	5	30	소임자 회의
	14(월)~22(화)	6/12~20		인도불교사 / 조준호 교수(치문반)
	30(수)	6	28	포살 & 일일 습의
	31(목)	6	29	백중 방학식

- 대중공사 : 매월 둘째, 넷째 수요일 상강례 시간
- 편집회의 : 매월 첫째 수요일
- 정기 휴강 : 매월 음력 초하루・보름

※ 본 학사일정은 강원 사정에 따라 변경될 수 있습니다.

학사일정 _2학기 삼선승가대학

월	일		내용	비고
	양력	음력		
8월	27(수)	7	27	개학식	
	28(목)~30(토)	7/28~30		3일 기도	관음기도
9월	1(월)	8	2	개강	
	4(목)	8	5	소임자회의	
	6(토)	8	7	오금희, 찬불가 개강	
	13(토)~16(화)	8/14~17		추석 연휴	4일
	25(목)~27(토)	8/26~28		보탑사 습의	2박 3일
10월	3(금)	9	5	소임자회의	
	5(일)~14(화)	9/7~16		중관 특강	사집반 (문을식 교수님)
	14(화)~22(수)	9/16~24		유식 특강	사교반 (강명희 교수님)
11월	2(일)~10(월)	10/5~13		불교학개론	치문반 (조준호 교수님)
	6(목)	10	9	소임자회의	
	25(화)	10	28	중간고사	
	27(목)	10	30	포살 & 습의	
12월	3(수)	11	6	소임자회의	
	26(금)	11	29	포살 & 습의	
2009년 1월	1(목)	12	6	신정 휴가	
	2(금)	12	7	신년인사	
	8(목)	12	13	소임자회의	
	9(금)	12	14	기말고사	

11(일)	12	16	종강, 방학식	오전 7시
12(월)	12	17	제24회 졸업식	오후 2시
19(월)	12	24	2009년도 신입생 입학시험	오전 10시
21(수)	12	26	입학시험 합격자 발표	

- 학인 대중공사: 매월 둘째, 넷째 수요일 상강례 시간
- 정기 휴강: 매월(음력) 초하루, 보름
- 편집회의: 매월 첫째 수요일

※ 본 일정은 사정에 따라서 변경될 수 있습니다.

4. 역대 강사와 강맥

삼선강원을 개설하고 학장을 역임하고 있는 묘순 스님은 1974년 10월 3일 용인 화운사에서 대은 스님에게 전강을 받았다. 대은 스님은 진하 스님의 제자이다. 그러므로 삼선강원은 진하-대은-묘순으로 이어지는 강맥을 전수하고 있으며, 묘순 스님은 일홍·도안·수경 세 명의 전강제자를 두고 있다. 위의 내용을 도표로 표시하면 다음과 같다.

덕원일홍(1989년)
진하―대은―연담묘순(1974년)―원응도안(1997년)
원광수경(1997년)

희경(강사)
선문(중강)

삼선강원의 뿌리가 되는 대강백 스님들의 행장을 간략히 살펴보면 다음과 같다.

축원진하(1861년~1926년) 스님은 강원도 고성 사람이며, 1872년 12세에 금강산 신계사에서 석주상운에게 득도하고 대응탄종의 법을 이었다. 그 후 10여 년 동안 설두유형, 용호해주, 탄응 등의 종사에게 공부하고, 1886년 신계사 보운암에서 강의를 열어 유명한 강사로서 인정을 받아 10년 동안 후진 양성에 힘썼다. 1911년 법주사 주지로 부임하였고, 1912년 중국 절강성의 율사 천암天庵을 참례하고 온 중국 구법승이기도 하다.

대은(1899년~1989년) 스님은 경기도 강화 사람이다. 1905년 강원도 심원사의 계암에게 출가하고, 1916년 금강산 유점사에서 동선정의에게 구족계를 받았다. 1918년 법주사 강원 대교과를 졸업하고, 바로 진하 강백으로부터 전강을 받아 동 강원에 강사로 취임하였으며, 1922년 일본으로 유학하여 동양대학에서 인도철학, 니흔대학에서 종교학, 동경제국대학에서 사학 등 신학문을 전공했다. 1928년 귀국, 조계종 포교사 1호로서 초대 중앙포교사로 취임하여 우리나라 대중포교의 기초를 다지는 데 진력하였으며, 1930년 중앙불교전문학교 교수를 지냈다. 승무와 범패에도 능해 1935년 '소인성극단'을 조직, 전국을 돌며 순회공연을 한 바 있다. 1945년 광복 이후 전주 정혜사, 서산 개심사, 용인 화운사 등에서 강석을 열어 교학을 널리 폈다. 평생을 대중교화와 교육에 헌신한 스님은 한글대장경 번역에 앞장서기도 하였다.

묘순 스님은 1962년 서산 개심사에 입학하여 대은 스님께 『능엄경』을 배웠으며, 개심사 주지가 화운사로 가면서 대은 스님을 강사로 모셔갔을 때 묘순 스님도 대은 스님을 따라 화운사 강원으로 오게 되었으며 여기서 대교까지 마쳤다. 1974년 화운사에서 대은 스님에게 전강을 받고 강의를 하다가, 1977년 건강상의 이유로 화운사를 떠나게 되었다.

그 외 묘순 스님의 전강제자인 일홍 스님(제1회 졸업생)은 1989년 전강을 받은 뒤 1991년에 건강상의 이유로 강의를 그만두었고, 수경 스님(제8회)은 1991년부터 강의를 시작해 2007년 6월 1일 조계종 총무원 문화부장으로 임명받으면서 사직하게 되었다. 현재 강사진은 학장인 묘순 스님이 화엄반과 사교반을 가르치고 있고, 학감인 도안 스님(제4회)이 『범망경』과 『사미니율의』를 담당하고 있으며, 선문 스님(제19회)이 치문반 중강을 5년째 맡고 있다. 이외에 봉녕사 출신인 희경 스님이 2007년 6월부터 삼선강원 강사로 취임하여 사집반을 가르치고 있다. 희경 스님처럼 타 강원 졸업생을 발탁하는 예는 사미니 강원에서 매우 드문 일이긴 하지만 사미 강원처럼 강원과 강원끼리의 소통은 어떤 면에서 필요하며, 바람직하다고 생각된다. 현재 삼선강원의 강사는 모두 학장과 학감을 비롯하여 총 4명이며, 최소 1명 이상의 강사가 더 보충되어야 한다고 본다. 왜냐하면 강사의 부족은 곧 수업의 질과 관계되기 때문이다.

다음은 삼선강원이 개설된 후 역대 강사와 현 강사의 행장을 도표로 살펴보기로 한다.

직위	법명	행장	임명일자
학장	묘순	• 1962년 법준 스님을 은사로 사미니계 수지, 서산 개심사 입학 • 1963(4)년 대은 스님을 따라 화운사 강원으로 옮김. • 1967년 용인 화운사 졸업 • 1974년 비구니계 수계, 화운사에서 대은 스님께 전강받음. • 1975년 화운사 강사로 취임 • 1978년 삼선승가대학 개설 강주 취임 • 2008년 현 삼선승가대학 학장	1998.5.18 (78. 9.7)
강사	일홍	• 1973년 화엄사에서 경륜 스님을 은사로 사미니계 수지 • 1982년 삼선승가대학 졸업 / 중강 • 1989년 묘순 강사로부터 전강	(89.3.28)
강사 /학감	도안	• 1977년 문경 김룡사에서 법상 스님을 은사로 사미니계 수지 • 1985년 동국대학교 선학과 졸업 • 1986년 삼선승가대학 졸업 • 1985~1986년 삼선승가대학 중강 역임 • 1997년 재임용 / 묘순 강사로부터 전강 • 2008년 현 삼선승가대학 학감	1999.9.29 (85.3.1)
강사	수경	• 1980년 대전 개심사에서 법일 스님을 은사로 사미니계 수지 • 1987년 동국대학교 선학과 졸업 • 1990년 민족문화추진회 졸업 • 1991~1997년 삼선승가대학 중강 • 1992년 삼선승가대학 졸업 • 1997년 묘순 강사로부터 전강 • 2002년 일본 용곡대학교 교환유학 • 2003년 동국대학교 선학과 박사과정 수료	1998.5.18 (90.3.1)

		• 2003년 일본 화원대학 선학연구소 연구원 • 2004~2006년 삼선승가대학 학감 • 2004~2008년 동국대학교 강사 • 2007~2008년 현 대한불교조계종 총무원 문화부장	
강사	희경	• 1984년 제주 불탑사 일현 스님을 은사로 사미니계 수지 • 1987년 동국대학교 선학과 졸업 • 1993년 봉녕사승가대학 졸업 • 2000년 동국대 불교학 석사학위 취득 • 2001~2004년 조계종 교육원 불학연구소 사무국장 • 2005년 동국대 불교학 박사과정 수료 • 2007년 삼선승가대학 강사 취임	2007.8.9 (07.6.20)

중강	선문	• 1992년 고려대학교 간호학과 졸업
		• 1995년 고대부속 구로병원 5년 재직
		• 1997년 조계종 사미니계 수계(12기)
		• 2003년 2월 삼선승가대학 졸업
		       3월 가톨릭대 호스피스 전문 간호사 1년 과정 수료
		       4월 대성암 하안거
		       10월 승가사 산철 안거
		       11월 양진암 동안거
		• 2004년 교육원 교직자 임명
		• 2006년 서울 보훈병원 지도법사 임명
		• 2008년 9월 가톨릭대 의료사회복지 대학원 재학중
			2004.6.22
			(04.2.21)

5. 학인청규 및 소임

삼선강원의 학인청규는 크게 '대중청규', '화합청규', '위의청규'로 분류하고 있다.

'대중청규'에는 등교와 하교시간, 결석할 경우 보고 절차, 각 학기 개강 전 대중기도에 대한 안내, 교내 부속물품 사용 시 유념해야 할 점 등을 들고 있으며 내용은 다음과 같다.

■ 대중청규

1. 등교시간은 6시 30분이며, 마치는 시간은 9시 30분이다.

2. 결석
　① 3일 이상 무단결석 시 퇴학 조치한다(1983년 8월 28일 시행).
　② 한 철에 이유 여하를 막론하고 결석 5일 이상 할 시는 유급조치 함(88년 3월 8일 시행).
　※ 어른스님께서 인정하는 상황은 예외로 함.
　③ 결석 시 보고 절차
　　결석하지 않는 것을 원칙으로 하되 부득이한 경우 사전에 보고한다.
　※ 결석자 → 반장 → 찰중 → 입승 → 학감스님
　반장 연락 안 될 때 바로 찰중에게 연락 / 반장은 담당 강사스님께도 알림.
　④ 결석 전후 1일 내에 결석계를 입승에게 제출함(학감스님께 올림).
3. 가사, 삭발에 대한 건은 찰중에게 직접 보고한다(찰중 → 입승).
4. 휴대폰 사용: 강원 내 금지(전원을 끈다).
　※ 위급한 경우 찰중의 허락을 받은 후 사용 가능.
5. 수업 전후 다른 반의 수업에 지장이 없도록 정숙한다.
　※ 대화 시 목소리를 낮춘다.
6. 각 학기 개강 전 대중 기도에 반드시 참석한다.
　봄 : 자비도량참법 / 여름, 가을 : 관음기도
　※ 불참 시 대중 참회한다.
7. 교내 부속물품 사용 시
　① 모든 부속물품은 사용 후 사용 전과 같이 정리한다.
　② 컴퓨터 사용 시 전원 코드를 바로 빼지 않는다.
　③ 복사기 사용 시 복사 일지를 작성한다.
　④ 공양간 물품 사용 후 반드시 전의 그 자리에 둔다.

⑤ 해우소를 청결히 사용하고, 뒷정리를 깨끗이 한다. 사용 후 전등을 반드시 끈다.

다음은 '화합청규'이다. 승가는 화합을 의미한다고 할 만큼 화합은 승가의 중요 덕목이다. 학인들에게 화합청규는 어른스님과 상반 스님을 대할 때, 상하반과 동급생 간의 관계에서 지켜야 할 마음가짐과 행동규범이다.

■ 화합청규

1. 어른스님, 상반에게 질문하거나 답할 때 공손히 합장 저두 후에 한다.
2. 어른스님, 상반에게 경책을 받을 때 공손하게 합장 저두하며 뉘우친다.
3. 어른스님 시봉 시에 호궤합장(우슬착지) 자세로 공손히 한다.
4. 상·하반, 동급생 간에 경어 사용.
5. 상·하반, 동급생 간에 항상 공손하게 합장 저두한다.
6. 복도에서 상반을 만났을 때 합장 저두한다. 단, 물건을 들었을 때 묵례, 어른스님 말씀 중일 때는 제외한다.

■ 위의 청규

1. 상강례 시 대중이 함께 대법당에서 가사를 수한다.
2. 대중공사, 상강례, 기도 시 앉을 때 좌선 자세로 반듯하게 앉는다.
3. 어른스님께 가사, 장삼을 수하고 삼배의 예 올려야 할 때
   ① 각 학기 첫 수업과 마지막 수업 때 삼배
   ② 신년인사, 스승의 날 삼배

③ 추석 휴강 전날 수업 후 삼배

④ 식차마나니, 졸업여행 등 멀리 갈 때(수업 후), 돌아왔을 때(수업 전) 삼배

⑤ 어른스님께서 먼 여행 떠나실 때(수업 후)와 돌아오셨을 때(수업 전)는 두루막으로 삼배

4. 통행 시
   ① 우측통행
   ② 발뒤꿈치를 들고 조용히 걷는다.
   ③ 항상 차수와 안행을 원칙한다.
   ④ 행보 시에 묵언한다.

5. 길 행보 시 적삼 주머니에 손을 넣지 않는다.

6. 각 반 방문 시 노크하고 "~반 ~입니다. ~ 스님 뵈러 왔습니다" 한다.(방문을 여닫는 소리를 내지 않는다)

7. 비가 올 때 우산은 빗물을 털어내고 단정하게 묶어 지정한 위치에 둔다.

8. 삭발
   ① 매주 일요일 새벽에 하는 것을 원칙으로 한다.
   ② 여름학기 개강식부터 양력 8월 말까지는 음력으로 1, 5, 10, 15, 20, 25일 새벽에 한다.
   단, 30, 31일일 경우는 그 다음 달 초하루 새벽에 한다.
   ③ 부득이한 사정인 경우 반드시 찰중에게 사전 통보해야 한다.

9. 모자
   ① 여름 : 밀짚모자
   ② 겨울 : 회색 털모자

10. 신발, 양말

① 신발장에는 항상 신발을 가지런히 놓는다.
② 여름 : 흰 고무신, 흰 양말(음력 2월 15일~9월 그믐까지)
③ 겨울 : 털신, 회색 양말(음력 10월 1일~2월 14일까지)
※ 사정에 의해 예외 또는 변경될 수 있다.

11. 복장

① 여름 : v넥 회색티, 흰색 메리야스(적삼 깃 밖으로 보이지 않게 착용)
② 겨울 : 목도리(안, 겉)는 회색
    겉목도리는 강원 내에서 하지 않는다(단, 안목도리는 착용 가능)
③ 폴라 티셔츠는 착용 금지한다.
④ 출행 시 행건과 고의는 동일한 색으로 한다.
⑤ 색깔 들어간 안경 착용을 금지한다.
⑥ 개·종강 외 수업 시 두루막 착복, 평상복은 동방 원칙
※ 적삼 허용하는 경우 : 대중기도 시 정랑에 갈 때, 후원이나 기타 가벼운 울력 시
⑦ 전통사찰 습의 시 : 앞치마, 토시 준비한다.

■ 청규 위반 시 경중에 따라 반공사부터 대중공사까지 이루어지며, 참회 내용은 어른스님과 대중회의를 거쳐 결정한다.

이상으로 학인 청규의 내용을 살펴보면 매우 엄격함을 알 수 있다. 특히 '위의청규'가 가장 많은 내용을 담고 있는 점으로 미루어 볼 때 삼선강원 학인들이 통학을 통해서 언제나 외부에 노출되어 있기 때문인 것으로 보인다.

다음은 각반 별 학인들의 대중 소임이다.

대교반- 입승, 찰중, 총무, 병법, 편집부장, 카페 정책임
사교반- 재무, 부전, 장주, 상시자, 카페 부운영자
사집반- 서기, 특강 반장, 하시자
치문반- 다음 소임을 위해 상반 소임을 관찰하고 익힌다.

대중 소임 임기는 한 학기를 원칙으로 하며, 소임공사는 ① 1학기 : 겨울방학 2주일 전 ② 2학기 : 여름방학 2주일 전에 한다. 단, 편집부장, 카페 소임자는 1년 임기이며, 1학기 소임 선출 시 선출한다. 이 외에도 각 소임의 역할에 대해 자세히 명기하고 있으나 여기서는 생략하기로 한다.

전통사찰에서 습의산림을 살 경우 소임표인 용상방을 소개하면 다음과 같다.

선덕/주지/학장/학감/강사/중강/입승/찰중/총무/병법/노전/지전/재무/서기/상시자/하시자/다각/헌식/간병/원주/공양주/갱두/채공/정통/조력/종두

6. 학인 현황 및 활동

2008년 9월 현재 재학생은 총 25명으로서 치문 10명, 사집 7명, 사교 3명, 대교 5명이다. 도표로서 살펴보면 다음과 같다.

학년	인원	법명
치문	10	혜연, 혜세, 사여, 명공, 혜라, 혜시, 자효, 지찰, 헤인, 정인
사집	7	혜권, 혜소, 혜허, 선엽, 기원, 자연, 무상
사교	3	혜석, 세광, 혜차
대교	5	디원, 헤정, 의진, 혜층, 지일

아래는 재학생들의 각 반별 연령 분포도, 행자교육 연대별 분포도 등을 분류한 표이다.

	치문반	사집반	사교반	대교반
나이 (인원)	20대(1) 30대(2) 40대(5) 50대(2)	20대(1) 30대(2) 40대(4)	40대(3)	30대(2) 40대(3)
행자교육 받은 해 (인원)	1991년(2) 1996년(1) 1998년(1) 2003년(2) 2005년(1) 2006년(1) 2007년(1) 2008년(1)	2003년(1) 2004년(3) 2006년(3)	1996년(1) 2002년(1) 2003년(1)	2001년(1) 2004년(4)

아래는 삼선강원 재학생의 연령 분포도, 행자교육 기수별 분포도, 학력 분포도 등을 분류한 것이다.

나이 / 명		행자교육(기수) / 명				학력 / 명	
20대	2	2008년(34)	1	2002년(22)	1	대학원	1
30대	6	2007년(33)	1	2001년(21)	1	대학원 재학	1
40대	15	2006년(30, 31)	4	1998년(19)	1	대졸(전문대 포함)	13
50대	2	2005년(28, 29)	1	1996년(11)	2	고졸	7
		2004년(26, 27)	7	1991년 이전	2	중졸	3
		2003년(23, 24)	4				

위 표를 토대로 삼선강원생의 분포도를 살펴보기로 한다.
첫째, 나이별로 보면 50대 8%, 40대 60%, 30대 24%, 20대 8%로서, 40대가 25명 중 15명으로 전체 60%에 해당됨을 알 수 있다. 행자교육 기수별 조사는 행자교육을 받은 후 얼마나 지난

뒤 강원에 입학하는가를 알아보기 위한 것이다. 강원에 입학할 수 있는 자격은 행자교육을 받은 다음해부터 가능하다. 예를 들면 2008년도를 기준으로 했을 때 치문반은 2007년, 사집반은 2006년, 사교반은 2005년, 대교반은 2004년도에 행자교육을 받은 사미니들이 입학하는 것이 가장 바람직하다고 하겠다. 그러나 치문반의 경우 10명 중 2008년도 행자교육을 받은 1명과 2007년도 행자교육을 받은 1명, 모두 2명만이 제때 강원에 입학하였으며, 심지어 2명은 1991년 단일계단 이전에 사미니계를 받았음을 알 수 있다. 사집반은 2006년에 행자교육을 받은 학인이 7명 중 3명, 사교반은 2005년도에 행자교육을 받은 학인이 한 명도 없으며, 대교반은 2004년도에 행자교육을 받은 학인이 5명 중 4명이다. 이는 총 학인 수의 46%만이 출가 후 강원의 이력과정을 제때 수순하여 밟고 있으며, 나머지는 복학·편입한 경우와 제때에 강원에 가는 것을 놓친 사미니들이 입학하는 경우라고 해야 할 것이다. 이러한 통계에 의하면 상주강원에 갈 시기를 놓친 학인들이 있는 한 삼선강원과 같은 통학강원 존립의 필요성이 여전히 유효한 현실임을 알 수 있다. 학력은 대졸 이상 학인이 15명으로 60%, 고졸 7명으로 28%, 중졸 3명으로 12%로 나타나 고졸 이상의 학력자가 88%로 고학력자가 많다고 하겠다.

    다음은 재학생들의 활동사항을 살펴보고자 한다. 삼선강원 재학생들의 대부분이 이른 아침 강원에 와서 간경을 하고, 다시 사찰로 돌아가 소임을 살거나 아니면 동국대나 중앙승가대에 다니는 등 시간을 활용하고 있다. 강원에서는 내전 및 외전의 정규과정을 이수하는 것 외에도 특강을 통해서 학인들에게 다양한 교과목을 접할 수 있는 기회를 제공하는데, 특강시간에는 그동안 주로 서예, 꽃꽂이, 한지공예, 찬불가, 수화 등을 해왔다. 특히 수화는 한때 삼선강원의 상징처럼 알려진 적도 있었다. 1999년부터 장애인 복지포교를 하고 있는 4기 졸업생 해성 스님이 학인들을 위해 1주일에 한 번 수화를 가르쳤으며, 1999년 6월 11일 수화 동아리 '손울림회'를 창단하여 대외적으로 2002년 전강련 불교학술대회에서 수화 발표, 2004년 제8차 세계여성불자대회 문화행사에서 수화 공연을 하는 등 활발한 활동을 하였다. 그러나 장애인들과 수화로서 대화하기보다는 노래를 수화로 발표하는 것에 대해 학인들 사이에 회의가 제기되면서 2006년부터 다른 특강으로 대치되었다.

꽃꽂이 또한 제2기 졸업생인 보명 스님을 강사로 모시고 가장 오랫동안 해 오던 특강이다. 수화와 꽃꽂이를 오랫동안 할 수 있었던 것은 역시 선배들의 후배사랑과 학교사랑 덕분에 가능한 일이었을 것이다.

2006년도에는 제10회 졸업생인 지문 스님이 10여 년 동안 소임을 살던 보훈병원(천호동)에 위치한 병원 법당의 운영권을 선뜻 강원에 일임하였고, 그 후 현재 중강을 맡고 있는 간호학과 출신인 선문 스님이 법당을 운영하며, 학인들에게 대한불교조계종 자원봉사자 교육을 이수하게 하고, 호스피스 교육을 마친 후 보훈병원에서 일주일에 두 번 자원봉사 활동을 하게 하고 있다. 호스피스 활동은 스님들이 직접 찾아가지 않으면 스님의 얼굴을 볼 수조차 없는 병원의 환우들에게 큰 환희심과 용기를 주는 의미 있는 봉사이며 포교라 볼 수 있다.

현재는 특강시간에 찬불가와 선 체조 오금희를 배우고 있으며 찬불가 수업 후엔 한 달에 한 번 군부대와 양로원을 찾아가 찬불가 음성공양을 하고 있는데 군부대에선 스님들의 합창단이 신선한 듯 포교의 큰 효과를, 양로원에선 자비정신의 봉사를 유감없이 발휘하고 있다.

선 체조 오금희五禽戱는 다섯 짐승의 모습을 형상화한 체조인데, 바쁜 생활 속에서 자칫 소홀하기 쉬운 건강 프로그램으로 본 수업은 일주일에 한 번이다. 배워 익힌 동작을 매일 아침 상강례를 마치고 간경을 시작하기 전 10분 정도 몸과 마음을 이완시켜 주고 있어 학인들에게 인기가 높은 외전 프로그램이다.

그리고 1997년부터 편집위원을 구성하여 강원 학인지인『삼선』을 매년 연말에 한 번 발간하고 있다. 발간하는 횟수는 적지만 사찰 소임과 통학을 병행하는 어려움 속에서도 전 학인의 글(만화, 시, 수필, 학인 논문 등)을 받아 고른 분포로 실어 4년 동안의 강원 생활에서 자신의 재량을 키우는 기회를 갖게 하고 있다. 편집부의 소임은 삼선지를 만들어내는 중요한 임무와 한 해 동안 치러지는 강원의 모든 행사를 취재하고 사진과 자료를 스크랩하며 비디오 촬영을 하여 보관, 강원의 연혁을 한눈에 알아볼 수 있게 하는 작업을 하고 있다.

학인들의 활동 연혁을 도표로 정리해 보면 다음과 같다.

날짜		학인 활동 연혁
1981	11월 1일	학인 합창단 발족
	12월 29일	제1회 예술제(동국대학교 중강당)
1982	4월 28일	찬불가 합창 경연대회 특별상 수상
1988	5월 12~13일	불교 꽃꽂이 작품 참가
1989	2월 22일	개교 10주년 기념 예술제(세종문화회관 별관)
1994	4월 10일	전국 승려대회 및 범불교도대회 철야정진 동참
1996	11월 2일	전국 승가학인연합 학술 및 체육대회 참가(통도사)

1997	8월 27일	제1차 전통사찰 대중 습의산림(오대산 지장암)
	11월 22일	학인지 개간(매년 1회 발행 예정)
1998	3월 13일	한민족 돕기 탁발대회 동참(조계사)
	7월 18일	자원봉사 실시(소쩍새마을, 매월 1회)
	5월 30일	수화 찬불가 발표회(불교방송 법당)
1999	6월 4~5일	전통사찰 보탑사 대중 습의산림
	6월 11일	수화 동아리 '산울림회' 창단
	10월 26일	전강련 문화행사 및 체육대회(법주사 : 치문반)
2000	4월 30일	수화 찬불가 발표(불교방송 법당)
	7월 17일	강원 연합 공개 토론회(직지사)
	8월 23~24일	보탑사 전통사찰 습의산림
	10월 13일	혜진선원 개원 10주년 기념 '시흥시민을 위한 제4회 불교음악의 밤' 찬조출연
2001	4월 18일	지체장애자들 세상 보기의 날 자원봉사(봉선사)
	4월 19일	수화 공연(중앙병원 강당)
	7월 4일	전강련 학술대회(동화사)
2002	3월 5일	자연환경 보전과 수행환경 수호를 위한 범불교도 결의대회 동참
	4월 19일	지체장애우와 세상 나들이 수화 공연
	7월 12일	전강련 불교학술대회 참석 및 수화 공연(중앙승가대학/ 사교반 혜현 스님 발표)
	7월 13일	보탑사 산사음악회 수화 공연
	9월 5일	총무원에 수재 의연금 전달
2003	3월 4일	자연환경 보전과 수행환경 수호를 위한 범불교도 대회 동참(부산)
	8월 19일	비구니회관 개관식 참석
	5월 29일	새만금 갯벌 살리기 3보 1배 동참

	11월 22일	총동문회 및 원장스님 고희기념 행사
2004	5월 11일	제8회 연화 꽃꽂이 연합회 꽃예술전 수화 공연
	6월 29일	제8차 세계여성불자대회 문화행사 수화 공연
	10월 18일	종교예술제 영화제 참석(조계사 대웅전 앞)
	10월 26일	종교예술제 음악제 수화 공연(예술의 전당)
2005	7월 21일	동국대 도서관 열람 및 자료 검색 실습
	9월 15일	총무원장 법장 스님 영결식 참석
	11월 14일	제32대 총무원장 취임법회 및 한국불교역사문화기념관 개관식 참석
2006	1월 23일	보훈병원 법당 인수(선문 중강스님 취임)
	4월 5일	보훈병원 법당 연등 만들기 전 대중 동참
	4월 18일	리베라호텔 불교꽃꽂이 전시회 작품 출품
	6월 1일	전국비구니회 주최 '제1회 한국 비구니 수행 전통에 대한 포럼' 진행에 동참 '한국 비구니 강원 발달사' 발표(수경 학감)
	6월 16일	중남미박물관 전 대중 관람(경기도 고양시)
	6월 19일	대한불교조계종 자원봉사자 교육 이수
	9월 1일	호스피스 교육 실습 및 병원 봉사
	11월 18일	봉선사 강설 대법회 논찬자로 참가(수경 학감)
	12월 26일	'제2회 전국 승가대학 학인 논문 공모전'에서 사교반 금해 스님 동상 수상
2007	5월 5일	난치병 어린이 돕기 삼천배 철야기도 집전 진행(조계사 대웅전)
	6월 1일	수경 학감 소세중 송무원 문화부장 취임
	10월 8~9일	전국 비구니회 제5차 수행 교육에서 지객 소임
	10월 19일	봉암사 결사 60주년 기념 대법회 동참

	11월 11일	연천 범음사 12주년 기념법회 및 장병 수계법회 동참
	11월 19일	'제3회 전국 승가대학 학인 논문 공모전'에서 사교반 지일 스님 동상 수상
	11월 21일	2007년 불교계 대선 후보 초청 토론회 동참
	11월 25일	서울 시립요양원을 시작으로 매월 찬불가 봉사
	12월 9일	용인 연꽃마을 찬불가 봉사
2008	1월 13일	양주 5기갑여단 3190부대 찬불가 봉사
	4월 18일	연등 학술 세미나 참석
	4월 19일	난치병 어린이 돕기 삼천배 철야정진
	4월 22일	총무원 주최 유교법회 연찬회 참석
	4월 22일	한국 연화꽃꽂이 연합회 참석 찬불가 축하공연
	5월 31일	미얀마 수재민 돕기 성금모금 전달
	6월 5일	조계종조 도의국사 다례재 참석
	7월 4일	국민주권 수호와 권력의 참회를 위한 시국법회 참석

IV. 개혁종단 이후 삼선강원의 변천

개혁종단이 출범한 1994년은 종단의 승가교육이 새로운 전기를 맞이하게 된 해다. 개혁종단은 교육원을 별원화시켜 종단의 내외적 변화에도 자율성과 독립성을 가지고 일관성 있게 승가교육을 추진할 수 있게 하였다. 이에 교육원은 최상의 승가교육을 위한 방안을 마련하고 시행해야 하는 시대적 과제를 안고 출범하였다.

올해로 13년차를 경과하고 있는 교육원은 지금까지 '사자상승'

에 의한 전통적인 교육방식을 탈피하여 승가교육도 제도화라는 시스템에 의한 관리가 필요하다는 시대적 요구와 함께 교육체제의 정비에 다음과 같은 가시적 성과를 가져왔다.

교육원이 공식적으로 출범한 1995년부터 1998년까지는 교육원 출범에 따른 조직 구성과 행정체계의 확립을 통하여 제도화를 추진했던 시기이다.

1999년부터 2003년은 구족계 수계 이전 과정인 기초·기본교육과정을 충실화하고, 구족계 수계 이후의 승가교육 체계의 확립에 집중한 시기였다.

2004년부터 2008년 현재까지는 그간 교육원이 10년 가까이 경과하면서 이룬 성과를 토대로 변화된 조건과 시대적인 요구에 따라 발전 방향을 모색하며 승가교육체계를 재설계하고, 수행법 연구를 통해 대중화와 정체성 확립에 초점을 맞추고 있는 시기이다.

이처럼 교육원이 체계적으로 시행하고 관리해 온 교육종책에 발맞추어 통학강원인 삼선강원의 교육체제는 어떻게 변화 발전되어 왔는지 다음 세단계로 나누어 살펴보고자 한다.

1. 승가교육체계 정비의 시기(1995년~1998년)

이 시기 가장 중점적으로 추진한 부분은 승가교육체계[34]이며, 그 중에서도 기본교육기관을 통일적인 체계로 관리하는 것이었다. 기본교육기관은 강원, 기본선원, 중앙승가대, 농국대 불교대학으로 규정하였다. 특히 강원의 정비문제는 당시 승가교육에서

---

[34] 교육법에 명시된 승가교육체계는 기초(6개월)→기본(4년)→전문·특수(2년)→재교육의 4단계로 되어 있다.

가장 핵심적인 문제였다. 종단의 승가교육에서 강원이 차지하는 비중이 역사적으로나 규모나 위상 면에서나 매우 높았기 때문에 강원의 정비문제는 승가교육개혁에 있어 최대 관심사일 수밖에 없었다.

이 시기에 강원 정비와 관련한 주요 내용은 1) 설립인가의 절차 2) 학사운영에 대한 기준 3) 학인과 교직자 정원에 관한 사항을 제도화하는 것이었다.

첫째, 강원의 설립인가는 기존의 사찰 단위로 운영되던 강원을 종단의 공식적인 교육기관으로 인정되도록 등록·인가하고 관리할 수 있도록 하였으며 종단의 통일적인 교육종책 수립과 관리 감독의 제도적 틀을 마련하는 것이다.

이에 삼선강원은 인가의 문제에 있어서 가장 큰 진통을 겪었다. 교육원은 대중생활을 통해 대중 습의를 익히지 않는 것은 강원 교육의 취지와 거리가 있기 때문에 인가할 수 없다는 것이 그 이유였다. 그러나 삼선강원은 통학을 전제로 한 강원이기 때문에 처음부터 대중생활은 배제되어 있었다. 강원 측에서는 종단에서 삼선강원을 인가하지 않는 것은 곧 통학강원을 인정하지 않는 것이라 판단하고 폐교를 결정, 입학생을 더 이상 받지 않기로 했다. 그리고 대교·사교반은 졸업을 시키고, 사집반은 타 강원에 가서 공부하기를 희망하는 학인들에게 공백 기간 없이 동일 학년으로 편입할 수 있도록 강원에서 배려해주기로 하였다. 그래서 몇 명의 학인들이 운문사, 봉녕사로 전학을 갔다. 이때가 1996년이다. 그러나 동문들과 남아있는 학인들은 20여 년이나 된 통학강원의 폐교를 받아들이지 못하고 교육원을 내방하여 묵언 시위를 하는 등 삼선강원의 존재를 알리기 위한 각고의 노력을 하였다. 뿐만 아니라 그 당시 혜조 스님(제5회 졸업생)이 주지를 맡고 있었던 삼선교 청룡암에 모여 밤을 새워가며 대책회의를 하곤 하였다. 통학강원이 있었기에 강원 교육을 받을 수 있었던 동문들이나 학인들은 강원을 지켜야 한다는 각오로 하나가 되어 있었다. 그래서 먼저 종단에는 이 시대 통학강원의 필요성을 부각시키고, 또 각계 어른스님들과 다른 강원에 통학강원의 필요성을 알리는 데 주력하기로 하였다. 또한 앞으로 삼선강원의 존속을 위해 다른 전통강원과 차별되게 통학강원만의 특성을 살리는 학과목을 개설하자는 의견도 제기되었으며, 특히 복지학을 도입하자는 데 뜻을 같이 하기도 하여 이러한 내용을 교육원에 제출하였다.

마침내 교육원에서는 전통사찰에 가서 매년 3주 간 대중 습의하는 것을 조건으로 인가를 결정하였다. 그때가 1996년 12월 19일이다. 인가 이후 삼선강원은 1997년 제1차 대중 습의산림을 오대산 지장암에서 실시했으며, 대구 달성군의 보림사, 경기도 화성군의 신흥사에 가서 습의를 익히기도 하였다. 그리고 1999년부터 현재까지 진천 보탑사에서 습의산림을 매년 가을학기에 2박 3일 정도 실시하고 있으며, 평소에는 포살 뒤에 습의 시간을 배정하여 습의를 익히고 있다. 이때는 주로 가사 장삼을 수하고 탈하는 법, 장삼 개는 법, 호궤, 장궤, 합장 저두, 예불 시 절하는 법 등을 익힌다. 그리고 2004년부터 더욱 더 습의 시간을 보충하기 위해 일일 습의 시간을 따로 가졌으나, 장소가 협소한 이유로 2006년을 끝으로 당분간 보류하고 있다. 일일 습의란 학인들이 6시 30분에 강원에 도착한 뒤 상강례, 사미니요의 독송, 소임공사, 사물 정리, 청소, 사시마지, 법공양, 가사와 발건에 이름 새기기, 삭발, 차례법문, 대중공사, 저녁 예불 등의 프로그램을 가지고 하루를 강원에서 함께 지내는 것이다.

학인들은 통학을 하며 습의를 따로 챙겨야 하는 번거로움도 없지 않았지만 습의에 대해 늘 부족함을 느끼고 있던 차에 학인들에게는 오히려 통학강원을 상주강원과 스스로 차별하는 생각에서 벗어나는 계기가 되었고, 뿐만 아니라 통학강원에 대한 만족도도 높아지고, 학교의 위상도 높아져 매우 고무적인 일이 되었다.

둘째, 학사운영에 대한 기준이란 기본교육 4년의 학제 통일과 학적부 통일, 학인 이동 질서 확립, 졸업학위번호 부여 등 기본교육 이수과정을 충실화하고 관리감독 체계를 수립하는 일이다.

삼선강원의 경우 4년의 학제는 이미 91년도 신입생부터 시행하고 있고, 학적부는 1999년부터 교육원에서 제시한 양식을 사용하고 있으며, 성적도 함께 기재하고 있다. 성적표는 처음에는 학인들에게 나누어 주었으나 자칫하면 경쟁심리를 유발한다는 우려와 함께 필요로 하는 경우 외에는 공개하지 않기로 하였다.

학인 이동질서 역시 잘 지키고 있다. 사미니 강원은 비구니강사교우회에서 학기 중에 타 강원으로 전학갈 수 없으며, 편입하고자 하는 학인은 2년(현재는 1년)이라는 공백 기간을 가져야 한다는 것을 이미 정한 바 있다. 만약 학인이 자퇴할 경우 반드시 각 강원에 공문을 보내어 이동질서가 철저히 지켜질 수 있도록 노력하고 있다.

졸업학위번호는 그동안 강원에서 졸업번호[35]를 부여해 왔으나 교육원에서 98년도부터 학위번호를 전국 강원 졸업자에게 부여하고 있어, 이제는 졸업장에 학위번호와 졸업번호를 함께 기재하고 있다.

---

35) 예를 들면 8201-01, 9612-121 (졸업연도와 졸업 회수, 그리고 졸업자 수를 차례대로 나타낸다.)

셋째, 학인과 교직자 정원 문제는 강원 규모의 적정화를 이루는 문제로 규모화를 통해 강원을 적정 수로 조정하여 승가교육의 질적 발전을 이루고자 하는 데 뜻이 있는 것이었다.

교육원에서 제안된 안은 학인 정원 하한선이 50명이었다. 이는 사미 군소 강원을 통폐합해서 승가교육의 질적 발전을 이루고자 하는 의도에서였다. 하지만 강원이 사찰 운영의 중요한 토대가 되는 상황에서 강원 통폐합은 당해 사찰로서는 받아들이기 어려운 사안이었고, 교직자들 또한 강의 기회 축소와 신분 변화에 대한 우려도 없지 않아 각 강원에서 쉽게 동의하지 않았다. 마침내 최종 15명으로 결정되어 입법화되었으나 다시 1999년에 10명으로 조정되었다.

이 당시 사미니 전통강원은 학인 수가 50명 이상이었고, 삼선강원도 총 학인 수가 대체로 3~40명 정도를 유지하고 있었기 때문에 그리 문제가 되지 않았다. 다만 교직자 정원에 있어서는 이를 계기로 삼선강원 4회 졸업생이면서 82년도에 중강을 역임한 도안 스님을 97년도 1월에 다시 재임용하여 강사 2명에서 3명으로 인원을 늘렸다.

이 외 그동안 전통적으로 사용해 오던 강원 명칭을 승가대학으로 변경하자는 의견이 제시되었고 이에 많은 토론회가 열렸다. 기존의 강사들은 강원이 가지고 있는 상징성을 중시했고, 또 다른 경우는 강원보다는 승가대학이라는 명칭이 그 위상이나 인지도의 측면에서 현대에 적합하다고 주장하였다. 따라서 이 두 의견이 모두 받아들여져서 승가대학과 강원을 병행할 수 있도록 하였다36). 사미니 강원의 경우는 1984년 비구니교우회에서 이미

---

36) 『종단 법령집』「승가대학령」제2장 승가대학의 지정과 인가 제8조 (2). 명칭

강원을 승가학원으로 통일하자고 결정한 바가 있었다.

또 제1차 교육개혁 기간 동안 주목할 만한 부분은 강원의 교직자 임명권을 강주스님에서 운영위원장(주지스님)에게로 주어진 일이다.

그리고 개혁종단 이후 가장 큰 성과 중의 하나로 꼽히는 사미(니)의제 확립 등이 있는데, 1998년 2월 '사미·사미니 등 의제에 관한 시행령'을 공포하는 등 근 2년여 노력 끝에 정착시킨 제도였다. 의제 확립은 기본교육기관 입학을 의무화했고, 교육원의 위상과 역할을 확고히 정립하는 계기가 되었다. 삼선강원의 경우 강원에서는 철저하게 의제를 시행하였으나, 각 사찰로 돌아가서도 의제를 착용하는지에 대해서는 관리 감독할 수 없는 점이 있었다. 이는 은사스님들의 의식변화가 함께 이루어져서 각 사찰 내에서도 의제에 대한 지도가 요망되는 점이다.

2. 승가교육 내실화의 시기(1999년~2003년)

1995년 이후 행자교육원 수료자의 기본교육기관 입학율이 크게 늘어남으로써 강원이 종단 의무교육기관으로 완전히 정착하였다. 또 사미(니)의 신분을 확인할 수 있는 의제가 정착됨으로써 위계 확립과 함께 면학 분위기 조성도 어느 정도 자리를 잡았다고 할 수 있다. 따라서 이 시기에는 기본교육과정의 교육 이수 과정과 내용의 충실화를 중점적으로 추구하였으며, 강원의 표준교과가 마련되었고 학사 일정이 통일되었다. 이는 필수과목과 권장

(승가대학의 명칭은 ○○승가대학 또는 ○○강원이라 한다), p.324, 대한불교조계종 총무원, 2007년 6월 25일.

과목, 선택과목으로 분류하여 교과목을 통일하고 표준화하는 과정으로서 2000년 12월 22일 교육원 회의에서 이를 확정하였다. 또 2003년 3월에『서장』시험판을 발간하여 종단 저작 통일교재 편찬사업을 시행하였으며, 승가대학령 개정을 통해 학인의 편, 입학, 전학, 휴학, 복학 등의 세부 시행지침을 마련하여 내실 있는 교육 이수가 되도록 하였다. 교직자에 대해서도 자격기준에 대한 규정을 제정하고, 소정의 자격을 갖춘 자에 한해서 교육원 회의의 심의를 거쳐 임명할 수 있게 하였다. 아래는 교육원의 표준 교과과정과 삼선강원의 교과과정의 변천을 살펴본 것이다.

2000년도 교육원 표준 교과과정

학년	필수과목			권장과목	선택과목	수행
	경	율	론(일반)			
대교반	화엄경	범망경		조계종사, 포교론	법화경 유마경 아함경 육조단경 외국어 (영어, 일어, 중국어 중 택 1)	예참 울력 공양 간경 행해
사교반	능엄경		한국불교사 기신론 유식	종교학개론 율전개설		
	금강경					
	원각경					
사집반	서장		중국불교사 중관	선종사 참선 실수 불교교리발달사		
	도서					
	절요					
	선요					
치문반	치문	사미(니) 율의	인도불교사 불교개론			

다음은 교육원 표준교과가 정해지기 전 삼선강원의 교과과정 변천을 살펴본 것이다.

1988년 삼선강원 교과과정

반	전공 필수과목(본과)	교양 공통필수 (외과 1)	특별활동
치문	치문	불교학개론, 인도불교사, 중국불교사, 한국불교사, 일어, 포교론	꽃꽂이, 염불
사집	서장, 도서, 선요, 절요		
사교	능엄경, 기신론 금강경오가해, 원각경		
대교	화엄경		

1997년 삼선강원 교과과정

반	전공 필수과목(본과)	교양 공통필수 (외과 1)	특별활동
치문	치문	불교학개론, 인도불교사, 중국불교사, 교리발달사, 조계종사, 선학개론, 계율론, 포교방법론, 불교사회복지, 불교자원봉사의 이론과 실제, 상담개론, 한문특강	꽃꽂이, 염불
사집	서장, 도서, 선요, 절요 대총상		
사교	능엄경, 기신론 금강경오가해, 원각경		
대교	화엄경		

1997년도 교과과정 중에 필수 교양과목이 다양해지고 복지에 관한 과목이 추가된 것을 알 수 있으며, 이는 강원 인가를 위해 삼선강원만의 특성을 고민했던 결과인 듯하다.

아래는 교육원에서 '수행기록부'를 배부한 1999년부터 현재 2008년까지 삼선강원이 교육원의 표준 교과목(필수, 권장, 선택으로 분류)을 정착해 가는 과정을 연도별로 대략 살펴본 것이다.

1999년 교과과정

치문반		사집반		사교반		대교반	
교육원	삼선	교육원	삼선	교육원	삼선	교육원	삼선
치문 (필)	○	선요 (필)	○	원각경 (필)	○	화엄경 (필)	○
사미율의 (필)		절요 (필)	수심결	금강경 (필)	○	범망경 (필)	○
인도불교사 (필)		도서 (필)	○	능엄경 (필)	○	조계종사 (권)	
불교개론 (필)		서장 (필)	○	기신론 (필)	○	포교론 (권)	
컴퓨터 (권)		중관학 (필)		유식학 (필)	○		수행력
의식집전 (권)		중국불교사 (필)		한국불교사 (필)	○		
	수행력	선종사 (필)		종교학개론 (권)			
	비교 종교학	교리발달 (권)		율전개설 (권)			
	여성과 불교		대총상		수화		
	꽃꽂이		중국 선종사		수행력		
			조계종사				
			꽃꽂이				

2000년 교과과정

치문반		시집반		사교반		대교반	
교육원	삼선	교육원	삼선	교육원	삼선	교육원	삼선
치문(필)	o	선요(필)	o	원각경(필)	o	화엄경(필)	o
사미율의(필)		절요(필)		금강경(필)	o	범망경(필)	o
인도불교사(필)		도서(필)	o	능엄경(필)	o	조계종사(권)	
불교개론(필)	o	서장(필)	o	기신론(필)	o	포교론(권)	
컴퓨터(권)		중관학(필)		유식학(필)	o		수행력
의식집전(권)		중국불교사(필)		한국불교사(필)	o		
		수행력		선종사(필)		종교학개론(권)		
		중국선종사		교리발달(권)		율전개설(권)		
		중국불교사			유식		범망경	
		계율론			불교개론		수행력	
		조계종사			수행력			
		꽃꽂이			수화			
					꽃꽂이			

2001년~2008년 교과과정

치문반		사집반		사교반		대교반	
교육원	삼선	교육원	삼선	교육원	삼선	교육원	삼선
치문(필)	O	선요(필)	O	원각경(필)	O	화엄경(필)	O
사미율의(필)	O	절요(필)	O	금강경(필)	O	범망경(필)	O
인도불교사(필)	O	도서(필)	O	능엄경(필)	O	조계종사(권)	
불교개론(필)	O	서장(필)	O	기신론(필)	O	포교론(권)	
컴퓨터(권)		중관학(필)	O	유식학(필)	O		수행력
의식집전(권)		중국불교사(필)	O	한국불교사(필)	O		
	수행력	선종사(필)	O	종교학개론(권)			
		교리발달(권)		율전개설(권)			
			수행력		수행력		

특강 : (2001~2004) 수화, 꽃꽂이
(2005) 수화, 꽃꽂이 호스피스
(2006) 꽃꽂이, 호스피스, 염불, 찬불가
(2007) 꽃꽂이, 찬불가
(2008년) 찬불가, 선 체조 오금희

　지금까지 삼선강원 교과목의 변천을 살펴보면 교육원의 표준 교과과정 중 필수과목에 한해서 2001년부터 2008년 현재까지 통일된 교과과정으로 충실하게 시행하고 있음을 알 수 있다. 다만 권장과목과 선택과목은 수업시간을 더 이상 편성할 수 없어서 실시하지 못하고 있는 형편이다. 그리고 외전의 경우 학인들의 희망과목, 강사 섭외 등의 여건에 따라 조금씩 변화되어 왔음을 알 수 있다.

3. 승가교육체계 재정립의 시기(2004년~현재)

교육원이 출범 10년을 경과하면서 그 성과는 종단의 승가교육 종책 수립과 교육행정의 중심으로서 정착되었다고 할 수 있을 것이다. 그러나 출산율 저하로 인한 출가자의 감소 등은 종단의 위기의식을 높이고 종단 운영의 틀을 새롭게 짜야 할 필요성을 제기하고 있다. 뿐만 아니라 현재의 승가교육으로는 현시대의 변화와 요구에 대응할 수 없다는 위기의식이 내부로부터 제기되면서 기초·기본교육과정을 재정비해야 한다는 문제의식이 형성되기 시작하였다. 그 결과 승가교육제도의 개선사업으로 승가교육제도의 개선 방안을 마련하는 것을 목표로 하였다. 주요 내용은 기본교육과정인 강원, 기본선원, 중앙승가대, 동국대 불교대학을 통일적인 단일체계로 개편하는 문제와 강원의 하한선을 30명으로 조정하고, 나머지는 학림으로 전환하는 방안이다. 또 교육시간을 확대하여 교육기관으로서의 위상을 확립하고, 교과목의 개편을 통하여 교육의 질을 높이고자 하는 것이다. 2004년 7월 1일 '승가교육제도개선 추진위원회'를 구성하였다. 그리고 개선안으로 교육기관은 기존의 강원·기본선원·중앙승가대·동국대의 현행대로 유지하고, 교육기간도 현행대로 4년으로 하며, 강원 학인 정원 조정에 있어서는 사미니 강원의 경우 상한선은 학년 정원 7명 이상 총 정원 30명, 또는 도량 수용능력과 현재의 학인 비율 기준을 적용하기로 정하고, 2008년부터 적용하기로 하였다.
다음은 학인 정원 문제와 관련해서 1999년부터 정리되어 있는 '재학생대장'을 참고로 하여 삼선강원의 학년별 재학생 수 및 총 학인 수를 살펴보면 다음과 같다.

연도별 재학생 현황

학년	99년	00년	01년	02년	03년	04년	05년	06년	07년	08년
치문	10	12	9	9	13	8	9	5	7	10
사집	10	10	12	8	8	14	8	6	3	7
사교	10	10	10	12	8	7	13	8	6	3
대교	7	8	10	10	12	8	7	12	8	5
총 인원 수	35	40	41	39	41	37	37	30	24	25

위의 도표를 보면 2005년 이전까지는 총 학인 수 약 40명, 각 학년별 평균 학인 수 약 10명 정도는 되었지만, 2006년 이후부터 점차 총 학인 수가 30명 이내로 줄어들고 있으며, 학년 정원도 7명에 미달인 반이 생겨나기 시작했음을 알 수 있다. 2007년 이후는 교육원이 정한 30명의 상한선에도 미치지 못하는 등 학인이 현저히 줄어들고 있어 그 원인을 규명하고, 앞으로 학인 유치에 대한 대책을 세우지 않으면 강원 존립에도 영향을 미칠 수 있다고 하겠다.

V. 졸업 후 삼선인의 동향

1. 졸업생 명단

1982년 첫 졸업생 7명을 배출한 이후 2008년 24회까지 졸업생 총 225명을 배출하였으며, 1983년·1987년·1991년에는 졸업생을 배출하지 못하였다.

삼선강원 졸업생 중에는 한마음선원의 스님들이 39명으로 17%에 해당된다. 이처럼 한 사찰에서 학인을 많이 보낼 경우 학인 수 증가에는 도움이 되지만, 학인들의 입장에서는 바람직한 현상으로 볼 수 없다고 교무회의에서 결정한 뒤로 2~3명으로 제한해서 받아들이고 있다.

한마음선원 스님들이 많은 이유는 한마음선원이 선원 운영상의 문제로 스님들을 상주강원보다 통학강원에 보내는 것을 선호하고 있기 때문이다.

다음은 도표로 살펴 본 연도별 졸업생 현황이다.

연도별 졸업생 현황

회	1	2	3	4	5	6	7	8	9	10
졸업년도 졸업월일	82 6.19.	83	84 11.30.	85 10.10.	86 10.30.	87	88 3.20.	89 2.28.	90 2.28.	91
졸업생 수	7	-	13	10	8	-	8	7	12	-

회	11	12	13	14	15	16	17	18	19	20	21	22	23
졸업년도 졸업월일	92 2.28.	93 2.28.	94 3.15.	95 2.28.	96 3.26.	97 2.28.	98 2.28.	99 1.27.	00 1.15.	01 1.5.	02 1.18.	03 1.8.	04 1.10.
졸업생 수	15	7	12	10	12	6	8	7	7	8	10	10	12

다음은 삼선강원을 졸업한 졸업생(225명) 명단이다.

졸업년도 (회수)	졸업생	졸업생 수
1982(1)	지윤(死) 문성 태정 회정 지윤 성근 일홍	7
1984(2)	자혜 웅진 현무 정오 정원 정명 보명 인성 정미 각성 도윤 남현 동원	13
1985(3)	진우 상일 석운 보인 경환 종문 대원 성보 탄준 일양	10
1986(4)	동조 도안 법운 해성 계원 경진 법천 성재	8

1988(5)	성진 지지원 김지원 혜일 자윤 혜조 혜초 지명	8
1989(6)	송하 법주 보일 일현(死) 선주 성진 묘담	7
1990(7)	혜근 보원 지후 혜정 경허 능현 지현 묘근 세관 성련 선오 고경	12
1992(8)	관송 원일 현수 서용 수경 원민 지선 정일 혜중 자선 정도 수현 혜솔 도원 자인	15
1993(9)	도현 지효 상현 효정 명운 정수 묘진	7
1994(10)	지황 심진 호택 영재 주성 혜수 지문 소현 일여 행오 회기 현암	12
1995(11)	재홍 경현 지명 묘전 대준 선혜 묘현 혜담 자원 일문	10
1996(12)	혜정 각성 일지 명인 혜찬 연각 견휴 효민 진여 평등 수견 성인	12
1997(13)	도경 해선 승영 덕우 현찬 동곡	6
1998(14)	현광 덕인 상일 혜거 성원 지백 선우 수영	8
1999(15)	현종 선경 흥준 구상 경록 우진 선오	7
2000(16)	법인 혜종 혜랑 주화 혜덕 혜향 혜묘	7
2001(17)	천성 지오 혜궁 혜당 혜능 혜엄 혜은 의현	8
2002(18)	법련 도공 도원 무구 혜계 혜인 혜묵 혜목 양현 수정	10
2003(19)	혜보 정수 원성 원휴 도원 선문 혜응 수인 현우 정오	10
2004(20)	혜성 혜선 무연 혜다 혜불 혜현 석오 도현 초정 하동 무인 영진	12
2005(21)	혜춘 혜철 혜등 혜밀 진상 동휘 법성 지성	8
2006(22)	혜신 혜일 혜금 혜심 도안 법정 담인	7
2007(23)	정진 보경 희욱 자유 혜전 혜한 보덕 혜능 혜경 수안 무영 화인	12
2008(24)	혜협 영녕 혜각 원준 혜천 정부 번진 금해	8

2. 졸업생들의 활동 분야

삼선강원 학인들은 대부분 강원에 다니면서 동국대나 중앙승가대를 병행해서 다니기도 하고 사찰에서 일찍이 은사스님을 도와 공부하며 포교의 경험을 쌓기도 한다. 그래서 강원을 졸업하기 전 자신의 진로를 미리 계획하고 졸업 후 공백 기간 없이 다음 과정을 향해 나아갈 수 있는 장점이 있다. 삼선강원은 30년의 역사와 24회의 졸업식을 통해 225명의 졸업생밖에 배출하지는 못했지만, 전국 곳곳에서 복지와 포교, 봉사, 교육 등 적극적으로 활동하며 지역사회에 이바지하고 있다. 또 자신의 수행을 위해 선방을 다니며 용맹정진하거나 공부를 계속하고 있는 졸업생도 간혹 있다. 대외적으로 활동하고 있는 동문들 중에는 언론 등에 보도된 스님도 많이 있으며 그 대표적인 스님이 제1기 평택 명법사의 화정 스님, 미타사의 보명 스님, 제2기 정명 스님, 제3기 대원 스님, 제4기 해성 스님, 제5기 혜조 스님, 제7기 선오 스님, 묘근 스님, 제8기 수경 스님, 제9기 도현 스님, 제10기 호택 스님, 제11기 묘전 스님, 제18기 무구 스님, 제19기 선문 스님 등을 들 수 있다. 다음은 각 사찰에서 주지를 살며 포교를 하고 있는 동문들을 제외하고 대외적으로 활동을 하고 있는 동문들 중 파악이 가능한 동문들만 그 활동 분야를 기별로 분류한 것이다.

졸업회수	법명	활동 분야	활동 경력
1	화정	복지, 봉사	포교, 복지, 봉사, 어린이집 운영
1	일홍	교육	삼선승가대학 강사

2	보명	꽃꽂이 강의	한국불교 연화꽃꽂이 연합회 이사장
2	정명	꽃꽂이 강의	연화플라워 회장, 법당 장엄용 연꽃 조화 개발 특허
2	정미	어린이 포교	옥수동 미타사 유치원 원장
3	대원	교육	경주 동대 불교아동학과 교수
3	탄준	포교	부산 교사불자회 '청림회' 창립, 증명법사
4	동조	어린이 포교	어린이집 운영
4	도안	교육	삼선승가대학 학감
4	해성	복지	사회복지법인 연화원 이사장, 불교수화발표회 및 불교수화 용어집 발간, 불이상 수상
5	혜조	포교	실천불교전국승가회 부의장, 삼소회, 나눔의 집 건립추진위원회 집행위원장 역임
6	선주	포교	꽃꽂이 강사, 대구교도소 직원 불심회 회원 지도법사
7	능현	포교	조계종 포교사 자격 취득, 템플스테이 운영
7	지현	행정	청담 종합사회복지관 총무부장 역임
7	선오	포교	정토문화원, 매년 지역주민을 위한 효도잔치(7회), 채운선재공부방
7	묘근	복지	속초시 노인종합복지관장
8	수경	교육, 행정	전 삼선승가대학 학감, 조계종 총무원 문화부장
8	원민	교육	봉선사 학당, 월운 스님에게 전강받음.
8	혜중	해외포교	미국
8	도원	포교	분당 서울대병원 법당 법사
9	도현	포교	불교방송 '거룩한 만남' 프로그램 진행
9	정수	행정	전 조계종 포교원 사무국장
10	호택	군포교	19육군 6포병여단 호국 범음사
11	묘전	복지	승가원 자비복지타운 시설장

11	혜담	교육	전 청암승가대학 강사
14	성원	포교	거제도 금강사 유치원 원장
15	선오	어린이 포교	상계동 어린이집 운영
18	무구	복지	사회복지법인 수효사 효림노인복지센터 설립 / 우리출판사 운영
19	선문	교육	삼선승가대학 중강, 보훈병원 법당 운영
19	혜응	유학	스리랑카
20	석오	수행	홍콩, 중국 선방에서 안거, 만행
20	도현	수행	선방
20	영진	수행	현 불영사 선방 안거 중
21	혜등	유학	스리랑카
21	혜철	행정	조계종 총무원 재무부 근무, 가사원 사무국장
21	진상	학업	중앙승가대학 복지학과
22	담인	학업	경주 동국대 불교미술 전공
23	정진	학업	청암사 율원
23	자유	수행	선방
24	금해	수행	선방

VI. 삼선강원의 향후 과제

삼선강원은 통학강원으로 출발하여 올해로 30주년을 맞이하였다. 통학강원으로서 30년의 세월은 결코 짧은 역사가 아니며, 원장 지광 스님과 학장 묘순 스님의 덕망과 원력의 결과라고 생각된다. 하지만 지금은 통학강원을 개원하던 시대와 현격히 달라졌고, 또 출가행자의 수가 점점 줄어들고 있어 앞으로 학인 수에 의해 강원의 존속이 결정될 전망이어서 강원마다 자연스럽게 선의의 경쟁시대로 돌입하지 않을 수 없는 현실이다. 따라서 강원이 기본교육기관이라 할지라도 나름대로의 특성을 가지고 학인들을 유치할 것이고, 학인들은 자신의 성향과 앞으로의 행보에 맞는 강원을 선택하려고 할 것이다.

그동안 삼선강원은 통학강원으로서 상주강원에 갈 수 없는 학인을 위한 강원이라는 특성 때문에 학인들 유치에는 그리 신경을 쓰지 않은 편이다. 하지만 교육원이 교육의 질적 향상과 도재양성의 교육장으로 격상시키기 위해 강원 성립 조건으로 하한선을 둔다면 학인 수가 줄어들고 있는 삼선강원의 경우도 예외일 수 없을 것이다. 그렇다면 삼선강원도 통학강원으로서의 장점을 십분 살려 학인들이 선호할 수 있는 강원으로서 또는 이 시대에 맞는 교육 도량으로 거듭날 필요가 있다.

무엇보다도 미래의 강원은 강원을 위한 강원이 아니라 학인을 위한 강원이어야 할 것이다. 강원 생활 4년이 학인들에게는 발심 출가의 마음을 증장시키고 출가인으로서의 서원과 목표를 세우는 계기가 될 수 있도록 학인을 위한 학교가 되어야 한다는 것이다. 이러한 인식의 전환을 토대로 삼선강원의 발전을 위한 향후 과제로서 다음 몇 가지를 제시해 보고자 한다.

첫째, 교육환경과 교육시설도 교육 못지않게 중요하다.

현재 삼선강원의 교육환경은 타 강원에 비해 많이 낙후되어 있다. 수업만 받고 각자 사찰로 돌아가는 통학강원이기 때문에 그동안 환경이나 시설에 많은 신경을 쓰지 않아도 무관했지만 이제 시대가 시대인 만큼 교육환경 및 시설이 교육에 미치는 영향이 크다는 것을 간과해서는 안 된다. 삼선강원이 아침에만 이용하는 통학강원이라 하더라도 기본교육기관으로서 그 의무와 역할에서 예외일 수는 없을 것이다. 오늘날과 같이 정보화시대에 학인들의 의식이나 지식이 정체되지 않도록 특히 도서관 시설과 학습에 필요한 도서 구입에 적극적이어야 하며, 강의실의 쾌적한 분위기도 교육효과를 증대한다는 점에서 관심을 가져야 할 것이다. 그리고 가능하다면 삼선강원만의 독립된 건물에서 교육이 이루어질 수 있다면 매우 고무적인 일이 될 것이며, 이제 거처가 불안정한 학인들을 위해 기숙사도 고려해야 할 시점에 와 있다고 생각된다.

둘째, 대중생활, 대중 습의를 중시하는 기본교육기관으로서의 의무를 소홀히 해서는 안 된다.

비록 통학강원의 특수상황이 고려된다고 할지라도 학인들을 위해 기본교육기관으로서의 의무를 이행하는 데 게을리해서는 안 될 것이며, 이를 보완하기 위한 고민과 실행이 있어야 한다.

셋째, 강사가 더 증원되어야 한다.

수업의 질과 책임 있는 교육을 위해 각 반마다 담임강사가 있어야 한다. 그리고 강사에게도 자신의 전공에 대한 연구와 실력 배양을 위해 휴식년도 필요하므로 강사 수는 현재 4명에서 한두 명 더 증원하는 것이 바람직하다.

넷째, 교육환경이 서울이라는 특수상황을 고려해서 현대와 접목할 수 있는 삼선강원만의 특색 있고 전문적인 교과목의 개설이 필요하다.

예를 들면 복지·포교·상담심리 등과 관련된 교과목의 개설을 고려해 볼 필요가 있으며, 강사나 교육은 세간의 대학과 연계해서 실시하는 것도 한 방법이다. 이러한 제안은 삼선강원의 특수 환경을 장점으로서 살려 보자는 의도도 있지만 앞으로 학인들을 유치하는 데도 상당한 역할을 하리라 기대되기 때문이다.

다섯째, 학인들이 졸업한 후에도 강원에서 경전을 배울 수 있는 기회를 제공해야 한다.

삼선강원 학인들의 대다수는 포교에 원력을 가진 학인들이다. 그래서 졸업 후에는 바로 포교현장에서 그동안 강원에서 배운 실력을 발휘하는 경우가 많다. 하지만 강원 4년의 공부만으로는 많은 부족함을 느끼는 실정이므로 졸업 후에도 공부하며 포교할 수 있는 여건을 만들어준다면 학인들은 강원에 대한 신뢰와 자부심을 가질 것이다.

그 밖에 삼선강원에만 국한된 사항은 아니겠지만, 현재의 교과과정이나 내용이 바람직한 승가상을 정립하기 위한 교육목표에 맞는지 재점검할 필요가 있다.

교육법 제66조에 의하면 "제65조의 목적을 실현하기 위하여 다음과 같은 교육목표를 설정한다"라고 하면서 그 구체적인 내용을 밝히고 있는데 다음과 같다.

1. 조계종지의 체득 2. 초기경전, 대승경전을 망라한 체계적인 경전 교육 3. 교학의 이해, 수행 전법을 함께 하는 교육 4. 율장의 학습 및 수련 5. 불교사상사와 조계종사에 대한 올바른 이해 6. 제종의 종지 학습 7. 선 및 염불의 실수 8. 역사와 사회의 제 문제점을 불교적 시각과 방법으로 조명하고 해결하는 교육 9. 수행자로서 필요한 일반 교양과정의 이수 등 승려로서의 자질과 인천의 사표로서 지혜와 원력을 함양하게 하기 위해 구체적인 교육의 방향을 제시하고 있다고 하겠다. 따라서 현재의 교과과정이 위와 같은 교육방향을 제시해주는 교과목으로 개설되어 있는지 또는 교육목표에 준하는 교육내용인지 점검해 보아야 할 것이다.

Ⅶ. 맺음말

　삼선강원은 1978년에 개원하여 올해로 30주년을 맞이한 한국불교의 유일한 통학강원이다. 지금까지 통학강원이 개설되기까지의 시대적 배경과 그 의의 그리고 교육체제의 전반적인 내용 등을 두루 개괄적으로 고찰해 보았다. 또 개혁종단이 출범한 이후 교육원이 기본교육체계를 구축해 가는 과정 속에서 삼선강원이 어떻게 변화 발전하였는지도 단계별로 나누어 살펴보았다.
　통학강원의 개원은 상주강원에 갈 시기를 놓친 자, 이력과정을 마치지 못하고 중도하차한 자, 동국대학교나 중앙승가대학을 다니면서 강원 교육을 희망하는 자, 또 사찰 운영상 은사스님을 돕느라고 상주강원에 가지 못하고 망설이고 있던 이들에게 매우 고무적인 일이었다. 따라서 그 시작은 미미했지만 경전을 배우지 못했던 스님들에게 간경의 기회를 제공하여, 30년 동안 강학의 전통을 면면히 이어오면서 교육의 대중화와 평준화에 일조했다고 생각한다.
　또 교육원 출범 이후 기본교육기관으로서 가장 중요하게 여기는 대중생활과 습의에 관한 문제가 제기되면서 통학강원을 인가해야 하는가라는 문제가 대두되긴 하였지만, 강원 교육에 대한 갈망과 염원이 이루어낸 시대적 요청이었기에 외부의 물리적 힘으로 그 뜻을 꺾을 수 없었다. 삼선강원은 전통사찰에 가서 정기적으로 대중 습의를 익히는 조건으로 인가를 받은 뒤 학인들에게 습의를 익히는 시간을 따로 배정하는 등 일련의 노력을 기울이고 있다. 그 외 상강례를 시작으로 시작되는 수업시간이나 논강, 그리고 교과과정, 휴일, 방학일수 등은 모두 전통강원의 내용과 같다. 오히려 학인들은 강원 공부 외에도 한두 가지 소임을 겸쳐서 사는 경우가 많아 통학강원의 4년이 그리 녹록하지만은 않은 것이 사실이지만, 자신들의 노력과 의지에 따라 4년을 알차게 보낼 수 있다는 것에 만족하기도 한다.

이제 전문성과 다양성을 추구하는 이 시대에 삼선강원과 같은 현대식 강원이 전통강원과 어우러져서 존재하는 것에 대한 공감대가 어느 정도 형성되기에 이르렀다. 종단교육이 부처님의 혜명을 잇고 가르침을 전하여 널리 중생을 제도하는 것으로 근본이념을 삼듯이 강원은 바로 출가자가 출가자로서의 정체성을 배우는 첫 관문이라고 할 수 있다.

비록 삼선강원이 도심에 있고, 통학강원이라는 특수 환경에 처해 있긴 하지만 교육환경을 개선하고 거처가 마땅하지 않은 학인들에게 기숙사라도 제공하면서 강원 4년을 오로지 간경과 출가자로서의 습의와 신심을 배우고 익히는 장이 될 수 있도록 배려한다면 삼선강원의 위상이 제고됨은 물론 학인도 선호하는 강원이 되지 않을까 생각해 본다.

끝으로 자료의 불충분으로 삼선강원에 대한 전반적인 내용을 보다 세밀하게 다루지 못한 아쉬움과 졸업생들의 동향 등을 충분히 밝히지 못한 점이 없지 않다. 하지만 이 논문을 쓰면서 기록이 가지는 중요성을 새삼 깨닫는 계기가 되었으며, 또한 강원이 학인들에게는 승려생활의 밑거름이 되고 삶의 방향을 결정하는 데 그 영향을 미칠 수 있다는 점에서 강원의 무게를 다시 느끼는 계기가 되었다.

〈첨부 1〉
삼선강원 강원가

1. 시방여래 대자대비 싹트는 비구니들-
   지-혜를 갈고 닦아 법-계를 맑게 밝혀-
   끝-없는 보현행원 광명으로 가는 길엔-
   온 누리가 밝아온다 생사가 끊어진다
   이루-자 불국-토 삼선강원 젊은 사-자들
   우리-는 해동-법통 짊어진 사-도
2. 배-우자 젊은이야 모이자 삼선강원-
   밝은 깃발 아-래로 모두 와서 뭉-치자
   무명에서 깨-어나 횃불 되고 거름 되어-
   모든 중생 이롭도록 온 인류에 회향하세-
   이루-자 불국-토 삼선강원 젊은 사-자들
   우리-는 해동-법통 짊어진 사-도

〈첨부 2〉
삼선강원 학칙

제1장 총칙
　제1조(목적) 사미니들에게 경·율·론 삼장을 전문 교육하여 비구니의 자질을 갖추게 하고 정법을 수호하여 인천의 사표로서 지혜와 원력을 함양하고 사회와 국가발전에 사명감을 가지는 비구니를 교육함에 있다.
　제2조(명칭) 본 승가대학의 명칭을 삼선승가대학이라 한다.
　제3조(지위) 본 승가대학은 대한불교조계종 교육법 제47조에 명시하고 있는 본종의 기본교육기관으로서 의무교육을 실시하는 상설 교육기관이다.
　제4조(소재) 본 승가대학은 대한불교조계종 직할교구 삼선포교원에 둔다.

제2장 수업 연한과 재학 연한

제5조(수업 연한) 본 승가대학의 수업 연한은 4년으로 한다.

제6조(재학 연한)

① 본 승가대학의 재학 연한은 7년을 초과할 수 없다.

② 휴학 기간은 재학 연한에 삽입한다.

제3장 학년도와 학기

제7조(학년도) 학년도는 음력 1월 21일부터 다음해의 1월 20일까지로 한다.

제8조(학기) 학년도는 다음과 같이 두 학기로 나눈다.

1. 제1학기는 음력 1월 21일부터 음력 7월 20일까지
2. 제2학기는 음력 7월 21일부터 음력 1월 20일까지

제4장 수업일수와 휴강일

제9조(수업일수)

① 본 승가대학의 수업일수는 매 학년 32주 이상(매 학기 16주 이상)을 원칙으로 한다.

② 천재지변, 기타 교육 형편상 부득이한 사유로 제1항의 규정에 의한 수업일수를 충당할 수 없는 경우에 학장은 교육원장 승인을 얻어 2주 이내의 기간을 수업일수에서 감축할 수 있다.

제10조(병합수업) 교육상 필요한 때에는 학인을 병합하여 수업할 수 있다.

제11조(휴강일) 본 승가대학의 휴강일은 다음과 같다.

1. 춘계방학(30일) 음력 3월 16일~4월 16일
2. 하계방학(30일) 음력 6월 20일~7월 20일
3. 동계방학(40일) 음력 12월 7일~1월 16일
4. 교무회의에서 정하는 날

제5상 입학

제12조(입학 허가) 학인의 선발은 서류전형 및 필기시험, 면접시험으로 학장이 행한다.

제13조(입학 취소) 입학이 허가된 후라도 서류와 전형 과정에 거짓이 발견되었거나 기타 결격사유가 발견된 경우, 학장은 입학을 취소할 수 있다.

제14조(입학 자격)

① 본 승가대학에 입학하고자 하는 자의 자격은 사미니계를 수지한 예비승려 이상으로 한다.

② 제1항의 규정에도 불구하고 종헌 제9조 제3항 라에 해당하는 도제는 본 승가대학에 입학할 수 없다.

제 15조(지원 절차) 본 승가대학에 진학하고자 할 때에는 다음 각 호의 서류를 제출하여야 한다.
1. 지원서(지원서의 서식은 별도로 정한다)
2. 승적 증명서
3. 은사스님 추천서

제16조(전형)

① 학인을 선발할 때에는 서류심사, 면접심사, 필기시험을 실시할 수 있다.

② 학인을 선발한 경우 그 자료는 5년 간 보존한다.

제17조(편입학 및 재입학)

① 제2학년 이상에 편입학할 수 있는 자는 편입학하는 학년의 이전 학년까지의 과정을 수료한 자와 동등 이상의 학력이 있다고 인정된 자라야 한다.

② 학인으로서 자진하여 휴학한 자와 다시 입학을 지원할 때에는 동일 학년 이하의 학년에 한하여 입학을 허가할 수 있다. 다만 학인이 휴학하였을 때에는 학장은 그 사유를 기재하여 당해 승가대학에 빠른 시간 내에 통보해야 한다.

③ 휴학한 학인은 2년 내에 타 승가대학에 편입할 수 없다.[37]

제6장 교과의 이수 및 졸업

제1절 교과과정

제18조(교과목) 본 승가대학의 교과목은 치문, 사집, 사교, 대교의 전통 이력과목과 교무회의에서 정하는 교양과목으로 한다.

제19조(이수 단위)

---

37) 타 승가대학에 편입할 경우 2년이 지난 뒤에 갈 수 있었던 것을 요즘은 1년으로 조정되었다.

① 주 8시간 수업에 1학기 18주, 2학기 16주 이상을 이수하여야 한다.
② 교양과목은 한 학기당 2과목 이상을 이수하여야 한다.

제20조(특별강좌) 연구에 필요한 학술이론과 중생제도를 위한 포교이론 등을 위하여 특별 강좌를 개설할 수 있다.

제2절 시험과 성적

제21조(시험)
① 시험은 매 학기 중간 및 학기 말에 행한다. 다만 필요한 경우에는 수시로 행할 수 있다.
② 매 학기 수업 시수의 1/4 이상을 결석한 자는 당해 학과목의 성적을 인정하지 아니한다.
③ 성적은 각 과목별로 다음의 비율로 평가함을 원칙으로 한다.
  1. 시험성적 - 60/100
  2. 예·복습 과제 - 30/100
  3. 출석 - 10/100

제22조(추가시험)
① 질병 등의 부득이한 사유로 인하여 시험에 응시할 수 없는 자는 시험 개시 전에 증빙서류를 첨부하여 학장의 승인을 얻어야 한다. 다만 불가항력적으로 사전에 이를 신고하지 못한 자는 사유 종료 7일 이내에 승인을 받아야 한다.
② 제1항의 절차를 마친 자는 1회에 한하여 추가시험을 응시할 수 있다.

제3절 졸업

제23조(졸업 요건)
① 졸업에 필요한 요건은 다음과 같다.
  1. 졸업에 필요한 교과를 이수한 자
  2. 졸업논문 심사나 본 승가대학의 검정 방법을 합격한 자
② 졸업논문 수준이나 검정 방법은 교무회의에서 별도로 정한다.

제24조(졸업장) 졸업 요건을 갖춘 자에게는 졸업심사를 거쳐 학장이 기본교육 이수증을 수여한다.

제25조(학적부) 학적부는 별도의 서식을 정하여 작성한다.

제7장 휴학·복학·전학·퇴학

제1절 휴학

제26조(휴학) 질병이나 기타 부득이한 사유로 4주 이상 수학할 수 없을 때에는 증빙서류를 첨부한 휴학원을 제출하여 학장의 허가를 얻어 휴학할 수 있다.

제27조(휴학 기간)

① 학인은 휴학 기간 중 학적을 보유하되 휴학 기간은 재학 기간에 삽입하지 아니한다.

② 휴학 기간은 1회에 계속하여 2학기간을 초과하지 못하며 재학 기간 중 4회를 초과할 수 없고, 1학기 이상 휴학은 아래 학년으로 재수업을 받아야 한다.

③ 전항을 위반할 때에는 제적한다. 다만 불가항력적 사유가 있어 수학할 수 없을 경우에는 예외로 한다.

제2절 복학

제28조(복학) 휴학자는 새학기가 시작하기 전 소정기간 내에 복학원을 제출하여 학장의 허가를 얻어야 한다.

제3절 전학

제29조(전학) 재학 중인 학인은 타 승가대학으로 전학할 수 없다. 다만 소속된 승가대학 학장의 추천과 본 승가대학의 교무회의의 심의 의결을 통한 경우에는 전학할 수 있다.

제4절 퇴학

제30조(퇴학)

① 자퇴를 원하는 자는 은사스님의 연서로 그 사유를 명시하여 학장의 허가를 얻어야 한다.

② 본 대학의 재학생으로서 결격 사유가 인정될 때 교무회의를 거쳐 학장이 퇴학시킬 수 있다.

제8장 규율 · 포상 · 징계

제1절 규율

제31조(규율 준수) 학인은 본 청규와 대중청규를 지키고 전심성의로 학업에 임하여 승려의 덕성을 길러 중생을 구제할 실천력을 구비하기 위하여 학인의 본분을 다하여야 한다.

제2절 포상

제32조(포상) 학장은 학업에 충실한 학인으로서 위의가 단정하고 학력이 우수하여 타의 모범이 되는 자에 대하여 이를 포상할 수 있다.

제3절 징계

제33조(징계) 학장은 학인이 다음 각 호의 하나에 해당될 때에는 교무회의를 거쳐 징계처분을 가할 수 있다.
1. 청규를 위반한 자
2. 정당한 사유 없이 결석이 많은 자
3. 학력이 열등하고 학업을 계속할 가망이 없다고 인정된 자
4. 성행이 불량하여 개전의 가망이 없다고 인정된 자
5. 교외에서 학교의 명예를 심히 훼손한 자
6. 본 승가대학에서 수학할 의사가 없다고 판단되는 자

제9장 조직

제1절 직제

제34조(직제) 본 승가대학은 학장, 학감을 두며 필요에 따라 직제를 추가하거나 통합할 수 있다.

제35조(기능)
① 학장은 본 승가대학을 대표하여 학사운영을 통리한다.
② 학장은 교무회의의 의장이 되며 회의를 주재한다. (학감은 학장을 보좌하며, 학장 유고 시 그 직무를 대행한다)

제36조(업무) 학감은 다음의 각호를 관장하고 처리한다.
1. 학사일정 관리에 관한 사항
2. 학사행정에 관한 사항
3. 문서 수발, 직인 보관에 관한 사항

4. 재정에 관한 사항
5. 대학행정상의 증명발급에 관한 사항
6. 운영위원회의 사무에 관한 사항
7. 기타 중요한 사항

제37조(특별기구) 이 청규에 열거하지 아니한 기구의 설치와 운영에 관한 사항은 운영위원회에서 정한다.

제2절 운영위원회

제38조(운영위원회 조직)
① 본 승가대학에는 10인 내외의 승려위원으로 구성되는 운영위원회를 둔다.
② 운영위원회는 대학이 소속되어 있는 사찰의 주지가 당연직 위원장이 된다.

제39조(운영위원회의 권한) 운영위원회는 다음 사항을 심의 의결한다.
1. 대학 발전 계획
2. 학인 선발과 정원에 관한 사항
3. 청규의 제정 및 개정에 관한 사항
4. 학장 학감에 관한 사항
5. 교수 채용과 승진에 관한 사항
6. 교직원의 인사에 관한 사항
7. 직제의 신설 또는 폐지에 관한 사항
8. 기타 대학 운영상 중요한 사항

제3절 교무회의

제40조(교무회의)
① 본 승가대학에 학장, 학감 등 교수로 구성되는 교무회의를 둔다.
② 교무회의는 학장이 주 1회에 정례로 소집한다.

제41조(의장) 학장은 교무회의의 의장이 되며, 회의를 주재한다.

제42조 교무회의는 다음의 각 호를 심의, 의결한다.
1. 운영위원회에서 위임한 사항
2. 임시휴강에 관한 사항
3. 학사운영에 필요한 제반 사항

    4. 운영위원회에 상정한 사항
    5. 학인의 징계에 관한 사항
  제4절 학인회
  제43조(학인회 설치) 건전한 학풍을 조성하고 지도력과 자치능력을 배양하며 부처님의 화합정신을 생활화하기 위하여 입승, 찰중 등으로 구성되는 학인회를 둔다. 선출 방법 및 운영에 관한 사항은 별도로 정한다.

제10장 부칙
  제1조(준용) 본 청규에 규정하지 않은 사항은 일반 관례에 따르고 제반 제 규정은 승가대학 규정에 따른다.
  제2조(인수 시기) 소임 인수인계를 2학기 초에 한다.
  제3조 청규는 공포한 날로부터 시행한다.

비구니 승가대학의 역사와 문화

1판 1쇄 펴냄　2009년 3월 31일

지은이　대한불교조계종 불학연구소
발행인　이혜총
펴낸곳　조계종출판사

출판등록　제 300-2007-78호
등록일자　2007년 5월 1일
주　　소　서울시 종로구 견지동 13번지
　　　　　　대한불교조계종 전법회관 7층
전　　화　02-733-6390
팩　　스　02-720-6019
E-mail　inyeon@buddhism.or.kr

ⓒ대한불교조계종 교육원, 2009
ISBN 978-89-93629-11-8 03220

※책값은 뒤 표지에 있습니다.